国家安全视野下
贸易限制措施的法律制度

Research on the Legal System of Trade Restriction Measures
from the Perspective of National Security

陈 喆 著

社会科学文献出版社
SOCIAL SCIENCES ACADEMIC PRESS (CHINA)

图书在版编目（CIP）数据

国家安全视野下贸易限制措施的法律制度 / 陈喆著
. − − 北京：社会科学文献出版社，2024.5
（中国社会科学博士后文库）
ISBN 978 − 7 − 5228 − 0993 − 9

Ⅰ. ①国… Ⅱ. ①陈… Ⅲ. ①国际贸易 − 贸易法 − 研
究 Ⅳ. ①D996.1

中国版本图书馆 CIP 数据核字（2022）第 208957 号

· 中国社会科学博士后文库 ·
国家安全视野下贸易限制措施的法律制度

著　　者 / 陈　喆

出 版 人 / 冀祥德
责任编辑 / 易　卉
文稿编辑 / 郭锡超
责任印制 / 王京美

出　　版 / 社会科学文献出版社 · 法治分社（010）59367161
　　　　　　地址：北京市北三环中路甲 29 号院华龙大厦　邮编：100029
　　　　　　网址：www.ssap.com.cn
发　　行 / 社会科学文献出版社（010）59367028
印　　装 / 三河市龙林印务有限公司

规　　格 / 开　本：787mm × 1092mm　1/16
　　　　　　印　张：14.5　字　数：242 千字
版　　次 / 2024 年 5 月第 1 版　2024 年 5 月第 1 次印刷
书　　号 / ISBN 978 − 7 − 5228 − 0993 − 9
定　　价 / 98.00 元

读者服务电话：4008918866

第十批《中国社会科学博士后文库》
编委会及编辑部成员名单

（一）编委会

主　任：赵　芮

副主任：柯文俊　胡　滨　沈水生

秘书长：王　霄

成　员（按姓氏笔画排序）：

卜宪群　丁国旗　王立胜　王利民　史　丹
冯仲平　邢广程　刘　健　刘玉宏　孙壮志
李正华　李向阳　李雪松　李新烽　杨世伟
杨伯江　杨艳秋　何德旭　辛向阳　张　翼
张永生　张宇燕　张伯江　张政文　张冠梓
张晓晶　陈光金　陈星灿　金民卿　郑筱筠
赵天晓　赵剑英　胡正荣　都　阳　莫纪宏
柴　瑜　倪　峰　程　巍　樊建新　冀祥德
魏后凯

（二）编辑部

主　任：李洪雷

副主任：赫　更　葛吉艳　王若阳

成　员（按姓氏笔画排序）：

杨　振　宋　娜　赵　悦　胡　奇　侯聪睿
姚冬梅　贾　佳　柴　颖　梅　玫　焦永明
黎　元

《中国社会科学博士后文库》
出版说明

为繁荣发展中国哲学社会科学博士后事业，2012年，中国社会科学院和全国博士后管理委员会共同设立《中国社会科学博士后文库》（以下简称《文库》），旨在集中推出选题立意高、成果质量好、真正反映当前我国哲学社会科学领域博士后研究最高水准的创新成果。

《文库》坚持创新导向，每年面向全国征集和评选代表哲学社会科学领域博士后最高学术水平的学术著作。凡入选《文库》成果，由中国社会科学院和全国博士后管理委员会全额资助出版；入选者同时获得全国博士后管理委员会颁发的"优秀博士后学术成果"证书。

作为高端学术平台，《文库》将坚持发挥优秀博士后科研成果和优秀博士后人才的引领示范作用，鼓励和支持广大博士后推出更多精品力作。

《中国社会科学博士后文库》编委会

内容摘要

　　党的十八大以来，中国特色社会主义进入新时代，党和政府十分重视扩大对外开放与维护国家安全等方面的法治建设。《中华人民共和国国民经济和社会发展第十四个五年规划和2035年远景目标纲要》中将"统筹发展与安全"作为重要内容，强调要健全开放安全保障体系。当前世界正经历百年未有之大变局，新时代我国内部与外部面临着诸多安全挑战与威胁，贸易限制措施作为有效的对外政策工具，应当与其他政策工具相配合，更好地发挥维护我国主权、安全、发展利益的作用。国家安全视野下贸易限制措施相关立法的研究有助于丰富我国应对挑战、防范风险的法律工具箱，运用法治思维和法治方式应对重大风险挑战，为我国维护国家主权、尊严与核心利益提供法治保障。本书在结构上除引论和结论外共分为五章，主要内容如下。

　　第一章国家安全视野下贸易限制措施的基础问题，主要对贸易限制措施的基本概念与分类、国家安全视野下贸易限制措施的研究范畴、贸易限制措施之于国家安全的功能与价值及贸易限制措施的理论基础进行了讨论。贸易限制措施是一种对外贸易政策工具，核心影响为对贸易产生限制效果，出口管制、经济制裁中均包含对贸易具有限制效果的措施。按照贸易限制措施所针对的对象，可分为对成本、标的及主体的贸易管制；按照贸易限制措施所针对的物项，可分为货物贸易限制、技术贸易限制与服务贸易限制。本书的研究范畴为以国家为主体、以保障国家安全为目的而采取的贸易限制措施。贸易限制措施是维护国家安全、积极回应和反制损害国家利益行为的一种有效手段。重商主义理论、自由贸易理论、国家主权理论、国家安全理论、管理贸易理论等为贸易限制措施提供了理论支撑。

第二章国家安全视野下贸易限制措施实施的国际法依据，重点剖析了国际法规则对贸易限制措施实施的相关规定，包含前提条件、政策目标、实施程度等要求。为确保国家运用贸易限制措施维护国家主权、尊严和核心利益的正当性，国家在采取贸易限制措施时应满足国际法规定的贸易限制措施的实施条件。WTO 规则中的安全例外条款、联合国框架下的"反措施""危急情况""重大违约"及世界卫生组织框架下的《国际卫生条例》为国家基于国家安全理由实施贸易限制措施提供了不同的国际法依据。在厘清国际法对于贸易限制措施实施正当性的法律基准的前提下，我国在制定贸易限制措施法律法规时应注重与相关国际法规范的协调，使我国贸易限制措施立法既能精准实现维护我国国家安全的目的，又能在国际法治轨道上得到实施，维护以联合国为核心的国际体系和以国际法为基础的国际秩序。

第三章国家安全视野下美欧贸易限制措施的立法与实践，主要对美国及欧盟贸易限制措施法律规范的制度设计及其实践进行了探讨。面对不断发展的国际安全形势，美国及欧盟均在其贸易法中构建了系统维护国家或区域安全的法律制度。美国实施贸易限制措施的制度依据不是单行法，而是由《1962 年贸易扩展法》《出口管理法》《出口管理条例》《出口管制改革法》《国际紧急状态经济权力法》《国家紧急状态法》等共同构成的综合制度体系。欧盟也通过了《欧盟理事会（EC）第 428/2009 号条例》《管理军事技术和设备出口控制的共同规则》《欧盟限制措施（制裁）实施和评估指南》《关于限制措施实施的基本原则》《欧盟限制措施有效实施的最佳实践》等法律法规，建立了完整的限制措施法律体系，并在实践中将贸易限制措施的使用作为其实现欧盟共同安全目标的重要方式。美国及欧盟不仅为其基于国家或区域安全目的有效实施贸易限制措施提供了原则性的制度框架，还为其制度执行制定了较为细致的实施规则，具有较强的可操作性，使其贸易限制政策能够达到较好的实施效果。美国及欧盟在运用贸易限制措施实现其国家或区域安全目标领域积累了相当丰富的实践经验，但美国频繁将国家安全工具化的做法严重违反了国际法规则，损害了其他国家和国际社会的整体利益。

第四章国家安全视野下我国贸易限制措施的立法现状及不足，主要对《对外贸易法》《国家安全法》《货物进出口管理条例》《技术进出口管理条例》《出口管制法》《不可靠实体清单规定》《反外国制裁法》中与贸易限制措施相关的条款进行了评析。在总体国家安全观的指引下，目前我国已初步形成了维护国家安全的涉外法律法规体系，为我国运用贸易限制措施对威胁我国国家安全的行为进行斗争和反击提供了初步的制度保障。但我国立法仍存在法律规范之间不协调、出口管制立法的完备性不足、反制裁法律法规的配套实施规则不完善等问题，制度功能释放较为有限，有待在后续立法中予以完善。

第五章国家安全视野下我国贸易限制措施的立法完善，主要在总结我国立法现状及不足的基础上，提出了相关立法的完善建议。未来我国应以总体国家安全观为指引，协调推进国内法治和涉外法治建设，统筹发展和安全，对现行立法的缺陷进行补足，加强贸易限制措施法律规范体系的协调性建设，增强出口管制法律法规的针对性和可操作性，并加快制定反制裁法律法规的配套实施规则，构建"攻防兼备"的涉外法治体系，掌握法律斗争的主动权，彰显我国运用法治手段维护国家安全的态度和能力，也为其他发展中国家利用法律武器维护国家利益树立榜样。

关键词：国家安全　贸易限制措施　经济制裁　出口管制

Abstract

Since the 18th CPC National Congress, socialism with Chinese characteristics has entered a new era. The party and government attach great importance to the construction of the rule of law in expanding opening up and safeguarding national security. *The Fourteenth Five-Year Plan for National Economic and Social Development of the People's Republic of China and the Outline of Long-term Objectives for 2035* take "overall development and security" as an important content, emphasizing the need to improve the open security system. At present, the world is experiencing great changes that have not been seen in a century. In the new era, China is facing many security challenges and threats internally and externally. As an effective foreign policy tool, trade restriction measures should be combined with other policy tools to better play the role of safeguarding China's sovereignty, security and development interests. The research on the legislation related to trade restrictive measures from the perspective of national security will help enrich China's legal toolbox to deal with challenges and prevent risks, use the thinking and way of rule of law to deal with major risks and challenges, and provide legal guarantee for China to safeguard national sovereignty, dignity and core interests. This book is divided into five chapters in structure, and the main contents are as follows.

The first chapter "Basic Issues of Trade Restrictive Measures from the Perspective of National Security", mainly discusses the basic concept and classification of trade restrictive measures, the research scope of trade restrictive measures from the perspective of national security, the function and value of trade restrictive measures to national security and the theoretical basis of trade restrictive measures. Trade restrictive measures are a foreign trade policy tool. The core impact is the restrictive effect on trade. Export controls and economic sanctions contain measures with restrictive effect on trade. According to the target of trade restriction measures, it can be divided into trade control on cost, subject and subject. According to the items targeted by trade restriction measures, it can be divided into goods trade restriction, technology trade restriction and service trade restriction. The research scope of this book is the trade restrictive measures taken by the state as the main body and for the purpose of ensuring national security. Trade restrictive measures are an effective means to safeguard national security, respond positively and counter acts harmful to national interests. This chapter explores the theoretical support of trade restrictive measures, including Mercantilism Theory, Free Trade Theory, National Sovereignty Theory, Traditional Security and Non-traditional Security Theory, Management Trade Theory.

The second chapter "International Legal Basis for the Implementation of Trade Restrictive Measures from the Perspective of National Security", focuses on the relevant provisions of the rules of international law on the implementation of trade restrictive measures, including the requirements of preconditions, policy objectives, implementation degree and so on. In order to ensure the legitimacy of countries' use of trade restrictive measures to safeguard national sovereignty, dignity and core interests, countries should meet the implementation conditions of trade restrictive measures stipulated in international law when taking trade restrictive measures. The security exception clauses in WTO rules, the "countermeasures", "critical situation" and "major breach of contract" under the framework of the United Nations and the International Health Regulations under the framework of the WHO provide different international legal bases for countries to implement trade restrictive measures on the basis of national security. On the premise of clarifying the legal benchmark of the legitimacy of the implementation of trade restrictive measures in international law, China should pay attention to the coordination with relevant international law norms when formulating trade restrictive measures laws and regulations, so that China's trade restrictive measures legislation can not only accurately achieve the purpose of maintaining China's national security, but also be implemented on the track of international rule of law, maintain the international system with the United Nations as the core and the international order based on international law.

The third chapter " Legislation and Practice of Trade Restrictive Measures in the United States and Europe from the Perspective of National Security", mainly discusses the system design and practice of the legal norms of trade restrictive measures in the United States and the European Union. Facing the developing international and domestic security situation, the United States and the European Union have established a legal system to systematically maintain national or regional security in their trade law. The institutional basis for the implementation of trade restrictive measures in the United States is not a separate law, but a comprehensive system composed of *the Trade Expansion Act of 1962*, *The Export Administration Act*, *The Export Administration Regulations*, *The Export Control Reform Act of 2018*, *International Emergency Economic Powers Act*, and *National Emergencies Act*, etc. The EU has also adopted laws and regulations such as *Council Regulation（EC）No. 428/2009 of 5 May 2009*, *Council Common Position 2008/944/CFSP*, *Guidelines on Implementation and Evaluation of Restrictive Measures in the Framework of the EU Common Foreign and Security Policy*, *Basic Principles on the Use of Restrictive Measures Sanctions*, *EU Best Practices for the Effective Implementation of Restrictive Measures*. In practice, the use of trade restrictive measures is regarded as an important way to achieve the common security goal of the EU. The United States and the European Union not only provide a principled institutional framework of trade restriction measures for national or regional security purposes, but also formulate more detailed implementation rules for their system implementation, which has strong operability, so that their trade restriction policies can achieve better implementation results. The United States and the European Union have accumulated rich practice experience in the field of using trade restrictions to achieve their national or regional security objectives, but the frequent instrumentalization of national security by the United States seriously violates the rules of international law and damages the overall interests of other countries and the international community.

The fourth chapter " The Legislative Status and Deficiencies of China's Trade Restrictive Measures from the Perspective of National Security ", mainly evaluates the provisions related to trade restrictive measures in the *Foreign Trade Law*, *National Security Law*, *Regulations on the Administration of Import and Export of Goods*, *Regulations on the Administration of Technology Import and Export*, *Export Control Law*, *Provisions on the Unreliable Entity List*, and the *Anti-Foreign Sanctions Law*. Under the guidance of the overall concept of national security, China has initially formed a system of foreign-related laws and regulations to maintain national security, which provides a preliminary institutional guarantee for China to use trade restrictive measures to fight and counterattack against acts threatening China's national security. However, through the review, it can be found that there are still some problems in China's legislation, such as the disharmony between legal norms, the lack of completeness of export control legislation, the supporting implementation rules of anti sanctions laws and regulations are not perfect, leading to the release of institutional functions is relatively limited, which needs to be improved in the follow-up legislation.

The fifth chapter " The Improvement of China's Trade Restriction Legislation from the Perspective of National Security ", mainly puts forward some suggestions on the improvement of relevant legislation on the basis of summarizing the current situation and shortcomings of China's legislation. In the future, guided by the overall concept of national security, China should coordinate and promote the rule of domestic law and the law concerning foreign affairs, coordinate development and security, correct the defects of current legislation, strengthen the coordinated construction of the legal and normative system of trade restriction measures, enhance the pertinence and operability of export control laws and regulations, and speed up the formulation of supporting rules for the implementation of anti sanctions laws and regulations, build a foreign-related legal system with " both attack and defense ", grasp the initiative in legal struggle, highlight China's attitude and ability to use legal means to safeguard national security, and set an example for other developing countries to use legal weapons to safeguard national interests.

Keywords: National Security; Trade Restrictions Measures; Economic Sanctions; Export Control

目　录

引　论

一、研究背景与意义

（一）研究背景

习近平总书记在中央国家安全委员会第一次会议上作出"当前我国国家安全内涵和外延比历史上任何时候都要丰富，时空领域比历史上任何时候都要宽广，内外因素比历史上任何时候都要复杂"的重大战略判断，并首次提出"总体国家安全观"，明确提出"构建集政治安全、国土安全、军事安全、经济安全、文化安全、社会安全、科技安全、信息安全、生态安全、资源安全、核安全等于一体的国家安全体系"。党的十九大以来，习近平总书记多次指出，"当今世界正经历百年未有之大变局"。全球面临着许多风险挑战，不稳定、不确定因素增多，主要战略力量关系加速深刻演变，局部冲突和动荡频繁，传统安全问题和非传统安全问题相互交织。

我国仍面临着诸多安全挑战。一方面，传统安全威胁仍然存在。随着美国"重返亚太"和"亚太再平衡"战略的实施，南海问题再次进入一个新的战略期。与我国素无领土争议的澳大利亚及新加坡，开始插手南海问题。美国以捍卫"航行自由"为名，提高在南海军事行动的频率与强度，并拉拢其盟友和伙伴加入"巡航"活动，严重威胁我国海洋主权。印度在中印边界不断作出挑衅行为，从洞朗对峙事件、加勒万河谷冲突事件到印军点燃边境隧道炸药事件，中印边界一度陷入紧张局势。美国粗暴干涉我国内政，抹黑我国，对我国实施制裁，严重违背国际关系基本准则，破坏我国主权和领土完整。美国政府出台涉台法律和加大对台军售，进一步"升级"对台湾地区的非法长臂管辖，并派军舰穿越台湾海峡，对我国领土安全构成严重威胁。不仅如此，美国还召开了"民主峰会"，试图以意识形态划界，孤立打压我国。①

另一方面，非传统安全威胁凸显。一是经济安全威胁。多边主义正遭遇重大挑战。美国为遏制我国和平发展，维护本国世界霸权，单方面发起大规模贸易战，不断升级对我国的经济制裁和出口管制措施，试图推动全球产业链和供应链与我国脱钩，我国面临的外部经济安全风险上升。二是恐怖主义威胁。当今的国际恐怖主义势力已经遍及全球，对国际社会的政治、经济、军事构成了普遍威胁。"东伊运"等恐怖极端势力在我国制造暴恐活动的现实威胁仍不容低估。三是生物安全威胁。生物安全威胁已经从偶发风险向现实、常态化的威胁持续转变，重大传染病、生物恐怖、生物武器威胁等风险威胁人类安全，成为世界各国面临的共同挑战。四是科技安全威胁。美国对我国高科技企业采取一系列制裁措施，包括断供、撤资、限制人员往来等，频繁使用行政命令切断信息产业供应链。因此，努力实现关键核心技术自主可控是我国建设科技强国的保障。五是气候变化威胁。气候变化是对全人类未来的共同威胁，需要各国加强国际合作促进全球气候治理。六是网络信息安全威胁。网络安全对国家的影响越来越大，信息主权、数据主权是国家主权的重要组成部分。此外，文化、社会、生态、资源、核、海外利益、深海、极地、外空等也是我国安全治理的重要领域。②

进入新时代，我国面临更为严峻的国家安全形势，不断完善国家安全法治体系是维护我国国家安全的必然要求。党的十九大报告指出，要"健全国家安全体系，加强国家安全法治保障，提高防范和抵御安全风险能力。严密防范和坚决打击各种渗透颠覆破坏活动、暴力恐怖活动、民族分裂活动、宗教极端活动"。我国必须有自己的特色大国外交，坚持走和平发展道路，但同时决不能放弃我们的正当权益、决不能牺牲国家核心利益，"一旦我们的正当权益和国家核心利益受到不法侵害，我们必将做出积极回应和有力还击"。③党的十九届六中全会通过的《中共中央关于党

---

① 秦亚青、宋德星、张燕生、张晓通、朱锋、鲁传颖：《专家笔谈：大变局中的中国与世界》，《国际展望》2020 年第 1 期，第 1—26 页。

② 孟祥青、程炜：《新时代中国全球安全治理的理念与实践》，《国际问题研究》2021 年第 6 期，第 16—31 页。

③ 转引自简基松、王宏鑫《美国对俄罗斯经济制裁之国际法分析及对中国的启示》，《法学评论》2014 年第 5 期，第 153 页。

的百年奋斗重大成就和历史经验的决议》强调，"统筹发展和安全，统筹开放和安全，统筹传统安全和非传统安全，统筹自身安全和共同安全，统筹维护国家安全和塑造国家安全"。习近平总书记在中央全面依法治国工作会议上系统阐述了习近平法治思想，在讲话中强调，"要坚持统筹推进国内法治和涉外法治。要加快涉外法治工作战略布局，协调推进国内治理和国际治理，更好维护国家主权、安全、发展利益。要强化法治思维，运用法治方式，有效应对挑战、防范风险，综合利用立法、执法、司法等手段开展斗争，坚决维护国家主权、尊严和核心利益"。面对严峻的传统与非传统安全威胁，我国应当以总体国家安全观为指引，以统筹发展与安全为原则，从国家主权、安全、发展利益出发，构建完备的服务于国家安全目的的涉外经贸法律体系，扩充我国对外贸易政策的法律工具箱，以正当、有力、有效的法律行动对损害我国核心利益的行为进行回应，运用法治威慑力坚定维护我国主权、安全、发展利益。贸易限制措施具有"防御性"和"进攻性"，正当的贸易限制措施能够成为维护我国国家安全的有利"武器"，从长远角度考虑，我国需加强对贸易限制措施有关法律制度的研究，让该制度适时发挥维护我国国家安全的效用。[①]

（二）研究意义

在理论意义上，本书并非从贸易自由化的角度研究贸易限制措施，而是选取与以往不同的思路和框架，重点研究贸易限制措施对于维护国家安全的价值，有助于拓展贸易限制措施相关研究的视角。本书通过系统梳理贸易限制措施实施的国际法依据，为我国贸易限制措施法律规范的制定提供了理论基础，有利于在理论上把握我国国家安全法治与国际法治的协调。本书系统研究了国家安全视野下贸易限制措施相关的国内法律规范，找出现行法律制度存在的不足之处，在此基础上，提出有中国特色的贸易限制措施法律规范的完善建议，有助于提高我国贸易限制措施的法治化水平，为充实我国应对挑战、防范风险的法律工具箱提供一定的思路启发，为加快形成系统完备的涉外法律法规体系作出积极贡献。

在实践意义上，本书有助于为政府相关部门拟定符合国际法规则的贸易限制政策提供参考，增强我国运用法律手段维护我国国家主权、安全、发展利益的能力，避免因贸易限制措施引发不必要的国际争端，彰显我国

[①] 胡晓红：《中国对外贸易国家安全制度重构》，《南大法学》2021年第2期，第85页。

运用国际法维护国家主权、安全、发展利益的态度和能力。尽管现行立法为我国在国际经济交往中采取贸易限制措施提供了一定的法治保障，但仍需要在法律衔接配合的环节做细做实，增强出口管制立法和反制裁立法的可操作性，本书有助于为国家安全视野下贸易限制措施相关立法的系统完善提供文本建议，为我国积极回应和反击损害国家利益的行为提供更加充足的措施储备。

二、国内外研究现状

（一）国内研究现状

1. 贸易限制措施实施的国际法依据

（1）贸易限制措施与联合国框架下的法律规则

《国家对国际不法行为的责任条款草案》中规定的排除行为不法性的情形及《维也纳条约法公约》中的"重大违约"可以被国家援引作为基于国家安全目的实施贸易限制措施的依据。

第一，《国家对国际不法行为的责任条款草案》中排除国家行为不法性事由的研究。《国家对国际不法行为的责任条款草案》中规定的排除国家行为不法性的事由包括自卫、反措施、危急情况等。其一，有部分文献以综合性的角度分析了排除国家行为的不法性的情形。赵建文论述了在哪些情况下根据国际法可以解除违背国际义务的行为的不法性。[1] 张乃根对《国家对国际不法行为的责任条款草案》中"国际不法行为"的含义、条件与规则问题进行了分析研究。[2] 丁添对自卫、反措施、危急情况等排除国家行为不当性的事由进行了简要的分析。[3] 贺其治结合有关案例对国家责任条款作了逐条的介绍。[4] 其二，自卫权在国际法上的研究较早，有大量的研究成果，国内学者对自卫权的行使条件、恐怖主义与自卫权、预先性自卫权、网络攻击与自卫权等问题进行了一定的研究。在自卫权的行使条件方

---

[1] 赵建文：《国际法上的国家责任——国家对国际不法行为的责任》，博士学位论文，中国政法大学，2004，第42—43页。

[2] 张乃根：《试析〈国家责任条款〉的"国际不法行为"》，《法学家》2007年第3期，第95页。

[3] 丁添：《另一种视角——经济学观点下的国家责任：兼评〈国家对国际不法行为的责任条款草案〉有关规定》，《贵州警官职业学院学报》2005年第1期，第43页。

[4] 贺其治：《国家责任法及案例浅析》，法律出版社，2003，第57—200页。

面，辛柏春对自卫权的行使条件进行了分析，并阐述了我国如何通过国际法行使自卫权以保障我国的国家利益。① 丁成耀在分析自卫权的行使条件的基础上，对美国发动伊拉克战争是否合法进行了论述。② 明瑶华对在国际安全形势变化的情况下能否对非国家行为体行使自卫权以及非国家主体的行为与国家责任作出了分析。③ 在恐怖主义与自卫权方面，赵振华对美国反恐战略与国家自卫权的行使进行了分析。④ 龚向前对人权保护与集体自卫以及反恐怖主义与自卫等问题进行了论述。⑤ 在预先性自卫权方面，黄瑶对预先性自卫的法理进行了分析，并对预先性自卫进行了实证考察。⑥ 宋新平对预先性自卫的概念进行了辨析。⑦ 王玮则从禁止使用武力原则例外的角度，对预先性自卫使用武力进行了分析。⑧ 在网络攻击与自卫权方面，李伯军对有关国家或政府能否对网络攻击行使国际法上的自卫权作出了分析。⑨ 袁泉、刘静对网络自卫权行使的条件及我国网络自卫权的行使进行了研究。⑩ 张华对网络自卫权行使的对象问题进行了详细的分析。⑪其三，对于"反措施"的研究集中在反措施的概念与特征、反措施的条件与限制规则以及反措施在实践中的案例分析等方面。江国青对反措施的概念与特征、反措施与争端解决机制的问题进行了论述。⑫ 王天乐对受害国以外的国家实施反措施的合法性进行了分析。⑬ 李寿平对反措施与"不

---

① 辛柏春：《自卫权法律问题探析》，《学术交流》2014 年第 9 期，第 82 页。
② 丁成耀：《对国际法上"自卫权的探讨"——兼评美国发动伊拉克战争的"自卫"理由》，《法制与社会发展》2003 年第 4 期，第 46 页。
③ 明瑶华：《论国家自卫权的行使对象》，《苏州大学学报》（哲学社会科学版）2009 年第 1 期，第 30—33 页。
④ 赵振华：《论国际法上的国家自卫权》，《理论界》2006 年第 6 期，第 194—195 页。
⑤ 龚向前：《论国际法上的自卫》，《武汉大学学报》（哲学社会科学版）2004 年第 3 期，第 398 页。
⑥ 黄瑶：《论预防性自卫的合法性问题》，《法学杂志》2003 年第 3 期，第 49 页。
⑦ 宋新平：《预先性自卫研究述论》，《西安政治学院学报》2008 年第 6 期，第 97 页。
⑧ 王玮：《国际法上禁止使用武力原则的例外研究》，《河南师范大学学报》（哲学社会科学版）2020 年第 3 期。
⑨ 李伯军：《论网络攻击与国际法上国家自卫权的行使》，《西安政治学院学报》2012 年第 2 期，第 91 页。
⑩ 袁泉、刘静：《网络自卫权行使的理论依据与建构》，《江西社会科学》2021 年第 6 期，第 210—218 页。
⑪ 张华：《论网络空间自卫权的行使对象问题》，《法学论坛》2021 年第 1 期，第 72—80 页。
⑫ 江国青：《反措施与国际司法：变化中的国际法实施机制》，中国国际法学会编著《中国国际法年刊（2008）》，世界知识出版社，2009，第 73 页。
⑬ 王天乐：《论国家违反对国际社会整体所承担的法律义务之特殊法律后果》，硕士学位论文，清华大学，2006，第 23—31 页。

守约者不得要求践约的抗辩"的问题进行了论述。① 李爽对反措施的条件与限制规则进行了研究，包括国际法对反措施主体的规制、反措施应遵循的相称性原则以及反措施不得违反的国际法强制性规范等。② 卢建川对反措施制度在国际法实践中的相关案例进行了评析。③ 其四，对于"危急情况"的研究主要集中于危急情况的概念、法律性质、历史发展及援引条件，王楠等将危急情况与国际投资争端解决中心（ICSID）仲裁实践相结合，较为深入地分析了援引危急情况的条件。④

第二，援引《维也纳条约法公约》"重大违约"的研究。对重大违约的研究主要集中在重大违约的含义及援引重大违约的条件。余民才对重大违约的概念及适用条件进行了分析，并结合"彩虹·勇士号案"就重大违约的援引进行实证分析。⑤ 朱丹等结合美国对华301调查，对我国能否援引重大违约对美国进行反制问题进行了较为深入的论证。⑥

（2）贸易限制措施与WTO安全例外条款

世界贸易组织（WTO）安全例外条款为我国基于国家安全采取限制措施提供了制度前提，如何把握分寸、有效适用安全例外条款是关键。WTO安全例外条款适用条件的研究主要集中于该条款的自裁决权限、"基本安全利益"的范畴、"战争及国际关系的其他紧急情况"以及"必要性"问题等。

第一，自裁决权限问题的研究。国内学者对WTO安全例外条款的自裁决权限问题的主流观点倾向于WTO安全例外条款的适用并非完全排除在专家组和上诉机构审查范围之外。李小霞对WTO中的根本安全例外条款的典型案例进行了分析，认为WTO安全例外条款很有可能被WTO成员方以援引保护国内产业或借"合法外衣"之名行贸易保护主

---

① 李寿平：《现代国家责任法律制度》，武汉大学出版社，2003，第79—92页。
② 李爽：《论国际责任法上反措施的条件与限制》，硕士学位论文，中国政法大学，2011，第29—41页。
③ 卢建川：《反措施制度法律适用问题研究》，硕士学位论文，上海交通大学，2012，第36页。
④ 王楠：《危急情况之习惯国际法与投资条约中的不排除措施条款——兼论CMS案和LG&E案》，《比较法研究》2010年第1期，第112页；马越：《国际投资仲裁中东道国抗辩的困境分析——以"危急情况"抗辩为分析对象》，《经济研究导刊》2011年第6期，第108页；赵建文：《国际法上的国家责任——国家对国际不法行为的责任》，博士学位论文，中国政法大学，2004，第29—48页。
⑤ 余民才：《国家责任法的性质》，《法学家》2005年第4期，第137—140页。
⑥ 朱丹：《论国际义务与国家责任的援引》，《安徽大学法律评论》2008年第2期，第227页；雷雨清、刘超、郑伟：《美国对华301调查及中国反制措施的法律分析》，《经贸法律评论》2019年第1期，第20—25页；杨国华：《中美贸易战中的国际法》，《武大国际法评论》2018年第3期，第129—137页。

义之实。① 姜建明、陈立虎认为 WTO 安全例外条款适用的确定性来自
WTO 协议所规定的严格的程序条件和实体条件，而其适用的合法性来自
WTO 协议的明文规定。对于 WTO 协议而言，WTO 例外条款既维护了
WTO 法律体系的严肃性，也稳定了 WTO 体制，促进了国际贸易自由化的
发展，因而符合"法安定说"的要求。② 部分学者对双边投资协定的自裁
决条款的法律问题进行了研究。韩秀丽分析了双边投资协定的自裁决条
款，认为由于自裁决条款的定性与适用具有一定的特殊性，且这种特殊性
直接影响到案件结果，因此我国在签订新的双边投资协定和修改旧的双边
投资协定时不应忽视自裁决条款，而应根据具体情况订立自裁决条款，并
充分利用其赋予东道国的主权权利来维护国家的安全利益。③ 王淑敏结合
"森普拉能源公司案"，分析了 ICSID 对双边投资协定中根本安全例外条
款的自裁决条款的观点。④

第二，"基本安全利益"范畴的研究。梁咏认为我国政府应从安全例
外视角深入研究稀土出口限制措施，将援引安全例外条款作为抗辩重点，
维护"基本安全利益"是成员方援引该条款的正当性基础，"essential"
有"非常重要的、不可或缺的"的含义，从语言学角度分析，既然存在
"基本安全利益"，则相应地存在"非基本安全利益"。⑤ 李小霞以国际投
资法中的根本安全利益例外条款为视角，探讨了"基本安全利益"的定
义，提出经济安全是否属于"基本安全利益"的问题。⑥ 孙南翔提出了要
以演化解释的方法解释"基本安全利益"，并结合华为案件分析了网络安全
有可能构成 WTO 安全例外条款中的"基本安全利益"。⑦ 黄志雄提出网络
安全等非传统安全事项问题日益突出，对 WTO 安全例外条款提出了新的

---

① 李小霞：《WTO 根本安全例外条款的理论与实践》，《湖南社会科学》2010 年第 5 期，第 97—99 页。
② 姜建明、陈立虎：《WTO 例外条款及其法理基础》，《苏州大学学报》（哲学社会科学版）2007 年
第 2 期，第 31—35 页。
③ 韩秀丽：《双边投资协定中的自裁决条款研究——由"森普拉能源公司撤销案"引发的思考》，
《法商研究》2011 年第 2 期，第 19—22 页。
④ 王淑敏：《国际投资中的次级制裁问题研究——以乌克兰危机引发的对俄制裁为切入点》，《法商
研究》2015 年第 1 期，第 167 页。
⑤ 梁咏：《WTO 体制内中国"稀土保卫战"的合规性研究——以安全例外为视角》，《上海海关学
院学报》2012 年第 2 期，第 93 页。
⑥ 李小霞：《国际投资法中的根本安全利益例外条款研究》，法律出版社，2012，第 95—117 页。
⑦ 孙南翔：《国家安全例外在互联网贸易中的适用及展开》，《河北法学》2017 年第 6 期，第 66—72 页。

挑战，应当将非传统安全事项纳入该条款中"基本安全利益"的范围。① 任强分析了国际投资法中"基本安全利益"的范围，指出国家安全原本涉及保护领土防止军事打击等方面的内容，随着各国的发展，广义的国家安全开始逐步涵盖非传统安全问题。而"基本安全利益"的范畴限于保护非经济利益，同时各国对"基本安全利益"的外延理解并不一致。② 管健等就美国对钢铝产品征收高额关税的"232措施"是否符合安全例外条款展开了分析，③ 提出增加援引该条款的程序性规则、给予受损方救济权利等应对美国滥用该条款的策略。④ 周忠学、周艳云进一步从"中国诉美国钢铝产品特定措施案"的角度提出WTO争端解决机构须对该条款限制性适用的基准作出澄清。⑤ 杨钊、黄世席则结合"卡塔尔诉沙特知识产权保护措施案"分析了成员方采取保护其"基本安全利益"的措施应当受到"必要性"的限制。⑥ 张乃根、赵海乐则跳出WTO争端解决中的安全例外条款的单一视角，对国际投资条约及一般国际法中的安全例外条款进行了分析。⑦

---

① 黄志雄：《WTO安全例外条款面临的挑战与我国的对策——以网络安全问题为主要背景》，《国际经济法学刊》2014年第4期，第148—153页。

② 任强：《国际投资法中的"国家安全"问题探究——以"Ralls诉美国外国投资委员会案"为视角》，《北方法学》2016年第3期，第157页。

③ 管健：《中美贸易争端的焦点法律问题评析》，《武大国际法评论》2018年第3期，第147—151页；彭德雷、周围欢、杨国华：《国际贸易中的〈国家安全〉审视——基于美国〈232调查〉的考察》，《国际经贸探索》2018年第5期，第91—95页；孔庆江：《国家经济安全与WTO例外规则的应用》，《社会科学辑刊》2018年第5期，第136页；陈若鸿：《特朗普政府232措施中的〈国家安全〉话语——选择、意图及合法性》，林中梁、陈咏梅主编《WTO法与中国论坛年刊(2019)》，知识产权出版社，2019，第78—106页；刘瑛、张璐：《论GATT安全例外对美国232钢铝措施的适用》，《国际经贸探索》2019年第12期，第102—114页。

④ 彭岳：《中美贸易战中的安全例外问题》，《武汉大学学报》(哲学社会科学版)2019年第1期，第154—160页；李欣玥：《WTO安全例外条款的限制性适用》，《国际经济法学刊》2019年第2期，第84—89页；Tania Voon, "The Security Exception in WTO Law: Entering a New Era", *AJIL UNBOUND* 113 (2019): 47; Simon Lester, Huan Zhu, "A Proposal for 'Rebalancing' to Deal with 'National Security' Trade Restrictions", *Fordham International Law Journal* 5 (2019): 1451 – 1474.

⑤ 周忠学、周艳云：《GATT1994安全例外条款适用的内在限制——以中美DS544案为例》，《常州大学学报》(社会科学版)2021年第4期，第17—29页。

⑥ 杨钊、黄世席：《国际贸易协定下安全例外条款"必要性"措施的判定——基于"卡塔尔诉沙特知识产权保护措施案"专家组报告分析》，《国际法学刊》2021年第3期，第78—100页。

⑦ 张乃根：《国际经贸条约的安全例外条款及其解释问题》，《法治研究》2021年第1期，第128—138页；赵海乐：《一般国际法在"安全例外"条款适用中的作用探析》，《国际经济法学刊》2021年第2期，第98—111页。

　　第三，"战争及国际关系的其他紧急情况"的研究。陈卫东指出，"国际关系的其他紧急情况"不应被理解为普通的紧张的"政治关系"或"外交关系"，在判断"国际关系的其他紧急情况"时可以参照联合国安理会的决议，不能仅由援用安全例外条款的国家单方面来确定"国际关系的其他紧急情况"。① 胡加祥提出，另一类研究侧重实践总结，即通过案例援引的方式将安全例外条款在实务操作中引发的争议进行提炼，并认为"国际关系处于危机时刻"并不局限于国家利益发生根本性对抗或者意识形态出现重大冲突，国家安全与经济安全已经没有根本的区别。《1994 年关税及贸易总协定》（以下简称 GATT 1994 或 GATT）第 21 条已经不再是普通意义上的"国家安全例外条款"。② 韩秀丽提及国际投资协定的根本安全利益条款中"紧急状态"的解释，当一个国家因政治、军事、经济与社会危机而出现紧急状态时，表明其"基本安全利益"受到了威胁，严重的危机并非等同于全面崩溃的情形。③

　　第四，"乌克兰诉俄罗斯运输限制措施案"（以下简称"俄罗斯运输案"）中对安全例外条款适用条件的解释。"俄罗斯运输案"专家组报告发布后，徐程锦等对专家组报告的文本展开了较为细致的解读。④ 刘美在分析"俄罗斯运输案"专家组报告的基础上，对安全例外条款审查所面临的困境进行了反思。⑤ 丁丽柏、陈喆结合该案探讨了安全例外条款的扩张适用现象。⑥

---

① 陈卫东：《WTO 例外条款解读》，对外经济贸易大学出版社，2002，第 393—412 页。
② 胡加祥：《国际贸易争端的解决与国家安全利益的保护——以 GATT 第二十一条为研究视角》，《上海交通大学学报》（哲学社会科学版）2008 年第 4 期，第 15—21 页。
③ 韩秀丽：《论国际投资协定中的"根本安全利益"与"公共目的"》，《现代法学》2010 年第 2 期，第 113 页。
④ 徐程锦：《WTO 安全例外法律解释、影响与规则改革评析——对"乌克兰诉俄罗斯与转运有关的措施"（DS512）案专家组报告的解读》，《信息安全与通信保密》2019 年第 7 期，第 42—48 页；李伟：《WTO "俄罗斯—乌克兰禁运措施案"：安全例外条款问题之分析》，《海关与经贸研究》2019 年第 5 期，第 118—120 页；Geraldo Vidigal，"WTO Adjudication and the Security Exception：Something Old，Something New，Something Borrowed，Something Blue?"，*Legal Issues of Economic Integration* 46（2019）：209 - 217。
⑤ 刘美：《论 WTO 安全例外对单边贸易制裁的有限治理——基于"俄罗斯过境限制案"的分析》，《国际经贸探索》2020 年第 1 期，第 99—112 页。
⑥ 丁丽柏、陈喆：《论 WTO 对安全例外条款扩张适用的规制》，《厦门大学学报》（哲学社会科学版）2020 年第 2 期，第 127—140 页。

（3）贸易限制措施与世界卫生组织框架下的法律规则

在新冠肺炎疫情发生之前，国内学界对世界卫生组织框架下的贸易限制措施的实施条件研究较少。疫情发生后，各国陆续采取了不同程度的限制措施，其中涵盖对商品进出口的限制措施，学界开始对这一问题展开研究。边永民结合《国际卫生条例》对国际贸易限制措施实施的限制条件进行分析，并指出贸易限制措施除符合《国际卫生条例》的规定，还应符合 GATT 1994 第 20 条及《实施动植物卫生检疫措施的协议》（SPS 协议）对卫生措施实施的规定。① 马得懿、周明园认为为应对"国际关注的突发公共卫生事件"，世界卫生组织成员国有权采取额外卫生措施以实现对本国健康的保护，但不应过度，应考量《国际卫生条例》对成员国实施额外公共卫生措施的限制。② 韩永红、梁佩豪指出在新冠肺炎疫情防控过程中，许多国家所采取的贸易限制措施不符合《国际卫生条例》的规定，这些措施不仅应符合《国际卫生条例》的规定，还应符合《实施动植物卫生检疫措施的协议》对卫生措施必要性和科学性的要求。③ 何田田则对《国际卫生条例》在约束成员国行为上存在的困境进行了分析，指出由于世界卫生组织缺乏强制约束力，难以对国家所采取的过度限制行为进行制约。④

2. 对经济制裁、出口管制及贸易反制的研究

贸易限制措施的实施会产生多个方面的影响，但其核心影响就是对贸易的限制。各国在实践中常用的对贸易具有限制效果的措施包括出口管制、经济制裁、贸易反制等。

（1）出口管制

近年来，我国学者对出口管制制度的研究主要集中在出口管制的基本理论、美国出口管制制度、美国对我国实施的出口管制与对策及我国出口管制法律制度的完善等领域。一是对于出口管制基础问题的系统研究。彭

---

① 边永民：《新型冠状病毒全球传播背景下限制国际贸易措施的合规性研究》，《国际贸易问题》2020 年第 7 期，第 1—13 页。

② 马得懿、周明园：《论"国际关注的突发公共卫生事件"下的过度公共卫生措施》，《海关与经贸研究》2020 年第 5 期，第 5 页。

③ 韩永红、梁佩豪：《突发公共卫生事件中过度限制性措施的国际法规制》，《国际经贸探索》2020 年第 7 期，第 92—94 页。

④ 何田田：《〈国际卫生条例〉下的"国际关注的突发公共卫生事件"：规范分析、实施困境与治理路径》，《国际法研究》2020 年第 4 期，第 44—49 页。

爽在其著作中对出口管制的含义、措施、研究基础、主要国家的出口管制
体系及我国的出口管制制度进行了系统的研究。① 汪玮敏在其博士学位论
文中对出口管制的概念及分类、出口管制的国际协调、出口管制措施进行
了深入的研究。② 二是对美国出口管制制度的研究。池志培等对美国出口
管制制度框架及最新改革进行了较为全面的解读。③ 葛晓峰对美国出口管
制法中的许可例外制度及两用物项的出口管制作出了更为细致的分析。④
王天禅对美国出口管制法中加强新兴技术的出口限制的趋势进行了分
析。⑤ 刘瑛、孙冰对美国技术出口管制制度与外商投资安全审查制度的相
互配合作出了评述。⑥ 韩爽对美国《出口管制改革法》（The Export Control
Reform Act of 2018，ECRA）强调对新兴和基础技术的管制趋势进行了分
析。⑦ 李广建、张庆芝聚焦于技术管制问题，对美国、英国等国技术出口
管制制度的特点进行了研究。⑧ 三是美国对华出口管制的研究。李秀娜对
美国出口管制立法的域外适用进行了分析，并提出我国的对抗策略。⑨
吕文栋等对美国加强对我国的技术安全管制的趋势进行了分析，并进一
步提出了我国的应对策略。⑩ 四是我国出口管制法律制度的分析。赵德铭
对《出口管制法（草案）》的内容进行了评析。⑪ 田宇、孟伟提出应在

---

①　彭爽：《出口管制：理论与政策》，经济科学出版社，2018，第175页。
②　汪玮敏：《出口管制法律问题研究》，博士学位论文，安徽大学，2012，第37—45页。
③　池志培、张晓洁：《美国出口管制改革与实施》，《和平与发展》2020年第2期，第58—76页；
　　靳风：《美国出口管制体系概览》，《当代美国评论》2018年第2期，第117—120页。
④　葛晓峰：《美国两用物项出口管制法律制度分析》，《国际经济合作》2018年第1期，第48页；
　　葛晓峰：《美国〈出口管理条例〉许可例外制度研究》，《国际经济合作》2018年第3期，第
　　93—95页。
⑤　王天禅：《美国新兴技术出口管制及其影响分析》，《信息安全与通信保密》2020年第4期，第
　　14—19页。
⑥　刘瑛、孙冰：《与外资安审联动的美国技术出口管制制度及中国应对》，《国际贸易》2020年第6
　　期，第72—79页。
⑦　韩爽：《美国出口管制从关键技术到新兴和基础技术的演变分析》，《情报杂志》2020年第12期，
　　第51—73页。
⑧　李广建、张庆芝：《国外技术出口管制及其特点》，《国际贸易》2021年第10期，第37—46页。
⑨　李秀娜：《制衡与对抗：美国法律域外适用的中国应对》，《国际法研究》2020年第5期，第88—
　　101页。
⑩　吕文栋、林琳、赵杨、钟凯：《美国对华高技术出口管制与中国应对策略研究》，《科学决策》
　　2020年第8期，第1—23页。
⑪　赵德铭：《中国现行出口管制制度与新法草案刍议》，《海关法评论》2018年第1期，第290—298页。

《出口管制法（草案）》中进一步强化管制物项最终用户和最终用途管理。①刘瑛、李琴对《出口管制法》的域外适用规则进行了剖析，并对《出口管制法》域外适用规则的不足进行了反思，提出了相应的立法完善建议。②

（2）经济制裁

我国学者对经济制裁的研究起步较晚，主要集中于联合国的集体制裁机制、美国的对外经济制裁制度、美国对我国实施的经济制裁与应对以及我国经济制裁相关立法的完善等领域。一是对联合国集体制裁机制的研究。简基松对联合国集体制裁机制的性质进行了分析。③刘建伟对联合国集体制裁机制实施的有效性展开了论述。④吴燕妮、刘筱萌对联合国集体制裁机制的国内执行现状进行了研究。⑤二是对美国对外经济制裁制度的研究。杨永红对美国次级制裁的立法与实践进行了分析，并由欧盟反制美国次级制裁的实践，提出我国组织美国次级制裁适用、保护我国实体利益的具体对策。⑥肖刚、黄国华对美国对外经济制裁制度的发展进行了分析。⑦杜涛对美国经济制裁的域外性质进行了论述。⑧简基松、王宏鑫对美国针对俄罗斯采取的制裁措施展开了研究。⑨范晓波对美国金融制裁的运行机制、基石及其与国际法的相符性进行了分析。⑩三是对美国对华实施的经济制裁及我国的应对方面的研究。

---

① 田宇、孟伟：《出口管制法草案二审：强化管制物项最终用户和最终用途管理》，《中国人大》2020年第13期，第41—42页。

② 刘瑛、李琴：《〈出口管制法〉中的域外适用法律规则及其完善》，《国际经济评论》2021年第4期，第51—74页。

③ 简基松：《联合国制裁之定性问题研究》，《法律科学》2005年第6期，第89—96页。

④ 刘建伟：《国际制裁缘何难以奏效？》，《世界经济与政治》2011年第10期，第107—159页。

⑤ 吴燕妮、刘筱萌：《联合国制裁措施国内执行的法律框架及实践困境》，《华南理工大学学报》（社会科学版）2014年第4期，第67—72页。

⑥ 杨永红：《次级制裁及其反制——由美国次级制裁的立法与实践展开》，《法商研究》2019年第3期。

⑦ 肖刚、黄国华：《冷战后美国经济外交中的单边经济制裁》，《国际经贸探索》2006年第3期，第3—7页。

⑧ 杜涛：《欧盟对待域外经济制裁的政策转变及其背景分析》，《德国研究》2012年第3期，第5—7页。

⑨ 简基松、王宏鑫：《美国对俄罗斯经济制裁之国际法分析及对中国的启示》，《法学评论》2014年第5期。

⑩ 范晓波：《美国金融制裁的基石与应对》，《经贸法律评论》2021年第6期，第38—53页。

况腊生、郭周明认为美国的对华经济制裁不符合国际法基本原则和要求。① 白雪等提出我国应当从欧盟反制美国次级制裁的法律实践中汲取经验，制定我国的阻断法令。② 张虎认为美国对我国实施的单边经济制裁不符合国际法基本原则、联合国大会决议及 WTO 规则，并对我国政府可采取的反制措施提出建议。③ 部分学者对联合国制裁或美国经济制裁对我国的负面影响提出了创新见解。赵洲从"一带一路"倡议论述联合国集体经济制裁可能给我国贸易带来的不利影响。④ 黄风提出了美国金融制裁给我国带来的警示。⑤ 四是对我国经济制裁相关法律制度的研究，主要包括对《阻断外国法律与措施不当域外适用办法》《不可靠实体清单规定》《反外国制裁法》的研究。王淑敏、李倩雨对《阻断外国法律与措施不当域外适用办法》的理论依据、法律条款进行了详细的分析，指出该立法仍存在的不足之处并提出完善建议。⑥ 张辉以不可靠实体清单制度规则的设计为出发点，从整体上对构建我国对外经济制裁法律制度的必要性、政策目标及考虑因素进行了较为深入的思考。⑦ 廖凡采取比较研究方法，对我国的不可靠实体清单制度与美国、欧盟的相应制度进行了较为全面的比较，并提出我国不可靠实体清单制度实施过程中需注意的问题。⑧ 薛源、程雁群对《反外国制裁法》的法律条款及立法意义进行了解读。⑨ 霍政欣在对《反外国制裁法》规则设计作出评析的基础上，进一步提出了该立法的完善路径和具体建议。⑩ 杜涛、周美华从反制裁法律体系的整

① 况腊生、郭周明：《当前国际经济制裁的法律分析》，《国际经济合作》2019 年第 3 期，第 145—151 页。
② 白雪、邹国勇：《美国"长臂管辖"的欧盟应对：措施、成效与启示》，《武大国际法评论》2021 年第 5 期，第 53—76 页；朱玥：《反制美国次级制裁的欧盟经验及启示：单边抑或多边》，《中国流通经济》2020 年第 6 期，第 120—126 页。
③ 张虎：《美国单边经济制裁的法理检视及应对》，《政法论丛》2020 年第 2 期，第 91—101 页。
④ 赵洲：《单边经济制裁与"一带一路"战略下的贸易、投资保护》，《社会科学家》2016 年第 1 期，第 115 页。
⑤ 黄风：《美国金融制裁制度及其对我国的警示》，《法学》2012 年第 4 期，第 124 页。
⑥ 王淑敏、李倩雨：《中国阻断美国次级制裁的最新立法及其完善》，《国际商务研究》2021 年第 4 期，第 16—29 页。
⑦ 张辉：《论中国对外经济制裁法律制度的构建——不可靠实体清单引发的思考》，《比较法研究》2019 年第 5 期，第 141—153 页。
⑧ 廖凡：《比较视角下的不可靠实体清单制度》，《比较法研究》2021 年第 1 期，第 167—179 页。
⑨ 薛源、程雁群：《"单边"制裁的法治破局》，《人民论坛》2021 年第 22 期，第 103—105 页。
⑩ 霍政欣：《〈反外国制裁法〉的国际法意涵》，《比较法研究》2021 年第 4 期，第 143—157 页。

体出发，对《反外国制裁法》及《阻断外国法律与措施不当域外适用办法》的法理基础进行了分析，并提出加快完善我国反外国制裁法律体系的具体建议。①

（3）贸易反制

我国学者对贸易反制的研究主要以中美经贸摩擦为背景，集中论证了我国采取贸易反制措施的国际法合法性问题。龚红柳认为，我国在中美贸易战中使用的"贸易反制"，本质上属于国际争端解决中的单边自助行为，并对自助措施在 WTO 争端解决中的定位进行了分析。② 杨国华等则针对我国的贸易反制措施可援引的国际法制度进行了较为深入的分析。③ 袁达松、苏航认为反制为国家经济主权下的自主权利，我国应构建完备的应对经济制裁的反制法律制度，扩充反制的法律和政策工具箱。④ 顾华详提出法治手段是反制外国制裁的有效手段。⑤ 胡晓红从对外贸易国家安全制度的整体视角，提出要以总体国家安全观为指导，加强我国对外贸易国家安全制度的构建，为反制外国限制措施提供充分的国内法依据。⑥

（二）国外研究现状

1. 贸易限制措施实施的国际法依据

（1）《国家对国际不法行为的责任条款草案》

西方学界就《国家对国际不法行为的责任条款草案》中规定的排除行为不法性问题的研究主要集中在如下几个方面。第一，对《国家对国际不法行为的责任条款草案》的内容进行解读。Felicia Maxim 对《国家对国际不法行为的责任条款草案》中的内容一一进行了较为详细的解读，

---

① 杜涛、周美华：《应对美国单边经济制裁的域外经验与中国方案——从〈阻断办法〉到〈反外国制裁法〉》，《武大国际法评论》2021 年第 4 期，第 1—24 页。

② 龚红柳：《论中美贸易战中实施"反制"的 WTO 合规性——以中国应对美国"301 措施"为例》，《经贸法律评论》2019 年第 1 期，第 38—43 页。

③ 杨国华：《中国贸易反制的国际法依据》，《经贸法律评论》2019 年第 1 期，第 48—52 页；廖诗评：《中美贸易摩擦背景下中国贸易反制措施的国际法依据》，《经贸法律评论》2019 年第 1 期，第 57 页；李居迁：《贸易报复的特殊与一般——中美贸易战中的反制措施》，《经贸法律评论》2019 年第 1 期，第 62—68 页；杨雨馨：《中美贸易战中中方反制行为的合法性分析》《天津法学》2019 年第 2 期，第 29—34 页。

④ 袁达松、苏航：《我国应对经济制裁的反制法律机制》，《天津法学》2020 年第 1 期，第 32—36 页。

⑤ 顾华详：《论美国对华贸易摩擦的法治反制》，《西北民族大学学报》（哲学社会科学版）2020 年第 4 期，第 93—101 页。

⑥ 胡晓红：《中国对外贸易国家安全制度重构》，《南大法学》2021 年第 2 期，第 76—89 页。

并重点对国家赔偿责任进行了探讨。① Simon Olleson 结合国际实践和判例，对"国际不法行为"的认定进行了分析。② Patrick Dumberry 重点结合奥斯曼帝国在国际上所犯下的种族灭绝行为，对"国际不法行为"的认定及奥斯曼帝国应当承担的国际责任进行了分析。③ Victor Stoica 则主要论述了国际不法行为责任的赔偿问题。④ Patricia Galvao Teles 对《国家对国际不法行为的责任条款草案》的最新发展作出了归纳。⑤

第二，将人权与《国家对国际不法行为的责任条款草案》相结合，对条款的适用问题进行分析。Seyyed Amir Abbas Ehterami 对国家责任制度中的人权问题进行了较为深入的探讨，并指出现行国家责任制度在责任国人权问题上存在的缺陷。⑥ Maja Janmyr 主要分析了在难民营中"非政府组织"侵犯人权的行为应承担的国际组织责任问题。⑦

第三，关于国际组织的国际不法行为责任的探讨。August Reinisch 对国际组织及其成员国对国际不法行为的国际责任的归责问题进行了初步的分析，⑧ Jose Manuel Cortes Martin 则结合理论与实践对国际组织责任的归责问

---

① Felicia Maxim，"Content of the Responsibility of the States for Internationally Wrongful Acts—General Principles"，*Jurnalul de Studii Juridice* 7（2012）：109 – 124.

② Simon Olleson，"Internationally Wrongful Acts in the Domestic Courts：The Contribution of Domestic Courts to the Development of Customary International Law Relating to the Engagement of International Responsibility"，*Leiden Journal of International Law* 26（2013）：615 – 642.

③ Patrick Dumberry，"The Consequences of Turkey Being the Continuing State of the Ottoman Empire in Terms of International Responsibility for Internationally Wrongful Acts"，*International Criminal Law Review* 14（2014）：261 – 273.

④ Victor Stoica，"Cessation of the International Wrongful Act before the International Court of Justice"，*Romanian Journal of International Law* 17（2017）：26 – 39.

⑤ Patricia Galvao Teles，"The ILC's Past Practice on Progressive Development and Codification of International Law—An Empirical Analysis Focusing on the Law of the Sea，Law of Treaties and State Responsibility，"*FIU Law Review* 13（2019）：1027 – 1042.

⑥ Seyyed Amir Abbas Ehterami，"A Study of the Responsibility Domains of States toward Human Rights Based on Rulings of the International Court of Justice and United Nations Draft Articles on Responsibility of States for Internationally Wrongful Acts"，*Journal of Law and Social Deviance* 13（2017）：118 – 146.

⑦ Maja Janmyr，"Attributing Wrongful Conduct of Implementing Partners to UNHCR：International Responsibility and Human Rights Violations in Refugee Camps"，*Journal of International Humanitarian Legal Studies* 5（2014）：42 – 69.

⑧ August Reinisch，"Aid or Assistance and Direction on Control between States and International Organizations in the Commission of Internationally Wrongful Act"，*International Organizations Law Review* 7（2010）：63 – 78.

题进行了更加深入的探讨，指出国际组织成员的责任完全是在其为成员的条件下相对于国际组织而产生的，而不考虑国际组织在实施不法行为时所采取的任何形式的帮助、协助、执行、控制或胁迫。① Alexander Orakhelashvili 对国际组织的多重归责理由进行了论证，并对国际组织的豁免、其来源和范围进行了较为深入的讨论。② Catherine Brolmann 主要分析了国际组织成员国在国际责任法律框架中的地位，并认为国际组织的制度面纱主要以四种不同的方式产生，包括"成员国的附属责任；将行为归于成员国；成员国的'责任归属'；以及绕过机构的面纱来确定成员国的独立责任"。③

（2）贸易限制措施与 WTO 安全例外条款

第一，自裁决权限问题的研究。关于自裁决权限问题，国外学者主要有两种观点。其一，第 21 条国家安全例外条款的适用由成员方自主确定。Raj Bhala 主张 WTO 安全例外条款是自裁决条款，国家有权决定什么是"必要的安全利益"。国家不需要向 WTO 说明其行为的合法性，且不需要获得 WTO 的事先批准。④ Peter Lindsay 主张从《TRIPS 协定和公共健康宣言》出发，论证 WTO 专家小组不具有审查安全例外条款的管辖权。⑤ 其二，第 21 条国家安全例外条款的适用并非完全排除在专家组和上诉机构审查范围之外，即专家组和上诉机构具有客观性审查的权限。Roger P. Alford 认为安全例外条款并非完全排除在审查范围之外。如果援引第 21 条（b）款能够由成员方单独以主观性决定的方式作出，那么容易导致成员方滥用安全例外条款，进而削弱贸易体系的稳定性。⑥ Stephan Schill 和 Robyn Briese 分析了自裁决条款的性质和分类，指出 GATT 第 21 条属于自

① Jose Manuel Cortes Martin，"The Responsibility of Members Due to Wrongful Acts of International Organizations"，*Chinese Journal of International Law* 12 （2013）：679 – 722.

② Alexander Orakhelashvili，"Responsibility and Immunities"，*International Organizations Law Review* 11 （2014）：114 – 171.

③ Catherine Brolmann，"Member States and International Legal Responsibility"，*International Organizations Law Review* 12 （2015）：358 – 381.

④ Raj Bhala，"National Security and International Trade Law：What the GATT Says and What the United States Does"，*University of Pennsylvania Journal of International Law* 19 （1998）：278 – 301.

⑤ Peter Lindsay，"The Ambiguity of GATT Article XXI：Subtle Success or Rampant Failure?"，*Duke Law Journal* 52 （2003）：1296 – 1306.

⑥ Roger P. Alford，"The Self-Judging WTO Security Exception"，*Utah Law Review* 3 （2011）：682 – 704.

裁决条款，并分析了如何避免自裁决条款的滥用。自裁决条款的测试标准应符合"善意"，客观的条件是基本安全利益必须存在，成员方援引GATT 第 21 条不是为了保护主义，并且自裁决条款的适用也必须符合"合理性"和"比例性"。① Mona Pinchis-Paulsen 对涉及安全例外条款的案例进行了全面的分析，在此基础上探讨了该条款的自裁决权问题，并提出美国国家安全政策与贸易自由的平衡问题。②

　　第二，"基本安全利益"的内涵。Ji Yeong Yoo 和 Dukgeun Ahn 认为国家安全随着时代的变迁有着不同的维度，各个国家所面临的安全问题不仅包括传统安全问题，还包括网络安全、恐怖主义和能源安全等问题。其分析了 WTO 和自由贸易协定中的安全例外条款的发展，并提出安全例外条款文本所存在的问题以及如何更加有效地适用安全例外条款。③ Nathaniel Ahrens 探讨了我国的《信息安全等级保护管理办法》在 WTO 安全例外条款下的法律适用问题，认为我国的《信息安全等级保护管理办法》的涵盖范围超出了"基本安全利益"，故不属于 WTO 安全例外条款的适用范围。④ Eric J. Lobsinger 认为许多资助基地组织和相似的恐怖主义团体的贸易网络都依赖于 WTO 的全球贸易，不合法的毒品贸易似乎与 WTO 的监管并无关系，因为其不属于 GATT 的减让的范围，但是毒品贸易实际上是掺杂在合法的贸易中间的。恐怖主义分子利用 WTO 监管下的合法的自由贸易去从事毒品交易，以资助恐怖主义的活动。因此，WTO 的第 21 条有能力来限制恐怖主义的资助，其"基本安全利益"应当包含恐怖主义威胁。⑤ Tsai-fang Chen、Jaemin Lee 结合中美经贸摩擦的背景，对美国商务部以国家安全为由对进口钢铁产品启动 232 调查是否符合安全例外条款及经济安全是

---

①　Stephan Schill, Robyn Briese, "'If the State Considers': Self-Judging Clauses in International Dispute Settlement", *Max Planck Yearbook of Untied Nationals Law* 13 (2009): 140.

②　Mona Pinchis-Paulsen, "Trade Multilateralism and U. S. National Security: The Making of the GATT Security Exceptions", *Michigan Journal of International Law* 41 (2020): 109 – 194.

③　Ji Yeong Yoo, Dukgeun Ahn, "Security Exceptions in the WTO System: Bridge or Bottle-Neck for Trade and Security?", *Journal of International Economic Law* 19 (2016): 423 – 437.

④　Nathaniel Ahrens, "National Security and China's Information Security Standards", *Center for Strategic and International Studies* (2012).

⑤　Eric J. Lobsinger, "Diminishing Borders in Trade and Terrorism: An Examination of Regional Applicability of GATT Article XXI National Security Trade Sanctions", *ILSA Journal of International and Comparative Law* 99 (2006): 125 – 138.

否属于"基本安全利益"进行了分析。① Kevin J. Fandl 结合美国 1962 年《贸易扩展法》第 232 条的规定，对美国所采取的扩张适用安全例外的做法是否违反 WTO 义务进行了剖析。②

第三，"国际关系中的其他紧急情况"的内涵。Dapo Akande 和 Sope Williams 认为对"国家关系中的紧急情况"的界定具有重要性，其决定了安全例外条款适用的范围。在 GATT 第 20 条（b）款（iii）项中，"其认为"的术语并不能够修改"国家关系中的紧急情况"的定义，换言之，"国际关系中的其他紧急情况"的界定超越了自裁决适用的范围。③ Sopocles Kitharidis 分析了 GATT 第 21 条和 GATT 第 23 条的关系，并分析了气候变化问题是否属于 WTO 安全例外条款的"国际关系中的其他紧急情况"问题。其认为气候变化和环境灾难不属于可适用情形。④ Felicity Deane 分析了气候变化问题不属于"国际关系中的其他紧急情况"，因而不能适用 WTO 安全例外条款。⑤ Eric Pickett 和 Michael Lux 从俄罗斯对欧盟的禁运案件分析了 WTO 安全例外条款的适用问题，探讨了俄罗斯所面临的情况是否属于"国际关系中的其他紧急情况"问题。⑥ Eric J. Lobsinger 认为气候变化的威胁能够成为适用安全例外的合法理由。⑦ Samantha Franks 提出近年来各国已经开始将气候变化视为国家安全威胁，并论证了安全例外条款适用于气候变化问题的可

---

① Tsai-fang Chen，"To Judge the Self-Judging Security Exception under the GATT 1994—A Systematic Approach"，*Asian Journal of WTO and International Health Law and Policy* 12（2017）：337 – 349；Jaemin Lee，"Commercializing National Security? National Security Exceptions' Outer Parameter under GATT Article XXI"，*Asian Journal of WTO & International Health Law and Policy* 13（2018）：288 – 294.

② Kevin J. Fandl，"National Security Tariffs：A Threat to Effective Trade Policy"，*University of Pennsylvania Journal of Business Law* 23（2021）：340 – 389.

③ Dapo Akande，Sope Williams，"International Adjudication on National Security Issues：What Role for the WTO"，*Virginal Journal of International Law* 43（2003）：378 – 394.

④ Sopocles Kitharidis，"The Unknown Territories of the National Security Exception：The Importance and Interpretation of Art XXI of the GATT"，*Australian International Law Journal* 21（2014）：82 – 93.

⑤ Felicity Deane，"The WTO, the National Security Exception and Climate Change"，*Carbon & Climate Law Review* 2（2012）：149 – 158.

⑥ Eric Pickett，Michael Lux，"Embargo as a Trade Defense against an Embargo/ The WTO Compatibility of the Russian Ban on Imports from the EU"，*Global Trade and Customs Journal*, 10（2015）：14 – 32.

⑦ Eric J. Lobsinger，"Diminishing Borders in Trade and Terrorism：An Examination of Regional Applicability of GATT Article XXI National Security Trade Sanction"，*ISLA Journal of International and Comparative Law* 13（2006）：107 – 129.

能性。① Ryan Goodman 认为人权事项能够构成国家安全关注的事项，违反人权义务可引发成员方援用第 21 条对该国进行单项的经济制裁。②

第四，WTO 安全例外条款适用的"善意"原则。Shin-yi Peng 认为安全例外条款不完全是自我裁量的，可以用国际法中的"善意"原则来解释自由贸易和安全利益的平衡。审查安全例外应符合客观善意与主观善意条件。客观善意要求条约解释结果对缔约方具有合理预期，而主观善意要求根据成员方的意图进行解释。其还分析了网络安全的安全例外条款适用问题。其认为善意测试必须经过两个阶段：第一阶段是决定什么是"基本安全利益"，将网络安全划分为"基本安全利益"是不是"合理的"；第二阶段是决定什么行为对于保护网络安全利益以及是否成员方"真正地相信"其所采纳的规则对于保护其基本安全利益是必要的。③ Brandon Rice 以乌克兰危机影响下的欧盟与俄罗斯的制裁和反制裁案例为切入点探讨了 WTO 安全例外条款的适用问题，认为俄罗斯对于欧盟的反制裁措施可能不符合 WTO 安全例外条款的"善意"标准，超过了必要限度，因而不符合 WTO 安全例外条款的适用条件。④

第五，WTO 安全例外条款的滥用对国际贸易秩序的影响。Simon Lester 和 Huan Zhu 表达了以国家安全为名采取的贸易限制措施的忧虑，并提出 WTO 成员应尽可能在维护国家安全和贸易自由之间寻找平衡，避免贸易限制措施的滥用对国际贸易规则的侵蚀。⑤ J. Benton Heath 认为各国所采取的国家安全政策对国际经济秩序造成了破坏，各国制定国家安全政策时应注重国家安全与贸易自由的平衡。⑥ J. Benton Heath 在另一篇文章

① Samantha Franks, "Exploring Climate Security to Article XXI of the GATT", *Washington University Global Studies Law Review* 20 (2021): 523 – 534.

② Ryan Goodman, "Norms and National Security: The WTO as a Catalyst for Inquiry", *Chicago Journal of International Law* 2 (2001): 101 – 120.

③ Shin-yi Peng, "Cybersecurity Threats and the WTO National Security Exceptions", *Journal of International Economic Law* 18 (2015): 456 – 462.

④ Brandon Rice, "Russia and the WTO: Is It Time to Pierce the Article XXI (b) (iii) Security Exception?", *Social Science Electronic Publishing*, 24 (2015).

⑤ Simon Lester, Huan Zhu, "A Proposal for 'Rebalancing' to Deal with 'National Security' Trade Restrictions", *Fordham International Law Journal* 5 (2019): 1451 – 1474.

⑥ J. Benton Heath, "The New National Security Challenge to the Economic Order", *Yale Law Journal* 129 (2020): 1020 – 1099.

国家安全视野下贸易限制措施的法律制度

中提出国家安全涵盖范围的变化给 WTO 规则带来了严峻的挑战，并归纳了当前协调贸易自由与国家安全措施的三种模式。① William J. Gardner Jr. 结合 WTO 安全例外条款的缔约历史及 "俄罗斯运输案" 的专家组报告，分析了安全例外条款给 WTO 规则带来的挑战。② Elizabeth Trujillo 认为当前世界面临着气候变化、网络安全、重大传染病等安全挑战，日益严峻的国家安全形势使全球贸易体制更加脆弱，国家安全的概念过于宽泛地适用将对国际贸易秩序造成严重破坏。③

2. 对经济制裁、出口管制的研究

（1）出口管制

国外学界就出口管制制度的研究成果较为丰富，近几年就该问题的研究主要集中在如下几个方面。第一，对美国出口管制制度及其最新发展的研究。Arrambide Cynthia 及 Bruce Zagaris 对美国商务部 2020 年 4 月 27 日发布的新的出口管制措施进行了评述，该出口管制措施旨在进一步限制向中国、俄罗斯转让技术。④ Joan Wiggenhorn 等考察了违反出口管制制度对跨国企业的影响，重点分析了美国近十年来的监管措施，并归纳了违反美国出口管制制度的企业的特征。⑤ Peter Lichtenbaum 等对美国 2018 年针对我国出台的出口管制政策进行了探讨，指出美国出口管制政策的最新特征为加强对新兴和基础技术的出口管制。⑥ Charles H. Ellzey 结合美国航空航天领域的出口管制政策，分析了美国最新出口管制制度的发

---

① J. Benton Heath，"Trade and Security among the Ruins"，*Duke Journal of Comparative and International Law* 30（2020）：223 – 266.

② William J. Gardner Jr.，"Divergent Strategies：A Legal History of the WTO's National Security Exception in the Context of a Globalized Economy，1983 – 2019"，*University of Miami International and Comparative Law Review* 28（2020）：181.

③ Elizabeth Trujillo，"An Introduction to Trade and National Security：New Concepts of National Security in a Time of Economic Uncertainty"，*Duke Journal of Comparative and International Law* 30（2020）：211 – 222.

④ Arrambide Cynthia，Bruce Zagaris，"Export Controls and Economic Sanctions"，*International Enforcement Law Reporter* 36（2020）：206 – 210.

⑤ Joan Wiggenhorn，Kimberly Gleason and Manoharlal Sukhwani，"An Exploratory Examination of Export Control Act Violations"，*International Business Research* 7（2014）：103 – 106.

⑥ Peter Lichtenbaum，Victor Ban and Lisa Ann Johnson，"Defining 'Emerging Technologies'：Industry Weighs In on Potential New Export Controls"，the Magazine of US-China Business Council，https：// www. chinabusinessreview. com/defining – emerging – technologies – industry – weighs – in – on – potential – new – export – controls/，last visited June 10，2022.

展趋势。① Chad P. Bown 提出在中美经贸摩擦的背景下，美国制定了更为严格的出口管制政策，并结合 WTO 规则，论述了美国出口管制政策与 WTO 规则的相符性问题。② Jeremy M. Sharp 等对美国《武器出口管制法》的"紧急情况"制度在实践中的运用进行了分析，认为美国 2019 年对沙特阿拉伯、阿联酋和约旦的军用武器设备的销售与美国和伊朗紧张局势加剧密切相关，属于"紧急情况"。③ Elise Keppler 对美国军用物资的出口管制制度进行了较为深入的探讨。④ Michael G. Watts 对美国现行的出口管制条例进行了较为深入的探讨，并将其与高等教育研究实践相关的法规相结合。⑤

第二，出口管制制度与多边出口管制政策协调的研究。Michael D. Beck 及 Scott A. Jones 论述了美国出口管制制度与多边出口管制政策的协调问题，美国成立了四个非正式的组织执行国际贸易的多边出口管制制度，以促进双重用途的设备、材料和技术的不扩散目标的实现。⑥ Amina Afzal 对印度出口管制政策与多边出口管制政策的协调进行了探讨，聚焦于印度近年来在防止常规武器及两用货物、技术扩散问题上所作出的努力。⑦

第三，各国学者对本国/地区出口管制制度的研究。Susanne Therese Hansen 对欧盟常规武器的出口管制制度进行了分析，并重点探讨了如何解决管制制度中的模糊性问题。⑧ Machiko Kanetake 对欧盟出口管制法律

---

① Charles H. Ellzey, "Promoting Globalization in Space Policy: A Look at United States Export Controls", *Journal of Space Law* 44（2020）：278 – 331.

② Chad P. Bown, "Export Controls: America's Other National Security Threat", *Duke Journal of Comparative and International Law* 30（2020）：283 – 308.

③ Jeremy M. Sharp, Christopher M. Blanchard and Clayton Thomas, "U. S. Arms Sales to the Middle East: Trump Administration Uses Emergency Exception in the Arms Export Control Act", *CRS Insight*, May 31, 2019.

④ Elise Keppler, "Preventing Human Rights Abuses by Regulating Arms Brokering: The U. S. Brokering Amendment to the Arms Export Control Act", *Berkeley J. Int'l Law* 19（2001）：381 – 411.

⑤ Michael G. Watts, "Export Control Awareness: The Initial Discussion & Necessary Considerations of Engaging in Export Control Practices at Eastern Washington University", EWU Masters Thesis Collection, 2019.

⑥ Michael D. Beck, Scott A. Jones, "The Once and Future Multilateral Export Control Regimes: Innovate or Die", *Strategic Trade Review* 5（2019）：55 – 76.

⑦ Amina Afzal, "India's Export Control Regime: From Possible Proliferator to Responsible Nuclear State?", *Journal of Strategic Affairs*（2017）.

⑧ Susanne Therese Hansen, "Taking Ambiguity Seriously: Explaining the Indeterminacy of the European Union Conventional Arms Export Control Regime", *European Journal of International Relations* 22（2016）：192 – 216.

制度最新的改革进行了评析。① Wilson Frances 重点分析了英国对于艺术作品和文化作品的出口管制制度。② Tamotsu Aoi 对美国、欧盟、英国、德国、法国、匈牙利、俄罗斯、日本、韩国、中国、印度、东盟等十一个国家及两个地区出口管制制度的历史发展进行了较为详细的论述。③ Ivan Kravchenk 等则对乌克兰出口管制制度中涉及特殊用途和两用货物的国际转让的特殊性问题进行了探讨。④

（2）经济制裁

二战后国际经济制裁措施的广泛实施引起了国际法学界的关注，目前国外学者关于经济制裁问题作出不少论述，归纳起来有以下几类。第一，涉及经济制裁的概念和历史发展。M. L. Forlati Picchio 对经济制裁与报复及反措施的区别进行了论述。⑤ Lori Fisler Damrosch 对经济制裁作为反措施的合法性进行了论证。⑥ Gary Clyde Hufbauer 等对国际经济制裁事件进行了系统的整理。⑦ 第二，经济制裁的国际法合法性。Shihata 对单边经济制裁是否符合国际法基本原则进行了论述。⑧ Philip Alston 和 Gerard Quinn 从人权保护的视角研究了经济制裁的合法性问题。⑨ Seyed M. H. Razavi 和

① Machiko Kanetake, "The EU's Export Control of Cyber Surveillance Technology: Human Rights Approaches", *Business and Human Rights Journal* 4 (2019): 155-162.
② Wilson Frances, "UK Export Controls and National Treasures", *Santander Art and Culture Law Review* (*SAACLR*) (2019): 193-208.
③ Tamotsu Aoi, "Historical Background of Export Control Development in Selected Countries and Regions: U.S., EU, U.K., Germany, France, Hungary, Russia, Ukraine, Japan, South Korea, China, India and ASEAN", April 2016, https://www.cistec.or.jp/english/service/report/1605historical_background_export_control_development.pdf, last visited January 12, 2022.
④ Ivan Kravchenk, Tamara Chernadchuk, Kateryna Izbash, Yevhen Podorozhnii, Sergii Melnyk, "On Special Feature of Implementation of State Export Control over International Transfer of Goods", *Journal of Legal, Ethical and Regulatory Issues* 22 (2019).
⑤ M. L. Forlati Picchio, "The Legal Core of International Economic Sanctions", *Economic Sanctions in International Law* 99 (2004): 135.
⑥ Lori Fisler Damrosch, "The Legitimacy of Economic Sanctions as Countermeasures for Wrongful Acts", *Ecology Law Quarterly* 46 (2019): 95-110.
⑦ Gary Clyde Hufbauer et al., *Economic Sanctions Reconsidered: History and Current Policy* (Washington: Peterson Institute for International Economics, third edition, 2009): 125-138.
⑧ Shihata, "Destination Embargo of Arab Oil: Its Legality under International Law", *American Journal of International Law* 68 (1974): 591-627.
⑨ Philip Alston, Gerard Quinn, "The Nature and Scope of States Parties' Obligations under the International Covenant on Economic, Social and Cultural Rights", *Human Rights Quarterly* 9 (1987): 158-159.

Fateme Zeynodini 对经济制裁的基本人权的影响进行了观察，并强调经济制裁应确保受制裁国家人民的基本权利得到保护。[①] 第三，美国经济制裁的相关问题。Abdullah Al-Khseilat 等对美国经济制裁与国际法的相符性问题进行了论证。[②] Daniel W. Drezner 认为美国长期以来推行其国家安全及外交政策，对美国经济制裁的实施效果进行了反思，并提出美国应该降低对经济制裁工具的依赖。[③] Jesse Van Genugten 重点分析了美国的金融制裁问题，阐释了美国财政部外国资产控制办公室（OFAC）在美国金融制裁中所发挥的作用，并对美国金融制裁的执行问题进行了较为深入的思考。[④] Patrick Corcoran 认为《国际紧急状态经济权力法》（IEEPA）赋予了总统过于广泛的实施制裁的权力，使得此种权力存在滥用的情形，并提出应当修改《国际紧急状态经济权力法》，对总统实施制裁的权力形成制约。[⑤]

（三）国内外研究成果评析

从上述动态可见，现有研究的不足体现在以下方面。第一，现有关于贸易限制措施有关制度的研究较分散，多是聚焦于某一研究热点问题，对相关的制度进行单一的研究，不重视研究的面，较少将与贸易限制措施相关的立法作为一个整体进行系统研究。第二，重制度研究，轻对策建构，多数文献局限于对贸易限制措施相关制度本身的分析，但针对如何将该制度服务于国家安全目标时，所提出的对策较为简单，对策建构研究仍处于起步阶段。第三，多数文献与我国当前国家安全所面临的形势的关联性、实效性不强，应时性不足，难以服务于我国国家安全的需要，为我国制度完善提供充分的理论依据。本书立足中

[①] Seyed M. H. Razavi, Fateme Zeynodini, "Economic Sanctions and Protection of Fundamental Human Rights: A Review of the ICJ's Ruling on Alleged Violations of the Iran-U. S. Treaty of Amity", *Washington International Law Journal* 29（2020）：303 – 340.

[②] Abdullah Al-Khseilat, Ayman Yousif Al-refou and Salem Mekhled Salem, "Unilateral Economic Sanctions", *Journal of Law, Policy and Globalization* 94（2020）：129 – 144.

[③] Daniel W. Drezner, "The United States of Sanctions: The Use and Abuse of Economic Coercion", *Foreign Affairs* 100（2021）：142 – 154.

[④] Jesse Van Genugten, "Conscripting the Global Banking Sector: Assessing the Importance and Impact of Private Policing in the Enforcement of U. S. Economic Sanctions", *Berkeley Business Law Journal* 18（2021）：136 – 164.

[⑤] Patrick Corcoran, "Trade and Wars: Checking the President's Overbroad Trade Sanction Authority", *New York University Journal of Legislation and Public Policy* 23（2021）：687 – 744.

国问题，使用中国话语进行研究，旨在全面地、系统地、多层次地阐述和分析贸易限制措施与国际法规则的冲突与协调，指出目前我国贸易限制措施相关立法的薄弱环节，进而提出完善建议，提高我国运用法治手段维护国家安全的能力。

三、创新与不足之处

在研究视角方面，目前，以国家安全为视角展开对贸易限制措施法律制度的研究相对薄弱，本书未停留在对贸易限制措施制度本身的微观分析上，而是系统地对贸易限制措施的理论形态、制度形态和实际运行形态展开了研究，采取由国际到国内、由一般立法到各国具体立法的思维，对国家安全视野下贸易限制措施法律制度进行了较为体系、全面的分析，有助于创新和完善新时代国家安全法治理论体系。

在学术观点方面，本书认为贸易限制措施相关立法的统筹协调机制不健全、具体领域实施体系存在薄弱环节、国内法治与涉外法治的衔接不足已成为制约相关立法发挥法律实效的瓶颈，本书采取问题导向，立足于我国国家安全形势的时代需求，面向我国提出贸易限制措施法律制度完善的对策建议，从而助力我国形成更加系统完备的国家安全法治体系。

受研究水平和研究条件所限，本书在研究过程中遇到的难点主要集中在两个方面：第一，对国家安全视野下贸易限制措施相关理论与实践的分析需要结合多学科知识，这对笔者提出了一定的挑战；第二，中国特色社会主义贸易限制措施相关法律制度的完善不仅需要理论支持，还需要以我国所面临的国家安全问题为基点，对国际立法及域外立法"去伪存真"，从而建构适合我国国情的贸易限制措施法律制度，如何提出更加科学的立法完善建议是笔者需要突破的难题。

四、主要研究方法

第一，实证研究法。借助理论联系实际的方法，通过对美国及欧盟贸易限制措施相关实践的梳理，考察美国及欧盟运用其国内立法维护国家安全的效果，从中汲取有益经验，为创新丰富我国涉外领域的国家安全法治体系提供实践依据。

第二，多学科的研究方法。以法学分析为主，综合运用国际经济法、国际公法及国际政治、国际关系的理论。贸易限制措施的实施不仅仅是一个法律问题，也是一个政治与贸易交织的问题，因此，对该条款的研究不应止步于法律规范本身，还应将眼光投入客观实践与多学科知识中，包含政治学、国际关系学等知识，通过多学科研究的视角进行更深层次的探索。

第三，文献研究法。以"贸易限制措施""贸易保护主义""出口管制""经济制裁""国家安全""安全例外""反措施"等为关键词，通过广泛的查询与梳理，全面收集与贸易限制措施相关的研究成果，将其整理作为研究的基础资料。

第四，比较研究法。通过将美国、欧盟贸易限制措施的法律制度与我国的国内立法进行对比考察，充分考虑域内与域外的共性与个性，为设计适合我国国情的贸易限制措施法律制度提供可资借鉴的国际经验。

第一章　国家安全视野下贸易限制措施的基础问题

　　贸易自由化并不是绝对的，各国有基于国家安全利益对贸易进行规制的权利。国际贸易会产生安全外部性，既有正的外部性，也有负的外部性，如何放大正安全外部性、消减负安全外部性是一国在设计国际贸易等相关政策时必须考量的重要因素。贸易自由和经济繁荣是国家安全不受外来威胁的保障机制，自由贸易使得国家之间的联系更加密切，国家自身安全更加脆弱。自由贸易并不意味着一国可以向他国出口任何商品、技术与服务，威胁国家安全的商品、技术、服务的跨国流动可能产生负的外部性。国家有权基于维护国家安全对贸易进行限制，但限制措施的使用应慎重考虑其对自由贸易和全球利益的长期影响，在维护国家安全与实现自由贸易这两个价值目标上实现平衡。作为研究的前提基础和逻辑起点，本章回归到制度本身的基础问题，从基本概念、分类、功能、理论基础等角度，深入探究贸易限制措施制度在维护国家安全中的特殊作用与逻辑原理。

第一节　贸易限制措施的概念及分类

一、贸易限制措施的概念

　　贸易限制措施是指一国针对特定货物、技术或服务的国际贸易采取的限制措施，贸易限制措施是一种对外贸易政策工具，其实施会产生多个方面的影响，但其核心影响就是对贸易的限制。常规的贸易限制措施主要表现为各种关税及非关税措施，具体措施类型繁多，包括关税措施、进出口的配额、许可证管理措施、出入境检验检疫制度等。关税措施是进出口商品经过一国关境时，由政府设置的海关对其进出口商品征收税赋，主要包括以增加国家财政收入为目的的财政关税和以保护本国相关产业为目的而征收的保护性关税。进出口配额措施是指政府规定在一定期限内某些商品的进出口有数量或金额的最高限额，超过一定数量或金额的不得进出口。由于进出口配额会对国际贸易自由产生较大的阻碍，根据 WTO 的规定，配额措施应在国际贸易上减少使用，GATT 第 11 条明确禁止成员国对其产品的进口或出口使用进出口配额措施，仅在例外情形下允许适用。许可证管理措施可分为普通许可证和特殊许可证，国家可通过许可措施管制原料出口或者强化经济政策。出入境检验检疫制度，即通过对交通运输工具、运输设备、出入境货物及其包装、物品及其包装和进出境人员实施检验、检疫措施，目的在于通过安全健康的贸易行为，促进安全生产，维护国家的公共安全和人民的生命健康安全。

　　各国在实践中常用的对贸易具有限制效果的措施包括出口管制、经济制裁、贸易反制等。一是出口管制。出口管制是指国家从其本身的军事、政治和经济利益出发，通过国家法律法规针对特定货物出口、技术出口和服务出口以及向特定国家或地区的出口采取的限制措施，出口管制措施的实施会产生多个方面的影响，但其核心影响就是对本国出口贸易的限制，属于贸易限制措施的一种类型。在经济全球化的背景下，各国实施对外贸易政策包含两个基本点：其一，融入贸易自由化；其二，促进出口、限制进口。但是不同国家和地区存在政治及经济发展不平衡的状况，不同国家的社会制度、意识形态和政治观念存在差异，出于可持续发展的需要，有的国家不得不采取一些出口管制政策。因此，为了维护本国的国家利益，增强可持续发展的能力，国家在鼓励和促进出口的同时，也会对某些产品的出口，特别是战略物资和高科技产品的出口实施限制措施。出口管制的目的不是促进贸易发展，而主要是维护国家安全、地区安全、国际安全，维护本国的政治外交关系。国家安全利益被视为出口管制的最高利益。二是经济制裁。经济制裁是指一个或多个国家、国际组织为实现一定的政策目标，对特定国家或国际组织的经济资源和交往空间采取歧视性限制政策或行为。对外经济制裁的措施有很多种，包括贸易、金融、投资领域。贸易制裁作为传统的经济制裁手段，适用范围广泛，包括限制商品、服务或技术的进出口、关税措施等。[①] 三是贸易反制。贸易反制则是一种国家的自助行为，任何国家无论强弱均享有防卫国际不法侵害的自助权利。当国家正在遭受国际经贸方面之不法侵害，且无法获得国际经济组织等外置力量的及时保护与救济时，国家拥有及时反制国际经贸领域不法侵害的自然权利。贸易反制是救济国家合法权利的重要途径，反制的主要价值亦为秩序。贸易反制存在的价值就是维护成员间权利义务和国家利益的均衡秩序，防止国际贸易秩序的混乱，维护 WTO 整体法律秩序的稳定。贸易反制的具体表现形式为加征关税、采取进出口限制等。总的来说，出口管制和经济制裁是主动实施对贸易具有限制效果的措施，而贸易反制是被动实施的贸易限制措施，三者均可为国家捍卫本国利益提供法律武器，为实现维护国家安全的目的，国家在采取贸易限制措施时应通盘考虑，在特定情境下合理选定限制措施的类型。

二、贸易限制措施的分类

首先，按照贸易限制措施所针对的对象及交易环节，贸易限制措施可分为对成本、标的以及主体的贸易特许资格的管制。一是针对关税的成本管制。征收关税的措施直接提高了贸易成本，是一种非常直接、简单、有效的贸易限制措施。在中美经贸摩擦中，美国和我国均采取了此种贸易限制措施。与成本管制相关的贸易管制措施，还有常用的反倾销、反补贴措施。对低价销售商品的进出口主体采取反倾销、反补贴措施，也会直接增加相关主体的贸易成本，达到控制/保护/报复贸易竞争单位的效果。[②] 二是针对商品的标的限制。进出口政策是针对商品的贸易限制最为常见的措施。例如，国家对商品的流通管理可以划分为自由进出口、限制进出口和禁止进出口等不同类型。国家有权对威胁本国军事安全、经济安全或者资源稀缺的商品采取限制或禁止出口的措施，具体包括禁止或限制军事商品进出口、禁止或限制某些高科技商品进出口、禁止转基因商品进口等。针

---

① 周方舟：《经济制裁威慑功能有效性研究》，博士学位论文，外交学院，2020，第27—38页。
② 蒋大兴：《贸易管制/贸易报复与跨界国界的公司治理——中兴通讯案如何扭曲了公司治理的演绎路径?》，《东岳论丛》2020年第2期，第113—126页。

对商品的贸易管制常用的措施包括各种货物进出口许可证管理、进出口配额管理及检验检疫措施，相关措施的概念在上文中已进行论述。三是针对主体的资格管制。在各类贸易限制措施中，针对外国企业组织或个人的限制措施较少，仅在资格管制措施中存在。例如，一些国家对外贸经营权采取特许制度，商事主体只有取得特许资格才能从事外贸经营活动，此种资格管制是直接针对主体实施的，但目前已经不常用。又如，一些国家规定了实体清单（entity list）制度，对威胁国家安全的主体实施贸易限制措施，我国有一定形式的对外制裁名单，比如反恐清单与不可靠实体清单。反恐清单的目的在于防范和打击恐怖主义；不可靠实体清单的目的则在于对损害我国企业正当权益的外国企业组织或个人实施制裁，捍卫国家利益和本国合法权益。

其次，按照贸易限制措施针对的物项形态来分，可以包括货物贸易限制、技术贸易限制和服务贸易限制。一是货物贸易限制。对于"货物"，部分国家在出口管制立法中予以了明确解释。例如，美国《出口管理法》（Export Administration Act，EAA）中规定，"货物"是指任何商品、天然物质或者人造物质、原材料、供应品或制造品，包括检验和检测设备，但不包括技术数据。许多国家为了保障本国的经贸权益，促进本国的可持续发展或提升本国的政治经济地位，在鼓励和促进出口的同时，也对某些商品的出口，尤其是军用物资及战略物资的出口进行限制。例如，我国对与武器、弹药或者其他军用物资有关的进出口采取了严格的管制措施。二是技术贸易限制。许多国家制定了技术安全管理清单制度，对关系国家安全、国计民生的先进技术的进出口采取限制措施，例如，欧盟制定的统一的技术出口管制立法以及出口管制清单，即《欧盟理事会（EC）第428/2009号条例》、《欧盟两用物项及技术出口管制清单》（Community Regime for the Control of Exports of Dual Use Items and Technology）。《欧盟理事会（EC）第428/2009号条例》作为欧盟出口主要法规，明确了管制的技术范围，管制对象包括附件中两用品管制清单所列的技术、与军品及武器禁运有关的技术等。《欧盟两用物项及技术出口管制清单》涵盖了计算机、电信、电子、航空、生化、核等多个领域的技术，并通过许可权申请、各成员国信息交流等措施，使得技术管理清单制度更为完善、准确。又如，美国的技术安全管理制度大致可分为军用技术出口管制和军民两用技术出口管制两大类，军用技术出口管制主要是指军事目的技术出口管制，军民两用技术出口管制主要包括对核、生化、电子设备等敏感物项和技术的出口管制。同时，美国的技术管理清单制度包含"商业管制清单"（Commerce Control List，CCL）、"商业国家列表"（Commerce Country Chart，CCC）以及实体名单等，最大限度地扩展对于主体、物项、管制环节等的管控范围，充分列举受控原因，实现了对技术物项的全面管控。近年来，各国技术管制的物项逐渐增多，突出新兴基础技术，涵盖人工智能、机器人等领域。三是服务贸易限制。服务贸易限制措施主要体现为对国外法人、自然人在本国提供服务所采取的限制措施。部分行业与国家经济发展、社会稳定关系密切，一国会通过贸易政策保护本国产业，防止外国对本国经济自主性的干扰。

第二节　贸易限制措施与国家安全

一、国家安全视野下贸易限制措施的研究范畴

国家安全伴随着国家的产生而产生，是任何历史时期每一个主权国家必须面对的首要问题。但国家安全作为一个专门的、完整的概念只有几十年的历史。美国政治专栏作家沃尔特·李普曼（Walter Lippmann）在其1943 年的著作《外交政策：共和国之盾》中最早提出了现代意义上的"国家安全"（national security）一词。[1] 1948 年 8 月，美国海军部部长福瑞斯特在美国参议院的听证会上首次使用了"国家安全"的概念，美国国会正式颁布了世界上第一部《国家安全法》，并根据该法组成了美国国家安全委员会。由此，各国政府机构的法律文件中开始普遍出现"国家安全"的概念。目前在学界中占据主流地位的观点是通过描述性的界定来阐释"国家安全"这一概念的内涵与外延。李普曼认为"国家安全"就是一国可以在不牺牲其核心价值的前提下避免战争或者在战争中能够保

---

[1]　Walter Lippmann, *Foreign Policy*：*Shield of the Republic* （Boston：Little Brown，1943），pp. 935 – 938.

护其核心价值免受侵害；布赞则以"作为一种安全对象的国家"为线索，将国家的物质基础、国家观念和国家的制度表现作为判断国家安全状况的标准；[1] 刘跃进教授在《国家安全学》一书中对"国家安全"也进行了状态性界定："国家安全就是一个国家处于没有危险的客观状态，也就是国家既没有外部的威胁和侵害又没有内部的混乱与疾患的客观状态。"[2] 目前我国官方对于"国家安全"概念的界定也属于此类，2015 年 7 月 1 日通过的《中华人民共和国国家安全法》第 2 条有如下表述："国家安全是指国家政权、主权、统一和领土完整、人民福祉、经济社会可持续发展和国家其他重大利益相对处于没有危险和不受内外威胁的状态，以及保障持续安全状态的能力。"

　　贸易自由和经济繁荣是国家安全不受外来威胁的保障机制，自由贸易使得国家之间的联系更加密切，同时，也使得国家自身的安全更加脆弱。国家应在自由贸易和国家安全之间实现平衡，决不可为了经济利益放弃国家安全目标。[3] 在国家安全与自由贸易发生冲突时，国家有权采取其认为必要的措施保护本国的国家安全。

　　本书的研究对象范围为以国家为主体、为保障国家安全而采取的贸易限制措施。首先，本书研究的采取限制措施的主体主要为国家，而不是非国家主体。非国家主体所采取的限制措施不属于本书着重研究的范畴。其次，本书所研究的是一国基于维护自身国家安全所采取的贸易限制措施，包括一国为履行国际法义务所采取的限制措施和自发的主动限制措施两种。一方面，国家有履行《联合国宪章》的规定的义务以及维护国际和平与安全的义务。《联合国宪章》对履行国际法义务的集体安全机制进行了规定。《联合国宪章》第 25 条规定："联合国会员国同意依宪章之规定接受并履行安全理事会之决议。"《联合国宪章》第 41 条规定："安全理事会得决定所应采武力以外之办法，以实施其决议，并得促请联合国会员国执行此项办法。此项办法得包括经济关系、铁路、海运、航空、邮、电、无线电及其他交通工具之局部或全部停止，以及外交关系之断绝。"根据《联合国宪章》第 25 条的要求，安理会有权促请各会员国实施经济

---

① ［英］巴瑞·布赞、［丹麦］奥里·维夫等：《新安全论》，朱宁译，浙江人民出版社，2003，第 5 页。

② 刘跃进主编《国家安全学》，中国政法大学出版社，2004，第 51—52 页。

③ 胡加祥：《国际贸易争端的解决与国家安全利益的保护》，《上海交通大学学报》（哲学社会科学版）2008 年第 4 期，第 14—15 页。

制裁和除武力以外的其他措施以防止或制止侵略，这背后的直接法律渊源为《联合国宪章》的明示授权，即联合国会员国的共同同意。在安理会做出"经济关系之局部或全部禁止"的情况下，国家采取贸易限制措施是履行《联合国宪章》义务的一部分。另一方面，国家也具有自主实施国际法认可的限制措施的权利。国家基于维护国家安全目的采取贸易限制措施的权利已被 WTO 规则中的安全例外条款，联合国框架下的"反措施"、"危急情况"、"重大违约"及世界卫生组织框架下的《国际卫生条例》所确认，但各国的贸易限制措施的采取应与国际法规则所规定的实施条件相符。各国对外贸易法律制度中都有大量的国家安全条款，此类条款安排的目的在于从国内法角度为国家实施国家安全例外措施提供法律依据。

二、贸易限制措施在维护国家安全中的作用

1. 贸易限制的重要措施

正当的贸易限制是维护国家安全、积极回应和反击损害国家利益行为的一种有效手段，是维护国家利益和主权尊严之必需，符合法律公平、正义的自然法理念。在现代社会，国家间关系日益纷繁复杂，各种利害关系交织缠绕，同时，多边机制持续发展，对国家的行为方式产生了深远的影响。这一变化使得国家的对外政策工具也要相应变化，武力措施受到抑制，而政治和外交措施更为凸显，经济措施则变得越来越重要。加害方在国际贸易领域实施了侵害他国的国家利益的行为时，应当受到与受害方相当的损失或制裁。当国家面临国际不法行为的侵害、无法获得国际经济组织等外部力量的及时救济时，国家拥有及时对加害方进行贸易反制的自助救济的自然权利。一国采取正当的贸易限制措施进行对等反制，是对外维护国家主权完整的一项重要措施，其能够向威胁该国国家安全的对方国家及国际社会发出坚决维护该国国家安全决心和意志的信号，并有助于警示其他潜在的侵犯国，达到以儆效尤的效果。

以往，在我国国家安全受到威胁时，我国对外表达不满和反对的手段主要是在政治和外交层面，例如，面对美国等西方国家损害我国国家利益的行为，我国通常通过推迟或取消合作论坛、政府官员会晤、双方峰会等方式来进行应对。这与之前我国的国家经济实力与政策选择有关，我国在

经济领域的实力还不够强，对外贸易反制无法达到很好的效果。随着我国经济的不断发展，目前我国已经成为世界第二大经济体，是许多国家重要的贸易伙伴。贸易限制措施与其他的政治、外交工具相互配合，能够取得较好的效果，更好地维护国家的主权、安全和发展利益。在他国实施国际不法行为、我国的国家安全及国际和平与安全处于威胁中的情况下，我国有权依据 WTO 多边贸易规则和国际法基本原则采取相关限制措施，有针对性地回应他国损害我国国家安全的行为，使他国为其不恰当的对外政策付出代价。十九大报告指出，要"健全国家安全体系，加强国家安全法治保障，提高防范和抵御安全风险能力。严密防范和坚决打击各种渗透颠覆破坏活动、暴力恐怖活动、民族分裂活动、宗教极端活动"。与慎用军事手段相类似，应慎用具有贸易限制效果的政策工具。墨子曾提出"非攻"思想，其不是反对一切战争，而只是反对非正义战争，在我国当前的国家安全形势下，在不破坏整体经济和外交利益及不违反国际法规则的情况下，我国有必要灵活运用贸易政策工具，手持利剑以争取和平。① 美国挑起中美经贸摩擦是两国政治制度、经济实力、意识形态、国家创新能力的全方位的持久较量，同时也包括法治的较量。在美国动辄以国家安全为由，对我国采取制裁措施，打压我国企业的背景下，我国依据对等原则、比例原则合理实施贸易反制，是运用经济手段保护我国企业的有效措施，也是维护我国核心和重大利益所必需。

2. 对外政策的重要工具

当国家安全受到损害时，谈判、调查、调停等外交方式有时会失败，不能有效解决争端。运用司法、仲裁等法律解决方式，具有裁决结果不可预测、执行难、时间成本高等问题，未必是使对方改变威胁国家安全行为的最好方式。争端解决机制的救济具有繁复性和冗长性的不足，往往在国际不法行为持续较长时间后才能生效，无法在紧急情况下及时保障和维护受害方的正当利益，国家根据国际法的相关规定，采取符合要求的正当的贸易限制措施，能够达到威慑的效果，使对方遭受切实的经济损失，该损失等于或大于对方从其不合理的政策和行为中所获得的收益，从而提高对方的政策代价，达到改变其内外政策的目的。例如，1992 年，法国批准向

① 黄德明：《中国和平发展中外交职能调整的前沿法律问题》，《法学评论》2006 年第 2 期，第 111—114 页。

我国台湾地区出售"幻影 2000"战斗机,严重威胁了我国的主权及军事安全,我国政府在与法国谈判无果的情况下,决定取消部分与法国拟签订的大型合作项目,如购买法国农产品、广州地铁、大亚湾核电站二期工程项目等,不再与法国新签订任何重大经贸合作项目,严格控制两国高级官员往来,并对直接进行武器销售的四家法国公司采取了严格的制裁措施。我国所采取的限制措施使法国感受到了巨大的政治和经济利益损失,因此迅速达到了良好的政策效果。1993 年 12 月,法国政府在草签的中法《政府联合公报》与法国外交部部长致我国外交部部长的信函中,明确承诺今后不再批准法国企业对台湾地区销售武器的项目,并制定了法国政府严格禁止本国企业向台湾地区出售武器等设备的详细清单。可以说,这次对法国所采取的限制措施充分体现了威慑作用,进而改变了法国的相关对台政策。[①]欧盟也将贸易制裁作为与对方进行谈判、改变对方政策或行为的一种工具。欧盟理事会前主席范龙佩在评价欧盟因乌克兰危机对俄罗斯实施制裁时指出,"限制措施与报复无关,其是一种对外政策工具,限制措施本身不是目的"。[②]欧盟在采取限制措施时坚持"谈判型"的理念,不仅注重施加压力,还强调激励,在满足一定条件时,及时地中止和取消限制措施。欧盟的相对灵活的理念使其限制措施在与受限制方的博弈中发挥了重要的作用。欧盟从整体的角度看待其所采取的限制措施,将其与政治谈判、激励措施、条件要求甚至同《联合国宪章》相符的强制经济措施形成"组合拳"使用,以改变对方外交政策,实现本国的政策目标。

　　3. 维护国家安全的重要手段

　　以大规模杀伤性武器或重要战略物资作为对象的贸易限制措施对维护国家安全具有重要意义。大规模杀伤性武器的扩散会破坏地区的和平与稳定,增加战争发生的风险。如果各个国家不对大规模杀伤性武器的进出口采取限制措施,则其可能流入危险地区,引发武装冲突,这不仅将损害某个国家、某一地区的安全,还将威胁整个世界的安全秩序。因此,采取合

---

① Francesco Giumelli, *Coercing, Constraining and Signaling : Explaining and Understanding International Sanctions after the End of the Cold War* (European Consortium for Political Research Press, 2012), p. 32.

② Council of the European Union, "EU Strengthens Sanctions against Actions Undermining Ukraine's Territorial Integrity", 21 March 2014, https: //www. consilium. europa. eu/uedocs/cms _ Data/docs/pressdata/EN/foraff/141741. pdf, last visited June 11, 2022.

理的贸易限制措施也是维护国家安全的应有选择。当前，全球反对武器扩散的形势非常严峻。武器扩散主体从原来的主权国家扩大到了非国家行为体。非国家行为体获取非常规武器的能力不断增强，并且目前国际的防扩散机制难以对非国家行为体形成约束。例如，基因编辑、基因驱动、合成生物学等领域探索的步伐加快，生命科学领域关键技术瓶颈的突破，导致专业化知识和技术平台门槛日益降低，非国家行为体获取生物武器的难度降低，但当前国际法缺乏对非国家行为体获取生物武器的有效控制。

此外，对重要的战略物资和稀缺资源的合理贸易限制同样有助于维护国家安全。一些重要的战略物资或稀缺资源向国外的输送可能会使敌对国家提高军事实力，损害本国的国家安全，增加国际武装冲突发生的可能性。例如，钨、钛、钽、钴、锰、钒、稀土等稀有金属不仅具有重要的经济价值，还具有重要的军事价值。日本要求国内必须贮备足量的钽、钴、锰、钒等 21 种稀有金属，美国则从澳大利亚和我国购买了大量的钽，为世界上储备钽粉最多的国家。我国是稀土等金属资源的大国，对稀有金属进行合理的开采和出口限制，有助于维护我国的国家安全。各国对外贸易法规均规定国家有权对重要的战略物资进行管制。例如，美国 1979 年《出口管理法》（EAA）修正案第 5 部分指出，"要采取有效的保障措施防止对美国具有军事威胁的国家获取具有军事用途的关键商品和技术"。我国《对外贸易法》第 16 条也规定，国家为维护国家安全、社会公共利益，可以限制或禁止有关货物、技术的进出口。

第三节　国家安全视野下贸易限制措施的基础理论

一、重商主义理论

重商主义理论属于最早的国际贸易保护主义理论学说，为国家管理对外贸易活动提供了理论基础。重商主义理论可以分为两个阶段，即早期的重商主义理论和晚期的重商主义理论。

早期的重商主义理论主张禁止金银输出、限制原材料出口和粮食出口等。早期重商主义认为金银为资本,应当不断增加国内货币金银的储备量,将出售本国商品赚取的货币用于购买本国货物,防止其外流。在发生不可预见的自然灾害或战争时,金银可以用于购买粮食及武器,这一观点的代表人物包括威廉·斯塔福德、海尔斯等。① 除金银外,早期重商主义理论也反对原材料的出口,主张应用制成品替代原材料出口,以羊毛制品为例,应将羊毛制作成纺织品后再出口其他国家,有助于带动本国制造业发展,创造更多的就业机会和利润。并且,早期重商主义理论强调政府应加强对经济的干预及对贸易的管制。②

晚期的重商主义理论则在一定程度上主张放松金银输出管制、保证对外贸易出超。在晚期重商主义理论的指导下,西方国家采取了征收保护性关税、禁止先进机器设备和熟练技术工人外流、进行出口质量管制等措施。保护关税政策包括严禁国内原料输出,对原料的出口征收高额的关税,支持国内制成品生产等措施。扶持出口商的政策包括对出口商进行特许管理,通过发放许可证的形式,允许某些商人拥有出口某些商品的特许权。此外,管理政策还包括高薪聘请外国技术工人,限制本国工匠外流,限制本国机器输出,制定强化质量控制的工业管理条例等。晚期重商主义理论的重点在于保持对外贸易平衡,政府应通过贸易管制政策实现贸易平衡,不加管制的贸易对国家是不利的。最早使用"贸易平衡"这一术语的学者为米赛尔登,其非常注重进出口货物以及贸易顺差。持这一观点的经济学家还包括托马斯·孟、冯·霍尼克、柯尔培尔等。③

二、自由贸易理论

自由贸易理论由英国古典经济学家亚当·斯密最早提出,亚当·斯密在其著作《国富论》中指出,政治经济学的基本研究目标是"富国"和"裕民",国家通过自由贸易才能取得最大收益。④ 在该著作中,他提出了

---

① 李新宽:《试析英国重商主义国家干预经济的主要内容》,《史学集刊》2008 年第 4 期,第 67 页。
② 陈曦文:《英国 16 世纪经济变革与政策研究》,首都师范大学出版社,1995,第 166 页。
③ 汤在新:《近代西方经济学史》,上海人民出版社,1990,第 14 页。
④ 张淑芹:《自由贸易还是保护贸易——基于马克思和西方国际贸易理论的比较研究》,《中共青岛市委党校 青岛行政学院学报》2019 年第 4 期,第 42—48 页。

"绝对优势理论"，认为国际化的专业分工能够提高劳动生产率，每个国家都应当专门生产成本绝对低于其他国家的商品，利用有益于自己的国际分工并进行交换，有助于实现资源的有效配置，增加社会财富。① 英国古典经济学家大卫·李嘉图进一步发展了自由贸易理论，在其《政治经济学及赋税原理》一书中，他提出了"比较优势理论"，主张国家只需要拥有生产上的相对优势，就可以进行专门生产并进行互惠贸易，这样仍然可以提高劳动生产率，享受国际分工带来的好处。在 19 世纪中叶到第一次世界大战期间，主要的西方国家基本上都采取了自由贸易政策，放宽对国际贸易的管制，国际贸易规模迅速扩大。②

　　但即使在自由贸易政策盛行期间，贸易也没有达到绝对自由化的境地。亚当·斯密在其《国富论》中也指出，"防御比富裕更加重要"。国际贸易会产生安全外部性，既包括正向的外部性，也包括负向的外部性，如何扩大国际贸易的积极影响，减少国际贸易的消极影响，是各国在制定贸易政策时必须考量的因素。③ 自由贸易并不意味着一国可以向其他国家出口任何商品和服务，当某些商品或服务的出口可能威胁一国的国家安全时，国家会选择实施限制政策，维护本国公民的安全。国家安全是国家利益的保证，只有在国家安全得到保障时，其他的国家利益才得以实现。④ 弗里德里希·李斯特曾从国家安全的角度提出采取关税措施的必要性和重要性，亚历山大·汉密尔顿在《关于制造业问题的报告》中也曾经提到，"对外贸易必须服从于国家生存与安全的基本需要，国家的独立与安全与制造业的繁荣有着密切的关系"。⑤ 一国在制定贸易政策时，需尽可能地实现国家安全与自由贸易的平衡，理想状态下，国家应当既追求国家安全，也追求自由贸易。但在二者不能协调的情况下，国家安全通常是政府在制定贸易政策时的优先目标。⑥

---

① ［美］多米尼克·萨尔瓦多瓦：《国际经济学》，杨冰译，清华大学出版社，2015，第 273—294 页。
② 张宗斌：《自由贸易理论与实践的背离及启示》，《当代亚太》1997 年第 2 期，第 8—12 页。
③ 陈淑梅：《中美经贸摩擦安全化视域分析》，《亚太经济》2020 年第 5 期，第 55—58 页。
④ 黎永莲：《西方贸易政策与传统自由贸易理论分离的国家利益分析》，《求索》2006 年第 4 期，第 40—43 页。
⑤ ［美］罗伯特·吉尔平：《国际关系政治经济学》，杨宇光等译，上海人民出版社，2011，第 168—169 页。
⑥ Robert E. Baldwin, "The Policy Economy of Trade Policy", *Journal of Economic Perspectives* 3（1989）：132.

三、国家主权理论

主权独立是国家安全的基础，让·布丹在其著作《国家六论》中最早提出了"主权"概念。① "主权是国家具有独立自主地处理自己的对内对外事务的最高权力。"主权具有两个基本的属性，即对内是最高的，对外是独立的。主权对内的最高属性意味着一个国家对本国范围内的一切事务享有最高统治权，其决定了各个国家可以通过立法、司法、行政、军事手段实现国内的政治统治，不受外来力量的干涉。主权的独立性表现为国家对内对外的行动自主，体现了国家之间的平等关系。② 随着资本主义的发展和现代意义上民族国家的产生，国家间的交往日益频繁，对外主权有了更加重要的意义。格劳秀斯是近代国际法的鼻祖，其在《战争与和平法》中提出主权是一个国家的最高统治权，主权国家与主权国家之间发生关系时，主权没有高低之分，主权国家之间的国际关系只能靠法律来调整，③ 主权是一种独立于其他更高权力的权力，除了主权者自身的意志外，主权者的行动不能被其他任何人的意志所取消。④ 霍布斯则认为主权是国家的本质，其给予了国家整个机体以生命和运动的灵魂。一个国家只有能够用自己独立的力量反对外来侵略，维护国家的独立和领土完整时，其才是一个独立的社会。统治者应享有不受其他国家干涉的独立的权力，有权对外宣布战争或和平，这也是统治权存在的基础与前提。⑤ 主权的行使以国家的根本利益为出发点，以国家获得最大利益为目标，其目的是实现国家的生存与发展。国家在不同层面行使主权，使主权具有了层次性。国家在行使主权维护政治独立、军事安全、领土完整、经济自主、文化安全等的过程中，使主权具有了政治主权、军事主权、领土主权、经济主权、文化主权等内容。经济主权的法律属性为经济自主权，它同时也是

① Jean Bodin, *The Six Books of a Commonwealth* (London: Impencis G. Bishop, 1606), p. 84. 转引自［澳］凯米莱里·福尔克《主权的终结》，李东燕译，浙江人民出版社，2001，第22页。

② 刘青建：《国家主权理论探析》，《中国人民大学学报》2004年第6期，第100—101页。

③ Hugo Grotius, *The Law of War and Peace, in Peace Projects of 17th Century* (New York: Prolegomena, 1972), p. 28.

④ ［美］列奥·施特劳斯、约瑟夫·克罗波西主编《政治哲学史》（上），李天然等译，河北人民出版社，1993，第461页。

⑤ 徐大同主编《西方政治思想史》，天津人民出版社，1985，第318—352页。

一个国家的最高经济权力。经济自主权的行使，是指一国有权独立地制定各项国内的和涉外的经济政策和经济立法，自主地开展对外缔结或参加国际经济事务的国际条约的权力，任何其他国家无权进行干涉。贸易政策规制权是一国经济自主权行使的重要内容，主权国家有权对各种贸易活动进行规范及管理，通过关税、非关税等各种手段，促进国内生产，增加出口，实现经济关系的协调。各国都普遍接受这一观点：各国维护主权与安全的利益大于贸易自由化与比较优势所带来的好处。因此，如果造船、钢铁等行业是一个国家国防安全的根基，有关国家很可能不惜成本对这些行业进行保护，而不顾其对经济产生的负面影响。[1]美国学者马汉在其著作《海权论》中指出，"国家根据自身利益制定政策是合理的，国家不需要用其他缘由来进行掩饰。一国根据自身的利益来决定国家政策是一个基本原则，一般情况下，一国不需要提供任何证明"。[2]

四、国家安全理论

国家安全是一个国家生存和发展的基础，失去了国家安全，国家与其国民将深陷动荡之中，甚至失去国土，经济发展无从谈起。因此，维护国家安全是一个国家的最高目标。按照安全所指涉的对象，可将国家安全理论分为传统安全理论与非传统安全理论。

在传统安全理论中，现实主义是最主要的传统安全流派。现实主义作为国际关系中影响最大的一种理论流派，其代表人物有修昔底德、华尔兹、马基雅维利、霍布斯等。现实主义的理论特征为：国家是国际政治中最重要的角色，国家必须依靠自己来维护其国家利益，国家利益的根本点是国家安全，国家将最大限度地扩大其权力和维护自身安全，国家安全利益以权力为基础，国家将倾向于通过军事力量或者威胁来保障国家政治目标的实现。[3]该政治逻辑是以霍布斯的国际无政府理论为建构基础的，其所导致的必然结论是"强权即公理"。在冷战时期，现实主义占据着安全的主导理论框架的地位。在冷战时期，与现实主义相对的理论学派是自由

---

① John H. Jackson, *Legal Problems of International Economic Relations：Cases，Materials，and Text*（Minnesota：Thomson/West Publishers，2008），p. 1079.

② ［美］马汉：《海权论》，萧伟中、梅然译，中国言实出版社，1997，第248—249页。

③ ［美］肯尼思·华尔兹：《国际政治理论》，信强译，上海世纪出版集团，2003，第155页。

主义。自由主义与现实主义不同，其承认权力与财富是国家安全利益的基础，但其更加强调国家获取这些权力和财富应具有正当性与合理性。自由主义流派的共同点在于更加关注国家间相互关系的目的以及国家的目的，基本上国际关系是从内政推演出的，从而形成对国家安全利益的认识，其属于规范性理论。自由主义不赞同"强权即公理"的政治逻辑，它主张战争、霸权与均势的重要性应低于经济繁荣、和平与正义。

随着冷战的结束，国际形势出现新的变化，传统安全研究也因此备受冲击。人们开始重新审视之前所忽视的安全问题。面对安全领域的复杂变化，现实主义安全理论无法为此提供充分的解释，新的现实要求一个更加丰富、广泛的研究议程，把安全局限于狭隘的军事领域所带来的问题越来越明显。各国之间国家利益的冲突由之前的意识形态的冲突逐渐转变为国与国之间争夺资源以及贸易产生的摩擦。国家安全利益不再是一个纯粹的政治概念，而是与该国或地区的经济利益密切相关。作为对这一要求的回应，许多新的安全研究视角与理论在冷战结束后出现了，这些理论包括建构主义、后结构主义、女性主义、人的安全及哥本哈根学派等。其中，建构主义及哥本哈根学派的影响力较大。建构主义理论坚持社会本体论，把世界视为实践活动的产物，强调观念、身份、规则等主体间互动的塑造作用，对传统的理性主义的物质决定论发起了挑战。虽然建构主义理论仍然强调国家安全观与军事安全观，但其对国家安全构成的绝对性发起了挑战。哥本哈根学派的安全思想可从以下两个方面理解。一是安全化。奥利·维夫是最先提出"安全化"这一重要概念的学者。他不同意安全是一种客观外在的东西，而是把安全看作一种"言语行为"，他认为"安全"是掌握国家权力的人给某一事物贴上的标签，动用特殊的权力去抵挡对安全的威胁，奥利·维夫将这一过程视为"安全化"。安全并没有任何预先给定的定义，本来不是安全的问题可以通过安全化上升为安全问题。二是宽领域的研究议程。哥本哈根学派认为安全具有多样性，不仅包括军事和政治领域，还包括经济领域、社会领域及环境领域。其中，经济领域是关于贸易、生产与金融的关系。

五、管理贸易理论

美国学者斯贝茹最早提出了"管理贸易"一词，在其 1984 年出版的

《国际经济关系学》一书中分析了管理贸易产生的原因，20世纪末爆发的两次全球经济危机、国际货币金融体系的不确定性等导致了新贸易保护主义的发展，许多决策者及学者开始研究公平贸易或者有管理的贸易制度。① 美国学者瓦尔德曼对斯贝茹提出的管理贸易理论进行了发展，在其《管理贸易：国家间新竞争》一书中提出，"管理贸易是指政府直接介入贸易及投资领域，增强对贸易及投资的控制，以更好地实现本国的发展"。美国学者蒂森则对"管理贸易"的概念进行了更为简洁的界定，其认为，"管理贸易是指受政府决策指导、控制和约束的贸易"。② 经济学家巴格威尔及斯蒂格将管理贸易真正发展为贸易理论，他们进一步指出，"贸易管理不仅仅是贸易政策，同时也是一种贸易理论"。斯蒂格还建立了 Bagwell-Staiger 模型，将贸易管理理论化。③

管理贸易理论肯定了政府在对外贸易管理中的重要角色，管理贸易模式既不是任由自由市场经济发挥作用的自由市场模式，也不是政府单纯为了保护国内产业的保护贸易模式，而是政府在制定贸易政策时充分全面地考虑国家利益，将贸易政策与产业政策相结合，制定有利于本国国家安全和经济发展的政策，并注重国际协调。④

本章小结

本章首先对贸易限制措施的概念、分类进行了分析。贸易限制措施是指一国针对特定货物、技术或服务的国际贸易采取的限制措施，贸易限制措施的核心影响为对贸易的限制。按照贸易限制措施所针对的对象及交易环节，贸易限制措施可分为对成本、标的以及主体的贸易特许资格的管制；按照贸易限制措施所针对的物项，贸易限制措施可分为货物贸易限制、服务贸易限制及技术贸易限制。本书以国家为保障国家安全而主动采

① ［美］J. E. 斯贝茹：《国际经济关系学》，储祥银等译，对外贸易教育出版社，1989，第175—213页。
② 陈荣辉：《西方贸易保护主义理论的演变》，《福建日报》2000年2月12日。
③ 李群：《管理贸易理论文献综述》，《经济学动态》2004年第11期，第96—101页。
④ ［美］罗伯特·吉尔平：《国际关系政治经济学》，杨宇光等译，上海人民出版社，2011，第189—190页。

取的贸易限制措施作为研究对象，在厘清其概念与分类的基础上，对贸易限制措施在维护国家安全中的作用进行了分析，正当的贸易限制是维护国家安全、积极回应和反击损害国家利益行为的重要措施，是与其他国家进行谈判、改变对方政策或行为的一种工具，也是维护国家安全的重要手段。最后，本章对贸易限制措施的理论基础进行了分析，重商主义理论、自由贸易理论、国家主权理论、传统安全与非传统安全理论、管理贸易理论为贸易限制措施提供了理论基础。

第二章　国家安全视野下贸易限制措施实施的国际法依据

作为负责任的大国，我国在制定和完善贸易限制措施的相关法律制度时必须充分考虑国际法的规定，坚持国内法与国际法相互衔接、融合发展的原则，彰显尊重国际法、坚持国际法的鲜明立场，使贸易限制措施的实施符合我国承担的多边条约义务。WTO 体制内 GATT 第 21 条规定的安全例外条款，联合国框架下《国家对国际不法行为的责任条款草案》第 22 条、第 49—54 条规定的"反措施"及第 25 条规定的"危急情况"，《维也纳条约法公约》第 60 条规定的"重大违约"以及《国际卫生条例》第 43 条为我国基于国家安全目的实施贸易限制措施提供了国际法依据。

第一节　国家安全视野下贸易限制措施的国际法渊源

一、WTO 框架下的国家安全与贸易限制措施

WTO 安全例外条款是例外条款的一种，体现了多边贸易体制对主权国家至关重要的特定安全利益的承认与支持。WTO 安全例外条款提供给成员方在追求基本安全利益时违反 WTO 义务的权利，是各国为了确保在贸易中不危害国家安全而对履行公约义务达成的一种妥协，其深层含义在于实现经济利益和安全利益的均衡，即在以自由贸易政策推动经济繁荣的

同时，又以"安全例外"的形式保障国家安全，其承认在特定情况下一国的基本安全利益的重要性与合法性，引用安全例外条款的权利并不是虚设的。WTO 体系的基石之一是对贸易自由化与国家安全之间的适当平衡，其并没有拒绝基于合法性目标的国内规制。WTO 安全例外条款，是指在成员方维护基本安全利益时，可以在条约的正常实施中暂时停止履行其根据协议应承担的条约义务，但不认为其违反了 WTO 的法律规则，当履行期限届满或者特定情形消失时，应恢复履行 WTO 的义务。具体来说，成员方可以基于保护国家安全的目的，依据 GATT 第 21 条、GATS 第 14 条第 2 款、TRIPS 协议第 73 条规定的特定情形采取贸易限制措施，该限制措施不被认为违反了 WTO 的法律规定，为成员方在必要时违背 WTO 自由化承诺提供了途径。

WTO 框架下基于安全例外条款采取贸易限制措施必须是为了保护该条意义上的"基本安全利益"。安全例外条款约文中没有使用"国家安全"的用语，而是采用了"基本安全利益"的表述。通过考察 WTO 协定起草者制定安全例外条款的意图，可判断"基本安全利益"所指涉的国家安全范围。在《国际贸易组织宪章》（International Trade Organization Charter, ITO Charter）起草之时，没有单独的安全例外条款，其被包含在宽泛的一般例外条款之中。冷战刚刚开始，苏联的扩张威胁到了欧美国家的国家安全，在这样的背景下，美国代表于 1946 年 10 月在联合国贸易与就业会议伦敦筹委会上提出了安全例外条款最初的版本，但其内容仍然被包含在第 37 条一般例外条款的（c）（d）（e）（k）款之中，同样受一般例外中引言限制。美国主张将第 37 条一般例外条款的（c）（d）（e）（k）款从第 37 条分离，1947 年 4 月，在联合国经社理事会成立的筹备委员会上将其从一般例外条款中分离，成为单独的安全例外条款。1947 年，联合国贸易与就业会议通过了《国际贸易组织宪章》，第 7 章第 94 条为安全例外条款，但由于美国等部分国家没有批准《国际贸易组织宪章》，故该条约未生效。同年，《关税及贸易总协定》（GATT 1947）在日内瓦签署，一般例外条款与安全例外条款为分别的两个条款，一般例外条款为第 20 条，而安全例外条款为第 21 条。自此，安全例外条款正式具有法律效力。WTO 正式成立，安全例外条款延续了 GATT 1947 第 21 条的内容，未作修改。通过考察 GATT 第 21 条的制定历史，我们可以发现起初其是包含在一般例外条款之中的，而后独立为单独的安全例外条款。在本质上，安全例外条款关注的是战争、军事与和平。《国际贸易组织宪章》的一名起草者指出安全例外条款的目的在于维护真正的安全利益，并防止成员方为保护本国产业而适用此条款。制定者是有意将保护公共道德、人类、动植物生命与健康的一般例外条款与保护国家安全的安全例外条款作区分，不希望两者产生混淆。安全例外条款设置的目的在于协调贸易自由化与国家安全之间的矛盾，国家安全是一个国家的最高利益，一旦国家安全受到了威胁，则成员方可以为了国家安全牺牲贸易自由化。因此，安全例外条款的适用，必须是真正的以保护国家"基本安全利益"为目的的措施。

二、联合国框架下的国家安全与贸易限制措施

联合国在国家安全事务中起到重要作用，联合国的作用包括阻止战争的发生、保护人权、实现性别平等，并为个人的自由与更好的生活条件提供基础。① 长期以来，从传统角度来看，联合国大会、联合国安理会及国际法院负责管辖国家安全事务。联合国是在总结 20 世纪两次世界大战惨痛的历史教训的基础上建立的，其序言开篇便提出"欲免后世再遭今代人类两度惨不堪言之战祸"。《联合国宪章》确定了不使用武力原则和国家主权平等原则，废除了武力作为解决国家间冲突的手段。② 当国家利益受到严重损害或损害威胁时，国家有权在国际法的框架内诉诸私力救济手段，这是维护国家独立自主和国家安全的实际情况的需要。③ 当国家权利无法通过现有的国际制度获得及时保护或救济时，私力救济是国家维护核心利益的重要途径，国家可通过诉诸私力手段使受损的权利得以及时恢复。④ 任由国际不法行为持续实施，损害其他国家的权益，无疑背离了法律的公平、正义原则，与自然法的善恶标准不匹配。美国著名学者、弗吉

① Henrik Andersen，"Protection of Non-Trade Values in WTO Appellate Body Jurisprudence：Exceptions，Economic Arguments and Eluding Questions"，*Journal of International Economic Law* 18（2015）：388 – 389.

② Joy Gordon，*Invisible War：The United States and the Iraq Sanctions*（Cambridge：Harvard University Press，2010），p. 1.

③ 赵海乐：《全球化逆动中的"新自力救济"："国家干预经济"的合法性探析》，《武大国际法评论》2018 年第 5 期，第 115—136 页。

④ 余锋：《国际社会中的私力救济刍论》，《太平洋学报》2006 年第 12 期，第 32—39 页。

尼亚大学教授莫尔曾指出,"国际法已经禁止将武力作为惩罚手段,国家应更加重视在自身权益受损时,有效运用私力救济方式"。[①] 因超国家权威的缺乏,国家认定自身权益是否受到不法侵害时通常有两种方法,一是根据现有国际法律制度的规定作出判断,二是根据自身利益受到损害或损害威胁的"想象"进行认定。当国家受到国际法律所规定的不法行为侵害时,采取私力救济手段通常被认为是正当的、合法的,例如符合国际法规定的反报复、报复。任何国家无论强弱,均拥有诉诸私力救济手段防卫国际不法侵害的自助权利。但为了防止国家的私力救济手段的滥用,1947年联合国大会成立了联合国国际法委员会,国家责任问题为国际法委员会关注的重要内容,《国家对国际不法行为的责任条款草案》集中规定了自卫、反措施、危急情况等国家私力救济措施的实施条件。1996年国际法委员会第48届会议通过了关于国家责任的60条条款草案以及关于和解委员会的两个附件。2001年联合国大会第56届会议通过的《国家对国际不法行为的责任条款草案》规定了排除国家行为不法性的七种例外情形:同意、自卫、反措施、不可抗力、危难、危急情况和遵守强行法。

三、世界卫生组织框架下的国家安全与贸易限制措施

在多种因素交叉作用下,当代复合型生物威胁对公众健康和国家安全构成前所未有的挑战。公共卫生安全应属于国家主权范围内的管辖事项,为应对公共卫生风险,保护本国人民的健康权,政府有权采取公共卫生应对措施,对货物的进出口及人员的流动进行限制。[②] 公共卫生安全是指使国家公共卫生环境处在一种和谐、稳定的状态。事实反复证明,公共卫生安全的确关乎国家安全。世界银行的研究报告指出:2014年至2016年西非特大埃博拉疫情使几内亚、利比里亚和塞拉利昂多年发展努力"归零",三国经济仅在2015年就损失20亿美元,整个西非地区因本次疫情遭受的损失高达300亿美元,而新冠肺炎疫情所产生的危害更是全球性的、无法估量的。并且,公共卫生安全威胁所造成的后果是典型的社会外

---

① John Norton Moore, "Enhancing Compliance with International Law: A Neglected Remedy", *Virginia Journal of International Law Association* 39 (1999): 889.
② 陈云良:《健康权的规范构造》,《中国法学》2019年第5期,第69—76页。

溢型风险，大流感、重大传染病疫情以及其他生物威胁的大范围扩散，能够在很短时间内造成严重公共卫生后果，还可能引发跨界危机，造成对社会经济秩序的全面冲击和破坏，极大地影响国际交流和贸易，严重威胁国家安全。① 政府必须保障群体健康，国家是公共健康利益的代言人，健康权来源于国家对公民医疗卫生等核心利益的尊重、保障和实现。② 当出现突发公共卫生事件时，国家可以通过采取最及时、最有效的措施使人群处于一种安全、稳定的状态，满足人民的安全需求，从而保障公共卫生安全。③

现行的《国际卫生条例》由世界卫生组织大会于 2005 年正式通过，其属于具有国际条约性质的法律文件，虽然《国际卫生条例》并非专门的贸易管理文件，但其中包含对疫情流行期间贸易管制的相关规定。《国际卫生条例》第 43 条规定，"本条例不应妨碍缔约国为应对特定公共卫生风险或国际关注的突发公共卫生事件，根据本国有关法律和国际法义务采取卫生措施"，即针对"特定公共卫生风险或国际关注的突发公共卫生事件"，各缔约国有权采取世界卫生组织"长期建议"和"临时建议"的"额外的卫生措施"，以获取与世界卫生组织的建议相同或更大程度的健康保护。④ 根据《国际卫生条例》第 18 条第 1 款的规定，世界卫生组织可以发布的建议包括"不准嫌疑者或受染者入境""对受染者实行隔离并进行必要的治疗""对嫌疑者实行检疫或其他卫生措施"等。2009 年的H1N1 流感是世界卫生组织宣布的第一例"国际关注的突发公共卫生事件"，此外，世界卫生组织宣布的"国际关注的突发公共卫生事件"还包括脊髓灰质炎、埃博拉病毒及新冠肺炎疫情。"额外的卫生措施"可包括限制人员、行李、货物、集装箱、交通工具等的进出境，其中涵盖了对贸易的限制。随着疫情的全球流行，一些国家对货物的进出口采取了一定限制措施。限制出口的措施主要是针对医疗物资和重要民生物资。例如，许

---

① 王旭：《重大传染病危机应对的行政组织法调控》，《法学》2020 年第 3 期，第 81—89 页。
② 王晨光、饶浩：《国际法中健康权的产生、内涵及实施机制》，《比较法研究》2019 年第 3 期，第31—35 页。
③ 梅传强、李洁：《我国反恐刑法立法的"预防性"面向检视》，《法学》2018 年第 1 期，第 50—54 页。
④ 边永民：《新型冠状病毒全球传播背景下限制国际贸易措施的合规性研究》，《国际贸易问题》2020 年第 7 期，第 1—13 页。

多国家对事关本国人民健康安全的医用口罩、防护服、呼吸机等重要防疫物资采取了限制出口的政策，美国、印度、我国及欧盟等国家或组织采取了针对应对新冠肺炎疫情的防疫物资的出口限制措施，以满足自身防疫物资的急迫需要。政府对紧缺的医疗物资进行管制，是不得已而又必须采取的临时特别措施，其以保护人民群众的生命安全和身体健康为根本目的，具有合理性和必要性。① 国家应对突发公共卫生事件所采取的额外限制措施是成员方主权的体现，在一定程度上有助于防止疾病的全球流行，但并不意味着这些措施的实施是不受约束的。《国际卫生条例》第 43 条对成员国采取世界卫生组织建议范围以外的卫生措施施加了严格的实质性条件和程序性条件。

第二节　WTO 国家安全框架下安全例外条款贸易限制措施的实施条件

一、安全例外条款贸易限制措施实施条件的文本分析

　　WTO 安全例外条款涵盖货物贸易领域、服务贸易领域、知识产权贸易领域等，GATS、TRIPS 的文本内容大致与 GATT 第 21 条相似，仅在 GATT 第 21 条的文本上作了细微的修改，因此本书将 GATT 第 21 条作为分析 WTO 安全例外条款适用条件的基础。

　　GATT 第 21 条由 3 款内容组成。GATT 第 21 条（a）款给予成员方拒绝披露与基本安全利益相关信息的权利。GATT 第 21 条（b）款允许成员方在维护基本安全利益的情况下采取限制措施，并具体列举了三种保护基本安全利益的情形，包含与裂变聚变物质等有关的行动、与武器弹药和作战物资贸易有关的行动等以及战时或国际关系的其他紧急情况。GATT 第 21 条（c）款赋予了成员方在履行《联合国宪章》项下的维护国际和平与安全的义务时采取贸易限制措施的权利。GATT 第 21 条（a）款和（b）

---

① 蒋红珍：《疫情防控中的征用补偿适用范围的思考》，《财经法学》2020 年第 3 期，第 43—46 页。

款针对的是一国的国家安全问题，GATT 第 21 条（c）款针对的是国际和平与安全问题。

GATT 第 21 条（a）款的适用条件最为宽泛，援引国认为如披露某些信息将违背其基本安全利益，但反过来该款所允许采取的行为范围则最为狭窄，仅限于拒绝提供特定信息，而不包括对特定进口或出口的限制，在实践中的重要性和争议性都相对较小。在实践中，第 21 条（a）款并没有引发复杂的解释争议，在提及"信息"问题上，只要认为披露相关信息会导致重要安全利益受威胁，那么相关成员方就可援用该条款。本质上，这是 WTO 协定透明度要求的例外情形。

GATT 第 21 条（b）款的适用需要同时满足以下三个内在条件：第一，采取的措施必须与所列的具体情形有关；第二，援引例外条款必须是出于保护援引方的重大安全利益；第三，行为程度必须与保护这些安全利益的目的相符。GATT 第 21 条（b）款（i）项规定，成员方所采取的"与裂变和聚变物质或衍生这些物质的物质有关的行动"不受 GATT 限制，"裂变和聚变物质"体现了对第二次世界大战中裂变与聚变物质造成的灾难性后果的担忧，这一规定十分明确，成员方不会承诺自由交易这些与核扩散有关的物质，GATT 第 21 条（b）款（i）项在 GATT 争端解决实践中从未被援引。GATT 第 21 条（b）款（ii）项规定了"与武器、弹药和作战物资的贸易有关的行动以及与此类贸易所运输的直接或间接供应军事机构的其他货物或物资有关的行动"，这些行动都是与军用物资有关的，在成员方中也是不容易引起争议的，GATT 第 21 条（b）款（ii）项仅在第一个与 GATT 安全例外条款有关的案子——1949 年美国出口许可证案（CP. 3/SR22 – II/28）以及 1992 年欧洲共同体与南斯拉夫案中（L/6948）被援引过。在第 21 条（b）款（i）项与第 21 条（b）款（ii）项中，"裂变物质"和"武器、弹药和作战物资"都是客观性的术语，在实践中，相关案件认为上述术语的含义是明确的，由此，其条款权利与义务是具体而明确的。

GATT/WTO 过去半个多世纪的实践表明，有关安全例外问题涉及最多、争议最大也最有可能被滥用的是 GATT 第 21 条（b）款（iii）项。成员方要顺利适用 GATT 第 21 条（b）款（iii）项，必须证明自己处于"战争或国际关系的其他紧急情况"，然后论证涉及怎么样的"基本安全利益"，最后应当证明为什么采取的贸易限制措施对保护这些利益是"必要的"。如果成员方要成功援引 GATT 第 21 条（b）款（iii）项，应证明其面临的安全问题属于"国际关系的其他紧急情况"，在"国际关系的其他紧急情况"下其所采取的贸易限制措施是维护"基本安全利益"所"必要的"，"基本安全利益"与"国际关系的其他紧急情况"是相互关联的。在 GATT 第 21 条（b）款（iii）项的适用中，首先，"其认为"是解决审查标准的问题，旨在明确成员方与专家组和上诉机构之间的权限；其次，"重要安全利益"解决的是事项性问题，确定何种事项符合国家安全例外条款；再次，"战争及国际关系中的紧急情况"为时间性认定，确定何时成员方能够使用国家安全例外条款；最后，成员方所采取的贸易限制措施是不是维护其"基本安全利益"所必要的。

GATT 第 21 条（c）款授权成员方根据《联合国宪章》下维护国际和平与安全的义务采取包括进口或出口限制在内的"任何行动"。（c）款将国家安全事由交由《联合国宪章》认定，根据《联合国宪章》的规定，各缔约方采取的行动应当以联合国安理会依据《联合国宪章》第七章对威胁国际和平与安全的特定国家实施反措施为前提。安全例外条款最初在《国际贸易组织宪章》起草时，是将国际贸易组织作为联合国机构的一部分。在第二次世界大战后，各国出于对未来战争的担忧，在日内瓦会议上提出了《国际贸易组织宪章》的第 94 条安全例外条款，并且在（c）款中明确规定应履行其在《联合国宪章》项下的维护国际和平与安全的义务，这意味着各国不希望国际贸易组织逾越联合国的权力。第一次世界大战后，各国开始思考如何限制和禁止战争，美国总统威尔逊倡导成立了国际联盟，致力于建立集体安全制度以维护国际和平。[①]《国际联盟盟约》第 16 条规定可以采取武力和非武力手段维持国际和平与安全。第二次世界大战的残酷性再次使人们意识到集体安全体系的重要性，如果国际社会中存在大量的违法者，那么采取强制措施将是其有效实施的最后手段。

通过对 WTO 安全例外条款的文本结构进行分析，可明确 WTO 安全例外条款的适用条件包括以下方面：第一，争端解决机构对安全例外条款的审查权限是安全例外条款适用的先决性条件；第二，"基本安全利益"解决的是安全例外条款适用的事项性问题，即何种事项符合安全例外条款

---

① ［英］M. 阿库斯特：《现代国际法概论》，汪瑄、朱奇武、余叔通、周仁译，中国社会科学出版社，1981，第 30 页。

的适用条件；第三，"战时或国际关系中的其他紧急情况"决定了安全例外条款适用的时间点；第四，成员方援用安全例外条款所采取的限制措施应受到"必要性"的限制。

二、安全例外条款贸易限制措施实施的自裁决权问题

GATT 第 21 条（a）款及（b）款含有"其认为的"（it considers necessary）提法，国家被赋予对安全例外条款适用的某种可自由裁量的政治权利。专家组和上诉机构是否有权审查安全例外条款的适用，专家组和上诉机构审查该条款适用采取的标准，是安全例外条款适用的先决性和基础性的条件。安全例外条款适用的自裁决权限问题包含两个方面：第一，专家组和上诉机构对于成员方援用该条款的行为是否具有管辖权，安全例外条款的解释是完全保留给援引该条款的成员方，还是专家组和上诉机构仍有权对援引该条款的正当性进行审查；第二，如果专家组和上诉机构具有对该条款的审查权限，应采取何种标准对该条款的适用进行审查。一部分学者主张，安全例外条款的自裁决特征使得成员方适用安全例外条款的措施不具备可审查性；另一部分学者主张，自裁决特征仅表明成员方在适用安全例外条款时具有一定的自由裁量权，但并不意味着 WTO 争端解决机构无权对安全例外条款的适用进行审查。

在涉及安全例外条款的 GATT 争端解决实践中，被诉方通常通过各种理由阻止争端解决机构对安全例外条款的适用进行审查。成员方主张，援用安全例外条款是否适当只能由成员方来确定，成员方具有自行决定其国家安全利益的主权权利，由于 GATT/WTO 是贸易组织，因此涉及国家安全、对外政策及其他政治性事端的事项不应属于 GATT/WTO 的管辖权范围，如果允许一个贸易组织对这些事项进行干预，将重新定义多边贸易体制的性质，而这是多边贸易体制的绝大多数成员不能接受的。例如，在美国与尼加拉瓜案件（L/6053）中，美国同意成立专家组的条件是专家组不对美国援引 GATT 第 21 条（b）款（iii）项的行为作判断，专家组仅有权判断尼加拉瓜的经济利益是否受到减损。[①] 在尼加拉瓜与洪都拉斯、哥伦比亚案件

[①] *United States—Trade Measures Affecting Nicaragua*，Report of the Panel，L/6053，October 13，1986，para. 5. 5.

中，尼加拉瓜主张 WTO 专家小组对安全例外条款的援用没有审查权限。①

在 GATT/WTO 争端解决实践中涉及了 WTO 安全例外条款的自裁决权限问题。虽然从法律意义上说，专家组及上诉机构的报告不构成具有法律拘束力的先例，但是它们构成对 WTO 成员的合理预期。据学者统计，在 WTO 早期公布的 54 个专家组报告和 38 个上诉机构报告中，每一个都引用了先前专家组和上诉机构报告中的观点。② 在实践中，当事方将继续向专家组引用以前的报告，而且专家组将继续采用以前的推理方式考虑它们。从效果上看，WTO 判例具有事实上的约束力。③

在 WTO 框架下，对瑞典鞋类进口限制案、阿根廷马尔维纳斯群岛贸易限制案、美国与尼加拉瓜贸易禁运案、南斯拉夫诉欧共体案、美国与欧盟《赫尔姆斯－伯顿法》案、俄罗斯运输案的分析，可以反映出 WTO 争端解决机构及成员方对 WTO 安全例外条款自裁决权限问题的意见。

1. 瑞典鞋类进口限制案

1975 年 11 月，瑞典对特定的鞋类产品实施全球进口配额，并主张其是基于安全原因采取限制措施，宣称"国内生产的大幅度下降对瑞典的经济安全构成威胁，而经济安全是国家安全的一部分"。在瑞典鞋类进口限制案④中，GATT 委员会作出决议认为成员方应当区分"商业目的"和"真正的国家安全目的"，指出瑞典对鞋类产品所采取的进口限制措施是一个就 GATT 第 21 条安全例外条款进行滥用的例子，GATT 订立之初起草者的目的是平衡国家安全利益与自由贸易，瑞典对鞋类产品进行进口限制不符合安全例外条款的适用条件。安全例外条款仅仅是在极少数紧急的情况下适用，是成员方在紧急情况下的最后一道防线。⑤ 最终，瑞典在 1977 年取消了限制措施。这个案子说明 GATT 争端解决机构并不接受成员方滥

---

① Dapo Akande, Sope Williams, "International Adjudication on National Security Issues: What Role for the WTO", *Virginia Journal of International Law* 43 (2003): 377 – 378.

② 丁伟、朱榄叶主编《当代国际法学理论与实践研究文集：国际经济法卷》，中国法制出版社，2002，第 45 页。

③ David Palmeter, Petros C. Mavroidis, "The WTO Legal System: Sources of Law", *American Journal of International Law* 92 (1998): 401 – 402.

④ *Sweden—Import Restrictions on Certain Footwear*, GATT Document L/4250, November 17, 1975, para. 5.

⑤ *Minutes of Meeting Held in Palais des Nations, Geneva, on 31 October 1975*, GATT Document C/M/109, November 10, 1975, para. 6.

用安全例外条款，间接地表明 GATT 争端解决机构对涉及安全例外条款的案件具有审查权限。

2. 阿根廷马尔维纳斯群岛贸易限制案

1982 年，阿根廷武力占领了英国和阿根廷的争议群岛——马尔维纳斯群岛，1982 年 5 月，联合国安理会要求阿根廷从马尔维纳斯群岛撤离。① 欧共体、澳大利亚和加拿大对阿根廷采取贸易限制措施。1982 年 5 月，GATT 委员会召开解决该争议的会议，共有 37 个国家发表观点，其中有 6 个缔约国认为依据 GATT 第 21 条采取的贸易限制措施应受到 GATT 争端解决机构的审查，有 20 个国家认为依据 GATT 第 21 条采取的贸易限制措施属于各缔约方的固有权利，剩余的 11 个国家未提出实质性意见。② 欧共体代表认为，"欧共体及其成员基于其根据 GATT 第 21 条所产生的固有权利（inherent rights）采取限制措施。这些权利构成了一般例外，不需要任何事先通知或批准。每一缔约方是行使这些权利最后的法官"。③ 加拿大和澳大利亚的代表也持有与欧共体代表相同的观点，主张其在保护国家安全问题上有权利采取其认为必要的措施，GATT 不是解决基于维护"基本安全利益"采取贸易限制措施合适的平台。加拿大代表认为，"加拿大的做法应被当作针对政治问题的政治反应……加拿大相信在这样的情况下采取这些措施是必要的，GATT 没有能力也没有职责解决政治问题"。④ 澳大利亚代表认为，"澳大利亚政府的做法符合 GATT 第 21 条（c）款，因此不需要事先通知"。⑤ 美国代表主张欧共体、加拿大和澳大利亚的行为属于维护国家安全所采取的措施，根据安全例外条款具有合法性，并没有违反 WTO 义务，协议给予了每一缔约方决定采取必要的措施

① *Security Council Resolution 502*, *T3*, U. N. Document S/RES/502, April 3, 1982, http：//daccess－dds－ny. un. org/doc/RESOLUTION/GEN/NRO/435/26/IMG/NRO43526. pdf, last visited January 12, 2022.

② *Minutes of Meeting Held in the Centre William Rappard on May 7 1982*, GATT Document C/M/157, June 22, 1982, https：//www. wto. org/gatt _ docs/English/SULPDF/90440042. pdf, last visited on June 11, 2022.

③ *Analytical Index： Guide to GATT Law and Practice*, GATT Document L/5426（1982）, 6th edition 1995, paras. 600 – 601.

④ *Summary Record of the Twelve Session Held at the Palais des Nations*, Geneva, GATT Document SR. 19/12, December 21, 1961, para. 196.

⑤ *Minutes of Meeting Held in the Centre William Rappard on May 7 1982*, GATT Document C/M/157, June 22, 1982, para. 10.

保护其安全利益的空间，其他缔约方无权质疑。① 阿根廷代表主张该争端属于国家与国家之间的领土争议，不符合安全例外条款的实施条件，并指出缔约方援引 GATT 第 21 条采取贸易限制措施的正当理由是国家安全，没有什么贸易限制措施是不需要事先通知或批准的。② 巴西代表主张欧共体应当表明其符合 GATT 第 21 条的适用条件。该案最后未成立专家小组。1982 年 11 月 30 日，GATT 理事会发表了《旨在提高缔约方适用第 21 条时的透明度决定》，"认识到在采取总协定第 21 条的例外行动时，缔约方应考虑到受影响的第三方的利益；直到缔约方全体决定对第 21 条作出正式解释时，才适合于确立适用第 21 条的程序性规则；缔约方全体决定：除第 21 条第 1 款下的例外之外，缔约方应尽可能地通知第 21 条下的贸易措施。当采取第 21 条下的行动时，所有的受到该行动影响的缔约方保留其协定下的全部权利"。③ 由于该决定的表述为 "直到缔约方全体决定对第 21 条作出正式解释时，才适合于确立适用第 21 条的程序性规则" 以及 "尽可能地通知"，因此没有为第 21 条适用的明晰提供实质性的帮助。④ 虽然在阿根廷马尔维纳斯群岛贸易限制案中，专家小组未成立，但 GATT 理事会发布的《旨在提高缔约方适用第 21 条时的透明度决定》对缔约方适用安全例外条款规定了尽可能的通知义务以及受影响的第三方保留权利，说明 WTO 争端解决机构并不接受成员方滥用安全例外条款。

3. 美国与尼加拉瓜贸易禁运案

1985 年 2 月 6 日，美国里根总统发表 "里根主义"（Reagan Doctrine）宣言，强调美国反对共产主义的革命。1985 年，尼加拉瓜圣蒂尼斯塔政府上台，美国通过第 12513 号行政令，主张尼加拉瓜威胁其国家安全，对其实行出口与进口的全面禁运。⑤尼加拉瓜将美国诉至 GATT 争端解决机

---

① *Minutes of Meeting Held in the Centre William Rappard on 29 – 30 June 1982*，GATT Document C/M/159，August 10，1982，para. 19.

② *Minutes of Meeting Held in the Centre William Rappard on 7 May 1982*，GATT Document C/M/157，June 22，1982，para. 12.

③ *Analytical Index：Guide to GATT Law and Practice*，GATT Document L/5426（1982），6th edition 1995，Vol. 1，paras. 605 – 606；*Analytical Index of the GATT*，GATT Document 29S/23，para. 15.

④ Hannes L. Schloemann，Stefan Ohlhoff，"'Constitutionalization' and Dispute Settlement in the WTO：National Security as an Issue of Competence"，*American Journal of International Law* 93（1999）：438.

⑤ *Prohibiting Trade and Certain Other Transactions Involving Nicaragua*，Office of the Federal Register，Executive Order No. 12513，May 1，1985，para. 4.

构。1985 年 5 月及 7 月，GATT 理事会讨论了基于 GATT 第 21 条采取的贸易限制措施问题。① 美国认为其措施符合 GATT 第 21 条（b）款（iii）项的规定，因为尼加拉瓜政府的政策和行为给美国的国家安全和外交政策带来了前所未有的威胁。② 该案成立了专家小组，美国同意 GATT 就此争端成立专家小组，但强调 GATT 不是解决政治和安全问题合适的平台，要求专家小组不对其是否有权援引 GATT 第 21 条（b）款（iii）项进行审查。③ 尼加拉瓜认为 GATT 第 21 条的适用不应该是任意的，④ 印度的代表也认为 GATT 第 21 条（b）款（iii）项的适用应表明基本安全利益和采取的贸易限制措施之间有着真正的联系，古巴的代表认为 GATT 第 21 条应当接受审议。美国最终同意成立专家组，但是排除专家组对美国援引 GATT 第 21 条（b）款（iii）项是否合理的审查。专家小组在报告中指出，"专家小组认为，美国实施的贸易禁运不符合协议的贸易便利化条款。按照尼加拉瓜的观点，GATT 第 21 条的解释应当按照国际法的基本原则并符合联合国以及国际法院的决定，第 21 条仅仅是给予了缔约方自卫的权利。按照美国的观点，缔约方有权采取其认为必要的措施来保护基本安全利益，专家小组无权审议美国援引 GATT 第 21 条的合法性"。专家小组在该案中明确指出，"美国的贸易限制措施违反了 GATT 的基本宗旨，造成了歧视，导致贸易关系不稳定，GATT 第 21 条的目的是保护真正的安全利益，如果专家组没有审查的权利，该条款可能被滥用。⑤ 如果GATT 第 21 条的援引完全属于成员方的权利，那么如何确保成员方根据GATT 条款承担的所有义务不会被过分地侵蚀，或者用于实现该条款规定外的目的？⑥ 如果缔约方给予专家组审查关于 GATT 第 21 条的任务，但又

① General Agreement on Tariffs and Trade, Document C/M/188, June 28, 1985, pp. 2 – 21.

② *United States—Trade Measures Affecting Nicaragua*, Report of the Panel, L/6053, October 13, 1986, para. 3. 1.

③ *Communication from Nicaragua*, *United States—Trade Measures against Nicaragua*, GATT Document L/6661, March 23, 1990, para. 4. 2.

④ *Analytical Index*: *Guide to GATT Law and Practice*, GATT Document L/5426（1982）, 6th edition 1995, para. 603.

⑤ *United States—Trade Measures Affecting Nicaragua*, Report of the Panel, L/6053, October 13, 1986, para. 5. 16.

⑥ *United States—Trade Measures Affecting Nicaragua*, Report of the Panel, L/6053, October 13, 1986, para. 5. 17.

不授权专家小组审议该条款适用的合法性，那么是否影响了其他成员方根据第 23.2 条可享有的诉讼权利①？"专家小组最终认定美国的措施客观上损害了尼加拉瓜的利益，但两国之间的贸易在当时已完全中断，报告的执行最后不了了之。该案中专家小组委婉地表达了专家组如果不能对安全例外条款进行审查，将可能导致安全例外条款被错误地适用的主张，为自己对第 21 条的审查留下空间。

4. 南斯拉夫诉欧共体案

1991 年，南斯拉夫社会主义联邦共和国爆发内战。1991 年 11 月，欧共体认为南斯拉夫出现的人道危机已经危及其周边的欧共体国家，欧共体出于维护基本安全利益并根据 GATT 第 21 条对南斯拉夫采取贸易限制措施。② 这些贸易限制措施包括暂停欧共体与南斯拉夫双边贸易协定的贸易减让，对来自南斯拉夫的纺织物进行进口限制等。同时，澳大利亚、奥地利、加拿大、芬兰、日本、新西兰、挪威、瑞典、瑞士和美国也对南斯拉夫采取了反措施。在 1991 年 12 月召开的第 47 次会议上，南斯拉夫援引 1982 年 GATT《旨在提高缔约方适用第 21 条时的透明度决定》，保留其在 GATT 中的权利。该案件正式成立了专家组，由于对南斯拉夫新政府的法律地位不确定，该案件最后终止。但是，值得注意的是，GATT 理事会同意成立专家组，而欧共体在该案中从未主张专家组不能对其援引 GATT 第 21 条进行审查。③

5. 美国与欧盟《赫尔姆斯 – 伯顿法》案

1959 年古巴社会主义革命胜利后，美国开始对古巴实施反措施。1996 年 3 月，由美国政府支持的古巴反政府势力的两架飞机被古巴击落，对此，1996 年美国颁布《赫尔姆斯 – 伯顿法》（又称《古巴自由与民主团结法》）对古巴采取次级反措施，损害了欧盟成员国与古巴进行正常经济交往的利益。欧盟认为美国的《赫尔姆斯 – 伯顿法》违反了 WTO 的最

---

① 专家小组注意到 1982 年 11 月 30 日《关于 GATT1947 第二十一条的决定》段落 5.18 提出了对第 21 条进行正式解释的可能性，并建议缔约方在进一步审议该事项时考虑到专家组提出的关切。

② *Trade Measures Taken by the European Community against the Socialist Federal Republic of Yugoslavia*, *Communication from the European Communities*, GATT Document L/6948, December 2, 1991, para. 6. 2.

③ Hannes L. Schloemann, Stefan Ohlhoff, " 'Constitutionalization' and Dispute Settlement in the WTO: National Security as an Issue of Competence", *American Journal of International Law* 93 (1999): 432 – 434.

惠国待遇、国民待遇、过境自由、取消数量限制等义务，损害了国际贸易投资自由化与便利化。① 当年 10 月，欧盟向世界贸易组织提出争端解决请求，加拿大作为第三方也加入该案件中。在欧盟的请求下，专家小组于 1996 年 11 月 20 日成立，审查美国《赫尔姆斯－伯顿法》是否违反了其在 WTO 下所承担的义务。美国援引 GATT 第 21 条安全例外条款作为其制裁措施的合法性依据，强调 GATT 第 21 条为自裁决条款，反措施问题属于国家安全范畴，并非普通的经济贸易问题，认为 WTO 争端解决机构无权管辖和审议美国的国家安全问题。该案双方争议的焦点在对安全例外条款的适用上。WTO 安全例外规则的目的是允许成员在国际危机时刻以不受 WTO 非歧视原则限制的方式对国际不法行为作出反应，以达到合法的非经济政策目标。1997 年 4 月，美国与欧盟达成谅解备忘录，美国作出了较大的妥协，在谅解备忘录中，美国同意《赫尔姆斯－伯顿法》具有治外法权的第 3 条暂缓执行。美国与欧盟《赫尔姆斯－伯顿法》案虽然未作出正式的专家小组报告，但欧盟国家通过世界贸易组织的争端解决机制有效地捍卫了自己的正当权益。在这个案件后，许多学者主张 WTO 对安全例外条款的管辖权是自动存在的，安全例外条款在程序上应接受司法审查，专家小组和上诉机构有权审查成员方的解释是否合理，措施是否构成明显的滥用。② 有的学者主张应在成员方和专家组之间区分"定义的权限"和"解释的权限"，成员方有权利自己定义什么是"基本安全利益"以及保护的必要性，但专家小组仍保留审议这些定义是否符合条约的解释规则权利。③

6. 俄罗斯运输案

俄罗斯运输案为 WTO 争端解决实践首次就该条款适用作出裁决的案件，首次释明了争端解决机构的管辖权问题，该案专家组指出其对成员援引该条款的行为具有管辖权，并明确了专家组客观审查的事项及成员自裁决权的范围。首先，专家组明确表明其对成员援引该条款的行为具

① Dapo Akande, Sope Williams, "International Adjudication on National Security Issues: What Role for the WTO", *Virginia Journal of International Law* 43 (2003): 376 – 377.

② P. van den Bossche, W. Zdouc, *The Law and Policy of the World Trade Organization: Text, Cases and Materials* (Cambridge: Cambridge University Press, 2013), p. 596.

③ Hannes L. Schloemann, Stefan Ohlhoff, "'Constitutionalization' and Dispute Settlement in the WTO: National Security as an Issue of Competence", *American Journal of International Law* 93 (1999): 426 – 427.

有管辖权。① 专家组指出《关于争端解决规则与程序的谅解》第 1.1 条、第 1.2 条及附件一、二中并没有任何关于安全例外条款特别程序的规定，成员对该条款的援引仍应符合争端解决程序的要求。② 接着，专家组分析了条约的宗旨与目的，并回顾了缔约历史，指出若其不能对该条款的援引进行审查，则不符合条款制定时的考量及背景。安全例外条款是众多例外和免责条款之一，其给予成员为实现特定的非贸易合法目标而采取与 WTO 义务不符的措施的自主权，但前提是这些措施不应作为规避义务的借口，若将安全例外条款解释为成员具有完全裁量权的条款，将减损多边贸易体制的稳定性。③ 在 20 世纪初对国际贸易组织的成立进行筹备之时，美国政府代表提出的《国际贸易组织宪章草案》中的一般商业政策章节包含了一般例外与安全例外的内容，并设置了引言部分。④ GATT 1947 的起草者认为，"安全例外条款的制定是为了保护真正的基本安全利益，并限制成员将条款用于保护其产业"。⑤《国际贸易组织宪章草案》与 GATT 1947 都起草于二战结束后不久，对于安全问题的理解应考虑到该条款制定的背景。⑥ 其次，专家组指出其有权对成员是否满足安全例外条款的实施条件进行客观审查，限制措施是否符合该条款所列举的情形是客观事实问题。若成员援引 GATT 第 21 条（b）款（iii）项抗辩，必须承担举证责任，客观地证明该措施属于第 21 条（b）款列举的情形之一。根据条约的文本结构，GATT 第 21 条（b）款中的（i）至（iii）项为限制性修饰条款，三项内容为成员援引该款情形的穷尽式列举而非举例说明，⑦ 如果成员对

---

① *Russia—Measures Concerning Traffic in Transit*，Report of the Panel，WT/DS512/R，5 April 2019.

② *Russia—Measures Concerning Traffic in Transit*，Report of the Panel，WT/DS512/R，5 April 2019，paras. 7.53 – 7.58.

③ *Russia—Measures Concerning Traffic in Transit*，Report of the Panel，WT/DS512/R，5 April 2019，para. 7.133.

④ US Draft Charter，Chapter IV "General Commercial Policy"，Section I "General Exception"，General Exceptions to Chapter IV，Article 32，p. 24.

⑤ *Second Session of the Preparatory Committee of the United Nation Conference on Trade and Employment*，Verbatim Report，Thirty-Third Meeting of Commission a Held on Thursday，E/PC/T/A/PV/33，July 24，1947，paras. 20 – 21.

⑥ *Russia—Measures Concerning Traffic in Transit*，Report of the Panel，WT/DS512/R，5 April 2019，para. 7.99.

⑦ *Russia—Measures Concerning Traffic in Transit*，Report of the Panel，WT/DS512/R，5 April 2019，paras. 7.65，7.68.

于条款的援引具有完全的自裁决权，那么三个子项所具有的限制性功能将不再有意义。GATT 第 21 条（b）款的三项内容可由专家组作出客观判断，GATT 第 21 条（i）（ii）项中的行动与裂变聚变物质及武器运输的连接词为"相关的"，上诉机构曾对 GATT 第 20 条"相关的"作出解释，"相关的"要求目的与手段间具有密切且真正的联系，相关性的判断是客观的，对于战争的存在可进行客观判断，国际关系紧急情况与战争并列，属于同一类别，也应属于可进行客观判断的事实，① 而不是由该成员对形势进行主观考虑决定的。最后，专家组对成员自裁决的范围进行了界定。成员有权决定何为"基本安全利益"及保护该利益之"必要"的规制措施。专家组需根据善意原则对成员"基本安全利益"的界定进行审查，而措施的"必要性"由成员完全自行裁量。同时，为了避免成员对于其越权的指责，专家组在其报告中谨慎地指出，其不需要在国际法上界定成员之间发生事件的性质。②

以上 GATT/WTO 的争端解决都涉及安全例外条款的适用，其中美国与欧盟《赫尔姆斯－伯顿法》案、南斯拉夫诉欧共体案、美国与尼加拉瓜贸易禁运案都成立了专家小组，表明涉及安全例外条款的争端并没有排除在 WTO 争端解决机构的审查权限范围之外。并且，在瑞典鞋类进口限制案中，GATT 委员会明确表示不接受成员方滥用安全例外条款，在阿根廷马尔维纳斯群岛贸易限制案中，GATT 委员会发表了《旨在提高缔约方适用第 21 条时的透明度决定》，在美国与尼加拉瓜贸易禁运案中专家组明确指出，GATT 第 21 条的目的是保护真正的安全利益，如果专家组没有审查的权利，该条款可能被滥用。俄罗斯运输案专家组否定了之前成员们对援引安全例外条款具有完全自裁决权的认识，确认了 WTO 以规则为导向的争端解决制度的强制性特征，即争端解决机构有权客观审查成员对"基本安全利益"的界定及是否处于"国际关系的其他紧急情况"。但专家组将决定有关措施"必要性"的权利留给了援引成员，在保障成员应对国家安全威胁的自由裁量权的同时，维护了 WTO 争端解决制度的权威。

---

① *Russia—Measures Concerning Traffic in Transit*, Report of the Panel, WT/DS512/R, 5 April 2019, para. 7. 77.

② *Russia—Measures Concerning Traffic in Transit*, Report of the Panel, WT/DS512/R, 5 April 2019, para. 7. 121.

三、安全例外条款贸易限制措施实施的事项条件

在 GATT 第 21 条（a）款和（b）款的适用中，"基本安全利益"解决的是事项性问题，即何种事项符合安全例外条款的适用条件。在 GATT 第 21 条（a）款和（b）款中都有"基本安全利益"的表述，赋予了成员方在维护"基本安全利益"的情况下采取限制措施的权利。但成员方援引 GATT 第 21 条（a）款和（b）款的事项应受到"基本安全利益"这一词语含义的客观约束，什么利益属于"基本安全利益"，限定了 GATT 第 21 条的适用范围。根据 GATT 第 21 条（a）款，涉及"基本安全利益"的事项是信息。GATT 第 21 条（b）款列举了与"基本安全利益"有关的事项的三种情形，包括与裂变和聚变物质等有关的行动、与武器弹药和作战物资有关的行动以及战争或国际关系的其他紧急情况。WTO 并未对"基本安全利益"下定义，基于各国政治、经济、文化的差异，各成员方对于"基本安全利益"含义的认识也是有差异的。关于"基本安全利益"的含义，学者也未达成一致意见，有的学者主张应当包括政治与军事安全利益，有的学者主张应当包括军事安全利益，还有的学者主张应当包括恐怖主义、气候变化等非传统安全利益。

"基本安全利益"限定了成员援引安全例外条款的安全事项范围，但 WTO 协定本身对"基本安全利益"一词没有定义，在 WTO 争端解决实践中也未对该词语含义进行明确阐释，由此导致成员对安全例外条款的泛化适用，引发贸易争端。例如，在瑞典鞋类进口限制案中，瑞典政府曾将鞋类产业安全与国家安全相关联，主张其对鞋类产品采取的进口配额符合安全例外条款，鞋类产品"国内生产的大量减少严重威胁了瑞典的经济安全，经济安全是瑞典政治安全的重要组成部分"。该案中，GATT 委员会作出决议认为成员应当区分"商业目的"和"真正的国家安全目的"，不得将安全例外条款用于救济产业损害。但 GATT 委员会仍未对"基本安全利益"的概念作出解释，因此，未达到有效约束成员扩张适用的效果。

在俄罗斯运输案中，专家组明确了"基本安全利益"的通常含义，确立了"基本安全利益"解释的"善意"原则。专家组认为"基本"限缩了"安全利益"的解释，"基本安全利益"通常是指与国家典型职能有

关的利益，即保护领土和人民不受外来威胁及维护法律和国内公共秩序的利益，这些特定的利益与保护国家不受内外部威胁直接相关。① 在具体案件中，我们可通过分析援引该条款成员对于这一概念的适用是否符合"基本安全利益"的通常含义及"善意"原则的要求，衡量其是否具有援引该条款行为的正当性。

四、安全例外条款贸易限制措施实施的时间条件

"战争或国际关系紧急情况"是成员采取限制措施的时间要求。"在……之时"（in time of）在 GATT 第 21 条（b）款（iii）项中描述了成员所采取的行动与"战争或国际关系紧急情况"之间的联系，对该项的援引要求成员在战争或国际关系紧急情况期间采取行动。如何界定"国际关系的其他紧急情况"的范围，在很大程度上决定着安全例外条款涵盖范围的延展性。对于"国际关系的其他紧急情况"的范围，国际法中几乎没有明确的界定。"国际关系的其他紧急情况"的概念目前争议较大，可以为成员方实施贸易限制提供很大的自由空间。"国际关系的其他紧急情况"应该是次于"战时"状态的情况，"其他"这一措辞使得具体如何解释"国际关系的其他紧急情况"变得非常模糊和困难。在 GATT 第 21 条的适用中，"国际关系的其他紧急情况"被滥用和被错误适用的次数最多。

1970 年关于《阿拉伯联合酋长国的入世议定书》的工作组报告针对阿拉伯国家联盟对以色列的制裁及次级制裁作出了回应，阿联酋的代表认为，"阿拉伯国家联盟的制裁与中东地区的特殊情况有关，战争的状态使得诉诸制裁措施是必要的……基于此问题的政治性质，阿联酋不希望在GATT 的框架内讨论此问题，要求阿联酋与敌对国家进行商业贸易是不合理的"。② 有部分缔约方支持阿联酋基于政治的而不是商业的背景实施制裁的主张。③ 1975 年，瑞典对特定的鞋类产品的进口规定了配额，瑞典政

---

① *Russia—Measures Concerning Traffic in Transit*, Report of the Panel, WT/DS512/R, 5 April 2019, paras. 7. 130 – 131.

② *Report by the Working Party on Accession of the United Arab Republic*, GATT Document L/3362, February 27, 1970, para. 33, 17S/33, 39, para. 22.

③ *Report by the Working Party on Accession of the United Arab Republic*, GATT Document L/3362, February 27, 1970, para. 25, 17S/40, para. 23.

府代表认为，"该限制措施符合 GATT 第 21 条的适用条件，主张国内生产的大量减少严重威胁了瑞典的经济安全，经济安全是瑞典政治安全的重要组成部分，构成了紧急情况，因此，这个贸易限制措施对于维持瑞典国内重要行业的国内产量最低值是不可或缺的，对于在战争或者紧急情况下保证关键产品的供给是必要的"。① 在 GATT 理事会的讨论中，许多代表都不认同瑞典的主张。② 该主张引发了对"紧急情况"界定的广泛争议。

长期以来，由于前置性的争端解决机构管辖权问题未解决，WTO 争端解决实践从未对"国际关系的其他紧急情况"作出解释，因此，"国际关系的其他紧急情况"是否属于成员自裁决权的范围及该词语的具体含义始终处于模糊状态。

直到俄罗斯运输案，专家组针对上述两个问题得出了明确的结论。首先，专家组在论证第一个管辖权问题时，即提出了国际关系紧急情况是客观事实，成员是否满足"战争或国际关系的其他紧急情况"应由专家组判断。③ 其次，专家组确定了"国际关系的其他紧急情况"的含义。专家组并未孤立地解释"国际关系的其他紧急情况"，而是联系了其上下文。"国际关系的其他紧急情况"与"战争"并列，根据条约解释的同类原则，二者具有同等性质，"或"及"其他"联系了战争及紧急情况，战争是"国际关系的其他紧急情况"类别的一种情况。④ GATT 第 21 条（b）款（iii）项"国际关系的其他紧急情况"与该项"战争"及（i）（ii）项"裂变聚变物质""武器、弹药和作战物资"共同置于词语"基本安全利益"之下，这三项所涉及的安全利益的特性应有重叠，将这三个子项作为一个整体看待，即可得出"国际关系的其他紧急情况"所保护的"基本安全利益"应和战争、国防与军事利益及维护法律与公共秩序利益具有相似的性质。⑤

---

① *Sweden—Import Restrictions on Certain Footwear*, GATT Document L/4250, November 17, 1975, para. 3.

② *Minutes of Meeting Held in Palais des Nations*, Geneva, *on 31 October 1975*, GATT Document C/M/109, November 10, 1975, paras. 8 – 9.

③ *Russia—Measures Concerning Traffic in Transit*, Report of the Panel, WT/DS512/R, 5 April 2019, para. 7. 71.

④ *Russia—Measures Concerning Traffic in Transit*, Report of the Panel, WT/DS512/R, 5 April 2019, para. 7. 71.

⑤ *Russia—Measures Concerning Traffic in Transit*, Report of the Panel, WT/DS512/R, 5 April 2019, paras. 7. 74 – 7. 76.

"紧急情况"是指不可预见的或需要立即采取行动的危险或冲突，"国际关系的其他紧急情况"通常是指武装冲突、潜在的武装冲突、高度的紧张或危机与导致国家及其周边不稳定的情形，该情形损害了一国的国防与军事利益或维护法律与公共秩序的利益。[①] 最后，"国际关系的其他紧急情况"不包含成员间纯粹的政治或经济争端，成员需证明其是根据国际关系中的特定紧急情况而不是基于紧急情况的一般概念采取的限制措施。

专家组在俄罗斯运输案中所作的解释有助于成员正确有效地理解安全例外条款中"国际关系的其他紧急情况"的含义。[②] 尽管一国所面临的紧急情况具有开放性，但若要构成该条款中的"国际关系的其他紧急情况"，成员必须处于仅次于战争的特定危机情况，情况需具有突发性，且措施拟保护的利益应与"战争"所保护的"基本安全利益"具有共性。例如，美国在采取232措施时与我国、欧盟等国家或地区保持着友好的贸易关系，并非处于与战争相似的特定紧急情况，美国国内钢铝产业产量的下降已持续多年，不具有突发性，且钢铝产品为军民两用产品，不必然与美国的国防与军事利益相关，因此，美国所处情形不属于"国际关系的其他紧急情况"。

五、安全例外条款贸易限制措施实施的限制条件

（一）符合"善意"原则

GATT 第 21 条并未超出专家小组和上诉机构的管辖权范围，而是影响了审议标准，专家小组和上诉机构仍拥有对 GATT 第 21 条的审查权限。[③] 那么，专家小组和上诉机构应采取什么标准来审议自裁决条款呢？许多学

[①] *Russia—Measures Concerning Traffic in Transit*，Report of the Panel，WT/DS512/R，5 April 2019，para. 7. 76.

[②] 丁丽柏、陈喆：《论 WTO 对安全例外条款扩张适用的规制》，《厦门大学学报》（哲学社会科学版）2020 年第 2 期，第 131—135 页。

[③] Roger P. Alford 认为安全例外条款并非完全排除在审查范围之外。如果援引第 21 条（b）款能够由成员方单独以主观性决定的方式作出，那么这容易导致成员方滥用安全例外条款，进而削弱贸易体系的稳定性。Brandon Rice 以乌克兰危机影响下的俄罗斯与欧盟的制裁和反制裁案例为切入点探讨了 WTO 安全例外条款的适用问题，认为俄罗斯对于欧盟的反制裁措施可能不符合 WTO 安全例外的"善意"标准，超过了必要限度，因而不符合 WTO 安全例外的适用条件。Shin-yi Peng 认为安全例外条款不完全是自由裁量的，可以用国际法中的"善意"原则来解释自由贸易和安全利益的平衡。审查安全例外应符合客观善意与主观善意条件。客观善意要求条约解释结果对缔约方具有合理预期，而主观善意要求根据成员方的意图进行解释。

者主张自裁决条款应受到"善意"（good faith）原则的约束，"善意"原则控制着国家对权利的滥用，"善意"原则可以起到弥补其他解释方法的不足、填补法律空白以及平衡规范冲突的重要作用。①

"善意"原则被认为是国际法的基本法律原则和国际条约有效实施的基础，在条约解释与适用中具有重要地位。在国际法的萌芽阶段，许多国际法学者如 Francisco Suarez、Alberico Gentili、Emerde Vattel 强调"善意"原则是国与国交往的基本原则。无论是大陆法系还是英美法系，其在法律秩序中都是内在的一种制度。②《奥本海国际法》一书中强调"善意"暗示着理性因素和善意解释条约的要求。"善意"是评估条约是否得到正确合理解释的一个重要标准。③ 国际法院在"核试验"案的判决中指出善意原则是支配法律义务创立和履行的基本原则，是国际合作内在的要求。④"善意"原则包含了"诚实"和"合理"的要求。⑤ 根据《布莱克法律词典》，"善意"的通常含义是"诚实、客观的且没有欺诈的故意"。⑥ 根据《牛津英语习语词典》，"善意"的含义是"做对的事情的意图"。此外，"善意"原则常常与"bona fide"相联系，后者的意思是"客观的、真实的、真诚的且没有欺诈的"。因此，"善意"原则的核心是"合理"和"诚实"，"善意"存在于人们的主观意识中，同时要表现为人们的客观行为，"诚实"是对成员方履行条约的主观要求，"合理"是对成员方履行条约的客观要求。⑦"善意"原则约束着成员方行使权利的维度。

"善意"原则在《维也纳条约法公约》及 GATT 争端解决实践中都得到了肯定。"善意"原则应包含两个方面：一是善意解释条约，二是善意

---

① Hannes L. Schloemann, Stefan Ohlhoff, "'Constitutionalization' and Dispute Settlement in the WTO: National Security as an Issue of Competence", *American Journal of International Law* 93 （1999）：444 – 446；Dapo Akande, Sope Williams, "International Adjudication on National Security Issues: What Role for the WTO", *Virginia Journal of International Law* 43 （2003）：399 – 402.

② M. 维拉利：《国际法上的善意原则》，刘昕生译，《国外法学》1984 年第 4 期，第 54 页。

③ ［英］詹宁斯、瓦茨修订《奥本海国际法》（第一卷第二分册），王铁崖等译，中国大百科全书出版社，1998，第 664 页。

④ *Nuclear Tests （New Zealand v. France）*, Reports of ICJ, December 20, 1974, para. 9. 49.

⑤ Andrew D. Mitchell, "Good Faith in WTO Dispute Settlement", *Melbourne Journal of International Law* 7 （2006）：344.

⑥ Black's Law Dictionary, http://thelawdictionary.org/good faith, last visited January, 12, 2022.

⑦ Andrew D. Mitchell, "Good Faith in WTO Dispute Settlement", *Melbourne Journal of International Law* 7 （2006）：345.

履行条约。一方面，应善意解释条约。《维也纳条约法公约》第31.1条明确要求条约应以善意原则按照条约的通常含义及目的和宗旨进行解释。① 在"美国汽油案"中，上诉机构指出国际公法的条约解释的习惯规则反映于《维也纳条约法公约》的第31条，自此，上诉机构和专家小组在许多案例的争端解决实践中都强调了善意原则的适用。② 在"美国博彩案"中，上诉机构指出善意原则是解释 WTO 规范的核心原则。③ 在"美国–海外销售公司案"中，上诉机构再次证实善意原则是"目前法律的一般原则，也是一般国际法的原则"。④ 在"美国日本热轧钢产品反倾销措施案"中，上诉机构指出善意原则是法律的一般原则，也是国际法的一般原则，同样也约束着 WTO 项下的协定。⑤ 另一方面，应善意履行条约。《维也纳条约法公约》第26条规定了 WTO 各成员方应按照善意原则履行条约的义务。⑥ 国际法委员会认为，这条规定是"条约"的实质界说。在 WTO 各成员方之间，已经存在正当订立的有效条约，该条约的效力应高于任何与其不一致的习惯国际法规则，强行法规则除外。尊重条约义务的责任，是指一当事国如果没有正当理由无权随意解除条约的义务。在通常情况下，成员方要解除条约必须经过其他成员方的明确同意。一成员方不得援引其国内法规定为抗辩理由而不实施条约义务。善意履行条约在 GATT 的争端解决实践中多次被专家小组和上诉机构肯定。在"美国虾案"中，专家小组和上诉机构在 GATT 第20条的适用中强调成员方应遵守善意原则，GATT 第20条引言事实上是善意原则的一种表述方式，善意原则是法律的基本原则，也是国际法的基本原则，支配着国家权利的行使，是众所周知限制权利滥用的原则，即无论何时都应禁止滥用国家权

---

① 《维也纳条约法公约》第31.1条：条约应依其用语按其上下文并参照条约之目的及宗旨所具有之通常含义，善意解释。

② 韩立余：《善意原则在 WTO 争端解决中的适用》，《法学家》2005年第6期，第151页。

③ *United States—Measures Affecting the Cross Border Supply of Gambling and Betting Services*，Report of the Panel，WT/DS285/R，April 20，2005，para. 6. 50.

④ *United States—Tax Treatment for "Foreign Sales Corporations"*，Report of the Appellate Body WT/DS108/R，Feburary 24，2000，para. 166.

⑤ *United States—Anti-dumping Measures on Certain Hot-Rolled Steel Products from Japan*，Report of the Appellate Body，WT/DS184/AB/R，July 24 2001，para. 101.

⑥ Isabelle Van Damme，*Treaty Interpretation by the WTO Appellate Body*（Oxford：Oxford University Press，2009），p. 17.

利，如果一成员方滥用其条约权利，就构成了对条约义务的违反。^① 在"欧共体（欧盟）食糖出口补贴案"中，上诉机构指出成员方必须善意履行 WTO 义务。^② 专家小组在"秘鲁农产品案"中也指出成员方必须善意和合理地行使条约权利。^③ 在"美国伯顿案"中，专家组表明善意原则要求成员方不应采取与条约的目的和宗旨不符的行为。^④ 在"俄罗斯运输案"中，专家组指出成员解释"基本安全利益"的"主观"判断需受到客观因素的限制，即"善意"原则。根据"善意"原则，第一步，成员必须"充分"阐明其寻求保护的"基本安全利益"。若成员援引 GATT 第21 条（b）款（iii）项，主张其处于"国际关系的其他紧急情况"，"基本安全利益"受到损害，成员必须证明"基本安全利益"与"国际关系的其他紧急情况"具有充分的关联性（articulation）。关联性的充分程度取决于所处的国际关系紧急情况，所处的国际关系紧急情况越典型，则关联性越强。第二步，成员还需表明其所采取的措施与其拟保护的"基本安全利益"具有关联性。在关联性方面，"善意"原则适用的审查标准较低，仅要求成员所采取的措施与"基本安全利益"之间具有"最小合理"（plausibility）的关联性。专家小组举出一个明显违反"善意"原则的例子，即成员意图规避 WTO 义务，把贸易利益标记为"基本安全利益"。

（二）符合措施的"必要性"要求

安全例外条款中关于"必要性"的表述为，"其认为对保护其基本安全利益所必要的"。从这里可以引出的问题是，"其认为"的对象是"基本安全利益"还是"必要的"，抑或两者兼有？成员方在决定行为是否满足第 21 条的"必要性"问题上是否具有排他性的裁量权，WTO 争端解决机构是否有权对成员方的"必要性"判断进行审查？有一种观点认为，从第 21 条（b）款前言的内容来看，紧跟在"其认为"之后的是"必要的"，然后才是"基本安全利益"。所以，从条文的通常含义来说，"其认

① *United States—Import Prohibition of Certain Shrimp and Shrimp Products*, Report of the Appellate Body, WT/DS58/AB/R, November 6, 1998, para. 158.
② *European Communities—Export Subsidies on Sugar*, Report of the Panel, WT/DS265/R, October 15, 2004, para. 7.
③ *Peru—Additional Duty on Imports of Certain Agricultural Products*, Report of the Panel, WT/DS457/R, November 27, 2014, para. 7.94.
④ *United States—Continued Dumping and Subsidy Offset Act of 2000*, Report of the Panel, WT/DS217/R, January 27, 2003, para. 7.64.

为"的对象指向的是"必要的","必要的"是由成员方自行决定的。WTO 机构无权对援用方的"必要性"判断进行审查，更不能推翻援用方的"必要性"判断。另一种观点认为，尽管在"必要的"一词前有"其认为"的表述，使得援用方在一定程度上具有自行决定采取何种措施维护其"基本安全利益"的权利，但并不意味着专家组和上诉机构无权对援用方所采取的措施是否保护其"基本安全利益"所"必要的"进行审查。

"必要的"这一要素也在 WTO 的其他条款中出现，作为普通例外的 GATT 第 20 条共列举了 10 种例外情形，其中涉及必要性检查的有第 20 条（a）款、（b）款和（d）款，其条文为："遵守关于此类措施的实施，不在情况相同的国家之间构成对国际贸易的变相限制或构成不合理或任意歧视手段的要求前提下，本协定的任何规定不得解释为阻止任一缔约方实施或采取下述措施：（a）为保护社会道德所必要的措施；（b）为保护动物、植物或人类的健康或生命所必要的措施；……（d）为确保不违背本协定的法律或法规得以遵守所必要的措施，包括与海关执法、根据第 17 条和第 2 条第 4 款实行有关保护专利权、商标和版权、垄断和防止欺诈行为有关的措施；……"GATS 第 14 条、《技术性贸易壁垒协定》（TBT 协定）第 2.2 条①、TBT 协定附件 3《关于制定、采用和实施标准的良好行为规则》第 F 段②、《实施动植物卫生检疫措施的协议》（SPS 协议）第 2.2 条③及 GATS 第 6.4 条④都含有关于"必要性"的表述。

安全例外条款的援引方有权确定自己保护国家安全的目标，也有权自行决定保护国家安全目标适当的水平。但安全例外条款的援引方应当提出初步证据，证明其采取的贸易限制措施是实现其基本安全利益所"必要的"。根据这一初步证据，另一方可作出反驳，WTO 争端解决机构有权对成员方所采取的贸易限制措施是不是为了实现这一安全目标所"必要的"

---

① TBT 协定第 2.2 条规定：各成员应保证技术法规的制定、采用或实施在目的或效果上均不对国际贸易造成不必要的障碍。

② TBT 协定附件 3《关于制定、采用和实施标准的良好行为规则》第 F 段规定：标准化机构应保证不制定、不采用或不实施在目的或效果上给国际贸易造成不必要障碍的标准。

③ 《实施动植物卫生检疫措施的协议》（SPS 协议）第 2.2 条规定：各成员应保证任何卫生与植物卫生措施仅在为保护人类、动物或植物的生命或健康所必要的限度内实施。

④ GATS 第 6.4 条规定：服务贸易理事会应制定国内管制纪律，以保证有关资格要求和程序、技术标准和许可要求的各项措施不致构成不必要的服务贸易壁垒。

进行审查，这种做法既不会使得"其认为"的表述无意义，也不会导致"必要的"措辞无效。WTO 安全例外条款的"必要性"检验有利于防止该条款成为国家贸易保护主义的工具，同时，可以在维护贸易自由化与实现国家安全目标中维持一定程度的平衡。

根据 GATT/WTO 争端解决实践所确立的必要性检验标准以及"善意"原则的要求，GATT 第 21 条"必要的"应有以下含义。第一，成员方所采取的贸易限制措施是为实现期望目标对贸易限制作用最小的方法。成员方应考察是否存在一个符合 WTO 规则的可替代措施，或者是否有更少贸易限制的可替代措施来实现维护"基本安全利益"的目的。① 如果存在对贸易限制作用更小的方法也能实现期望目标，则该贸易限制措施不是"必要的"；如果成员方采取贸易限制措施所造成的损害程度远远大于其基本安全利益受到损害的程度，其贸易限制措施被认为不是"必要的"。第二，成员方所采取的贸易限制措施的影响应当与受损害的安全利益的程度成比例，符合比例原则。成员方应考虑的因素包括"基本安全利益"的重要性，对实现目标的实质贡献，"基本安全利益"价值越大，其措施越容易被认为是"必要的"。② 成员方受威胁的安全利益与所采取的贸易限制措施对世界经济秩序的影响应符合最小限度的比例，成员方所希望保护的"基本安全利益"的价值应高于多边贸易体制的利益，如果所保护的利益是不存在的，或者所采取的措施对实现其保护的利益没有效果，则不符合比例原则。③

在"俄罗斯运输案"中，WTO 争端解决实践在解释"基本安全利益"时提出，成员还需表明其所采取的措施与其拟保护的"基本安全利益"具有关联性。在关联性方面，"善意"原则适用的审查标准较低，仅要求成员所采取的措施与"基本安全利益"之间具有"最小合理"的关联性。根据"俄罗斯运输案"专家组报告中的观点，援引 GATT 第 21 条（b）款（iii）项，应承担以下举证责任：第一，证明该措施属于 GATT

---

① *European Communities—Measures Prohibiting the Importation and Marketing of Seal Products*, Report of the Panel, WT/DS400/R, June 18, 2014, paras. 636 – 639.

② *Brazil—Measures Affecting Imports of Retreated Tyres*, Report of the Appellate Body, WT/DS332/AB/R, December 17, 2007, paras. 141, 143, 156, 178.

③ Hannes L. Schloemann, Stefan Ohlhoff, " 'Constitutionalization' and Dispute Settlement in the WTO: National Security as an Issue of Competence", *American Journal of International Law* 93（1999）：443.

第 21 条（b）款的三子项的某一情形，若援引 GATT 第 21 条（b）款（iii）项，应阐明其处于"战争或国际关系紧急情况"，并由专家组进行客观审查；第二，阐明其贸易限制措施拟保护的"基本安全利益"；第三，证明其采取的措施与其拟保护的"基本安全利益"有合理的关联性。在"俄罗斯运输案"中，专家组将措施实施"必要性"的决定权留给了成员。缺乏争端解决机构对措施实施的"必要性"审查可能使成员泛化解释"基本安全利益"，恣意限制国际贸易，导致拟实现的目标与贸易自由化价值之间不成比例。例如，美国、澳大利亚等国主张华为公司对其国家安全造成威胁，并对华为公司采取了限制交易或排除出设备供应商名单的措施。上述措施是旨在保护"基本安全利益"，还是更多地出于保持本国经济或科技竞争力的考虑，抑或两者兼有？是否存在合理可用的贸易限制程度更低的可替代措施？实际上，如果美、澳等国仅是出于"基本安全利益"的考量，则对该问题的处理存在贸易限制程度更低的措施，即"标准"与"合格评定程序"。TBT 协定的序言、第 2.2 条、第 2.10 条、第 5.4 条、第 5.7 条、第 10.8.3 条均提及"基本安全利益"和"国家安全"问题，TBT 协定所留出的政策空间允许 WTO 成员用 IT 产品的"标准"与"合格评定程序"来保护"基本安全利益"。

在"卡塔尔诉沙特知识产权侵权案"中，专家组将善意原则、比例原则贯穿至对沙特采取的措施与其拟保护的"基本安全利益"是否有合理的关联性的判断中，指出沙特对盗版行为未采取刑事和处罚措施的做法没有达到最低限度的合理的关联性标准，隐含了专家组对措施"必要性"的审查。在该案中，专家组首先对沙特实行旅行禁令措施以及禁止沙特律师为卡塔尔公民提供援助的行为是否具有"合理性"进行了判断，认为沙特所采取的上述行为属于其免受恐怖主义和极端主义威胁的外交政策的一部分，满足最低限度的合理的关联性的要求。接着，专家组对沙特对 BeoutQ 盗版行为处罚的不作为是否满足最低限度的合理的关联性的要求进行了判断，认为二者不存在合理的关联性，沙特的该行为违反了 TRIPS 协定义务，不构成安全例外条款的适用情形。① 根据该案专家组的分析思路，尽管成员方具有采取"必要性"措施的自由裁量权，但专家组仍需

---

① *Saudi Arabia—Measures Concerning the Protection of Intellectual Property Rights*, Report of the Panel, WT/DS567/R, June 16, 2020, paras. 2.47, 7.131, 7.159–7.163, 7.231.

对成员方所采取的措施是否达到最低限度的合理的关联性标准进行判断，实际上，专家组对成员方的"必要性"判断施加了一定约束。[1]

第三节 联合国国家安全框架下贸易限制措施的实施条件

《国家对国际不法行为的责任条款草案》中规定的排除行为不法性的情形及《维也纳条约法公约》第60条"重大违约"可以援引作为基于国家安全目的实施贸易限制措施的依据。具体而言，《国家对国际不法行为的责任条款草案》中可作为国际法依据的情形主要包括"自卫"、"反措施"及"危急情况"。依据《联合国宪章》第51条的规定，"不得动用武力"是毫无争议的最为基本的原则，但仍然存在例外情况，例如，"自卫"就属于一种"自然权利"，适用于国家遭受武力对待的情况。由于"自卫"的适用条件较为严格，主要适用于国家被武力对待的情形，援用其作为贸易限制措施的法律依据较为困难，因此本书暂不作深入研究。但自卫权作为一种习惯国际法和一般法律原则，广泛存在于国际法的内容中。[2] 本章的研究重点为《国家对国际不法行为的责任条款草案》的"反措施"、"危急情况"及《维也纳条约法公约》"重大违约"的适用条件。[3]

一、反措施的适用条件

反措施与自卫权类似，是国家的自助行为，是国家为了自保而自行对责任国进行制裁的自我执法行为，是国家行使主权权利的表现。与报复相比，反措施的目的及手段已经发生重大转变，反措施实施的目的在于恢复

---

[1] 杨钊、黄世席：《国际贸易协定下安全例外条款"必要性"措施的判定——基于"卡塔尔诉沙特知识产权保护措施案"专家组报告分析》，《国际法学刊》2021年第3期，第78—100页。

[2] 陈敏佳、刘滢泉：《中国针对美国232调查进行反制的合法性分析》，《河北科技大学学报》（社会科学版）2019年第1期，第52—59页。

[3] 杨国华：《中国贸易反制的国际法依据》，《经贸法律评论》2019年第1期，第48—54页。

受害国与责任国原有的权利义务关系，而非惩罚，也不能以武力为手段。反措施的产生和发展与国际法中有组织的法律执行机制不健全密切相关。与国内法相比较，国际法缺乏具有权威性的执行机构来组织实施。国际法上的效力基本上仍取决于国家间的合意，国际法的遵守及国家权利的维护仍在很大程度上需要国家对法律进行自行解释并采取自助措施来实现。国际法发展至今，由于仍未有能够完全强制性地执行裁判的权威部门，尚不能提供给国家维护权利的外部保证，不能使国家完全放弃自助权。任何国家无论大小强弱，都有防卫国际不法侵害的自助权。[①] 1979 年联合国国际法委员会起草的《国家责任条文草案》中，正式使用了"反措施"的概念，反措施是指由受害国针对加害国的国际不法行为采取的非武力的强制行为。由于反措施也可能被滥用，如果一国对另一国采取的反措施没有任何约束，那么对于国际法是非常危险的。2001 年联合国大会第 56 届会议通过的《国家对国际不法行为的责任条款草案》继续使用"反措施"的定义，在第一部分规定了排除国家行为不法性的七种例外情形，涵盖反措施这一情形。第二处是在该草案的第二章，以专章的形式对反措施的目的和限制、采取反措施的条件、反措施不得影响的义务、相称原则等作出规定，为避免反措施滥用划定了严格的界限。[②]

（一）反措施实施的实体性条件

1. 必须有先行不法行为存在

根据《国家对国际不法行为的责任条款草案》，制裁国对目标国之所以进行经济制裁，是因为受制裁国实施了国际不法行为。根据《国家对国际不法行为的责任条款草案》第 2 条的规定，构成国际不法行为有两个要素：一是行为归属于该国，二是对该国国际义务的违背。国际不法行为的第一个构成要素为行为归于该国。《国家对国际不法行为的责任条款草案》规定了可以归于一国的八类行为，对谁的行为、什么行为可以被视为是国家的行为的问题进行了明确。可被视为国家行为的行为主要包括：代表国家公权力而施行的行为和得到国家公权力授权而施行的行为。国际不法行为的第二个构成要素为违反国际义务，包括一国违背其加入的条约

---

① 周艳云：《中美贸易摩擦中反制的正当性及其实施基准》，《常州大学学报》（社会科学版）2020 年第 2 期，第 11—21 页。

② 李永胜：《论受害国以外的国家采取反措施问题》，法律出版社，2000，第 21 页。

法义务或强行法的义务，因此，国际不法行为也可以视为国家所作出的违反国际义务的各种行为的总称，而国际不法行为所侵害的对象是国际法所力图保护的、增进国际社会发展的国际法律关系。[①]

国际司法实践也认为加害方存在在先的违反国际义务的行为是实施反措施的前提条件。仲裁庭在"瑙里拉仲裁案"中指出，"反措施针对的国家必须违反了国际法，加害方的违反国际法的先前行为是受害方进行反制的绝对必要条件"。国际法院在"加布奇科沃案"中也指出，"反措施只能作为对已发生的另一国的国际不法行为的回应并且只能针对该国"。[②]

2. 无争议的合法实施主体为受害国

《国家对国际不法行为的责任条款草案》中的"反措施"是指由受害国针对加害国的国际不法行为采取的强制行为，反措施的合法实施主体是受害国。那么，受害国以外的国家能否就国际不法行为采取反措施呢？随着国际法的不断发展，"对整个国际社会的义务"的概念被提出，某一国家如果采取了违反国际社会整体义务的行为，任何国家都有权利采取反措施。2001年"干预和国家主权国际委员会"提出了"保护的责任"，保护人们免受战争、种族灭绝等国际罪行的危害。二战后，美国以保护人权为理由，实施的反措施有二十多起，而其对伊朗、海地、缅甸等国实施的反措施都造成了严重的人道主义危害。目前，受害国以外的国家是否为反措施的合法实施主体、"对整个国际社会的义务"及"保护的责任"都仍处于争议的状态，许多发展中国家认为这些理论为发达国家干涉他国内政提供了依据，极有可能被滥用。因此，根据以上分析，我们可以认为国际不法行为的受害国拥有采取反措施的权利在国际法上没有争议，但受害国以外的国家是否能以对整个国际社会的义务或保护人权为由实施制裁仍存在争议。

3. 针对从事国际不法行为的责任国实施

维多利亚认为，"不能向没有给我们造成伤害的人拔剑，伤害无辜的人是自然法所禁止的"。[③]《国家对国际不法行为的责任条款草案》对反措施的实施条件进行了限制，规定反措施的实施应针对国际不法行为的责任

---

① 张乃根：《试析〈国家责任条款〉的"国际不法行为"》，《法学家》2007年第3期，第96—97页。

② *Gabčíkovo—Nagymaros Project*，Report of ICJ，1997，para. 7. 55.

③ Benjamin B. Ferencz, *Enforcing International Law—A Way to World Peace：A Documentary History and Analysis*，Volume 1，Oceana Publications, Inc. ，1983，p. 100.

国，而不能针对第三国。联合国成立之前，由于当时的报复措施并未完全排除武力的使用，国家采取的反措施往往会对第三国造成伤害。例如，封锁或在公海上拿捕运输战时禁制品的商船，就容易损害第三国权利。[1]造成这种侵害的国家应对此承担相应的国际法责任。制裁与反措施，是大概念与小概念的关系，反措施属于制裁范围，是制裁的一种形式，联合国对于制裁适用的态度，也同时反映了对反措施适用对象的倾向性。联合国在1996年针对美国对古巴的次级制裁案中曾明确表明其对次级制裁所持的否定态度，联合国大会以138票赞成、3票反对、38票弃权的结果，要求美国终止对古巴实施次级制裁。1992年至2008年，联合国大会连续17次通过了《必须终止美利坚合众国对古巴的经济、商业和金融封锁》的决议。根据以上分析，我们可以认为，反措施应指向从事国际不法行为的责任国而不是第三国。

4. 遵循相称性原则

在国际法中，战争法最早承认了相称性原则，现在许多国际法的部门法中都体现了该原则。在欧盟法中，常常通过相称性原则衡量欧盟机构及成员国所采取行为的合法性。国家在实施反措施时，在程度上应当符合相称性要求。要求所采取的反措施符合相称性，是为了将因有关措施的具体实施而产生的负面效果限定在尽可能小的范围内。反措施的实施必须与损害程度相当，并应考虑到国际不法行为的严重程度和所涉及的权利。综合考虑以下因素并结合具体情况对"相称"进行判断。一是所遭受损失的严重程度。反措施应当与所遭受损失的数额相当，不能作为对已从事的不法行为的惩罚，也不能作为对未来不法行为的威慑。二是国际不法行为的严重程度。对同一项义务，违背的严重程度不同使得受害国有权采取的反措施也不同。三是被违背的义务所保护的权利的重要程度。相称原则并不要求相关义务的对等。受害国并不负有义务把其对国际不法行为的反措施限制在与其所遭受的国际不法行为相同或相似的特定领域。

5. 反措施实施不得违反的国际法义务

《国家对国际不法行为的责任条款草案》第50条规定了反措施不得影响的若干国际法义务，即使用《联合国宪章》所禁止的武力行为，违

---

[1]　Evelyn Speyer Colbert, *Retaliation in International Law* (New York：King's Crown Press, Columbia University, 1948), p. 87.

反基本人权、违反人道主义法的报复，违反国际法强制性规范的行为。

第一，反措施不得影响《联合国宪章》所禁止的武力行为。禁止使用武力是国际法的一项基本原则，是强行法。实际上，作为强行法，禁止使用武力原则的效力已经独立于《联合国宪章》。

第二，反措施不得减损保护基本人权的义务。《国家对国际不法行为的责任条款草案》第50条第1款明确规定，反措施的实施不得影响保护基本人权的义务。保护基本人权属于不得以任何理由贬损的基本义务，国家实施反措施时必须履行保护人权的国际义务，避免采取有损于人道规则和公众良知的严厉措施。反措施的实施应将对普通民众的损害降到最低，对于食物、药品等维持平民基本生活的物品进行豁免。联合国经社理事会下属的"经济、社会及文化权利委员会"1997年在其第8号"一般意见"中指出制裁应区分有关国家的当权者与弱势群体。[①]

第三，反措施不得影响禁止报复的人道主义性质的义务。战时报复是被明令禁止的。《维也纳条约法公约》也明确规定，"终止或暂停实施条约不适用于各人道性质的条约所明确的有关人身的各项规定，特别是有关禁止对受这类保护之人采取任何方式的报复的规定"。

第四，反措施不得影响违反国际法强制性规范的行为。国际法强制性规范具有不得减损或贬抑的效果，有关义务不得以采取反措施为由而拒绝履行。《国家对国际不法行为的责任条款草案》第50条第2款进一步明确了国家在采取反措施时必须遵守的国际法义务：一是不能使受害国与责任国之间的争端解决条款失去效力，该争端解决条款的效力具有独立性；二是必须尊重外交、领事人员、馆舍、档案和文件的不可侵犯性。

（二）反措施实施的程序性条件

1. 事先要求责任国履行义务并进行赔偿

国际法院在"加布奇科沃案"的判决中指出，受害国实施反措施的前置程序为事先呼吁责任国停止不法行为并要求作出赔偿。[②] 设置这一前

---

① *Implementation of the International Covenant on Economic, Social and Cultural Rights, General Comment No. 8（1997）, the Relationship between Economic Sanctions and Respect for Economic, Social and Cultural Rights*, United Nation Document E/C. 12/1997/8, December 12, 1997, para. 1.

② *Report of the International Law Commission, 53rd Session, 2001*, Official Records of the General Assembly A/56/10, 2001, paras. 345 – 349.

置程序要求的原因在于反措施对责任国将产生较大影响，事先要求责任国履行义务并进行赔偿，相当于给予责任国履行其国际义务的机会，督促争端尽可能快地解决。

2. 通知责任国将采取的预期反措施的义务或者提供协商机会

如果情况十分紧急，反措施本身是一种临时措施，受害国有权紧急采取反措施并要求与责任国进行协商，通过采取紧急反措施保全受害国的权利。国际法委员会指出，通知采取反措施的时间和实际采取反措施的时间可以十分接近，没有严格的时间间隔限制。如果不法行为仍在继续，责任国仍继续损害受害国的权利，受害国有权利采取维护其利益的必要行动，此时，采取反措施就不以事先通知和提出协商为前提条件。

3. 不以国际不法行为正在进行为前提

首先，对于正在进行的不法行为，受害国当然有权采取反措施，以督促责任国认真遵守其义务。其次，对于已经发生的不法行为，受害国在符合特殊条件的情况下也有权采取反措施。从传统国际法的角度看，报复行为旨在回应在先发生的不法行为，本身就是一种事后回应的制度。并且，反措施的实施目的具有多重性，其不仅承担促使责任国履行国际义务的功能，还负有旨在督促责任国进行赔偿、积极解决争端的功能。因此，即使不法行为已经停止，只要不法行为所造成的损害后果尚未完全消除，受害国则仍有权采取反措施。

二、危急情况的适用条件

危急情况作为解除一国不法性的情形由来已久，其适用的范围从最初的军事领域逐步扩大至经济、环境、人道主义等领域。危急情况与国际法中使用武力和自卫的相关规则一脉相承。在1832年英国与葡萄牙争端中，葡萄牙挪用英国的财产，为本国镇压国内动乱的军队提供补给，最后双方一致同意，在特定的情况下，国家为了处理与国家安全有关问题，并非绝对不可侵犯条约。[①] 与自卫、反措施、重大违约相比，危急情况并不以他

---

① 王楠：《危急情况之习惯国际法与投资条约中的不排除措施条款——兼论 CMS 案和 LG&E 案》，《比较法研究》2010 年第 1 期，第 112—121 页。

国采取了在先行为为前提。不可抗力使得一国已经完全无法再履行其国际义务，相比之下，危急情况是国家在仍然存在履行义务的可能性的情况下，由于外部因素，主动选择违反其国际义务。当一国处于生死存亡的紧急关头，履行国际义务的能力会大大减弱，为了本国的国家安全或人民利益，选择违反国际义务，具有合理性。20 世纪 50 年代起，国际法委员会开始进行关于国家责任的习惯国际法的编撰工作，将"危急情况"纳入《国家对国际不法行为的责任条款草案》中。1961 年草案规定，"援用危急情况可减轻或者免除国家责任"，没有明确危急情况的法律性质，而是直接以法律后果的形式加以规定。2001 年草案第 25 条对"危急情况"适用的条件从正反两个方面予以明确。首先，草案第 25 条第 1 款明确规定："一国不得援引危急情况作为理由解除不遵守该国某项国际义务的行为的不法性，除非：（a）该行为是该国保护基本利益，对抗某项严重迫切危险的唯一办法；而且（b）该行为并不严重损害作为所负义务对象的一国或数国或整个国际社会的基本利益。"① 其次，草案第 25 条第 2 款从反面规定了不得援引危急情况作为解除行为不法性的情形，包括"（a）有关国际义务排除援引危急情况的可能性；或（b）该国促成了该危急情况"。②

（一）可以援引危急情况的条件

1. 保护基本利益

"基本利益"的内涵和外延存在不确定性。究竟什么样的利益为"基本利益"，《国家对国际不法行为的责任条款草案》并未给予答案，仅在草案所作评注中作出如下解释："某一特定利益是否构成'基本利益'，不能事先进行判断，而要视具体情况而定，这包含该国和它的人民的利益，还可能包含整个国际社会的利益。"③ 随着国际投资法的逐步发展，"危急情况"开始在投资仲裁中多次被援引，近年来 ICSID 仲裁庭处理的几起涉及阿根廷经济危机的投资仲裁案例对何为"基本利益"

---

① 曾建知：《习惯国际法上的危急情况与国际投资条约一般例外条款之比较研究》，《国际经济法学刊》2018 年第 1 期，第 66—79 页。

② 马越：《国际投资仲裁中东道国抗辩的困境分析——以"危急情况"抗辩为分析对象》，《经济研究导刊》2011 年第 6 期，第 108—111 页。

③ *Draft Articles on Responsibility of States for Internationally Wrongful Acts*, *with Commentaries 2001*, Official Records of the General Assembly A/56/10, 2001, para. 83.

进行了分析。1999 年至 2002 年，阿根廷经历了严重的经济危机，2001年阿根廷开始采取各种措施加以应对，包括大幅度削减预算、货币持续贬值、严格限制从银行账户提款等，在阿根廷经济危机的背景下，CMS案、LG&E 案、Continental Casualty Company 案的投资者均认为阿根廷采取的措施违反了公平公正待遇以及征收的相关规定。仲裁庭在 CMS 案的裁决中指出："习惯国际法并未将经济危机排除在外，经济危机本身，以及为了降低经济危机对本国政治、社会等领域带来的负面影响，可能属于'基本利益'，'基本利益'的概念不能仅仅局限于政治上的国家安全问题而排除其他重要的利益，经济上的紧急情况也可能属于'基本利益'，重点在于经济危机的严重程度。"[①] LG&E 案中仲裁庭认为："阿根廷面临政治、经济濒临崩溃的情形，经济危机的严重程度威胁了其基本利益，国家存亡这样的根本利益属于'基本利益'，此外，'基本利益'还包括经济、财政金融等与保护国家内外部不受损害的其他利益。"[②] Continental Casualty Company 案中仲裁庭进一步指出，严重的经济危机可能威胁一国的"基本利益"，但必须表明其采取措施是对于维护基本利益有实质贡献且无其他合理的可替代措施。[③] 虽然仲裁庭在 CMS 案、LG&E 案、Continental Casualty Company 案中对阿根廷的经济危机是否符合《国家对国际不法行为的责任条款草案》第 25 条的援引条件有不同的观点，[④] 但在裁决中都未将"经济危机"排除在"基本利益"之外，并强调了衡量是否构成"基本利益"必须与是否存在严重迫切的危险相结合。

2. 对抗某项严重迫切危险

对于何谓"严重迫切危险"，《国家对国际不法行为的责任条款草案》并未进一步作出明确规定。国际法院在"加布奇科沃案"中对于"严重迫切危险"进行了一定的分析，国际法院认为匈牙利对环境和饮用水的

---

① *CMS Gas Transmission Company v. The Argentine Republic*, ICSID, Case No. ARB/01/8, Award, May 12, 2005, paras. 353, 355, 360, 361.

② *LG&E Energy Corp. LG&E Capital Corp. LG&E International Inc. v. Argentine Republic*, ICSID, Case No. ARB/02/1, October 3, 2006, para. 251.

③ *Continental Casualty Company v. Argentine Republic*, ICSID, Case No. ARB/03/9, Award, September 5, 2008, paras. 196 – 198.

④ *CMS Award*, paras. 353, 355. See also *Sempra Energy International v. Argentine Republic Award*, paras. 347, 349; *LG&E Award*, paras. 238, 257.

关注符合"基本利益"的要求，但就"危急情况"的适用条件而言，法院认为该项目不仅仅对环境具有影响，并且这一"危险"是客观存在的，这一"危险"虽然属于长期危险，但是危险的发生是不可避免的、必然的，则可认为这种危险是"迫切的"。[1] 根据国际法院的观点，"严重迫切危险"所指的危险必须是客观确定的，而不是一种潜在的可能性，并且危险必须是迫在眉睫的。ICSID 仲裁庭在 CMS 案的裁决中指出，"《国家对国际不法行为的责任条款草案》第 25 条的援引应满足严格的条件，经济上的困难应达到有可能引起经济崩溃的程度，阿根廷的经济危机虽然很严重，但并未导致经济和社会的完全崩溃（total collapse），不满足援引'危急情况'的条件"。[2] LG&E 案中仲裁庭认为，"阿根廷面临政治、经济濒临崩溃的情形，经济危机的严重程度威胁了其基本利益，政府必须立即采取措施恢复经济秩序及阻止经济下滑，一个国家的经济基础动摇所导致的危害结果并不亚于军事侵略（military invasion）"。[3] 仲裁庭在 Sempra Energy International 案裁决中指出，"必须存在一个严重迫切危险（grave and imminent peril），威胁该国保护其基本利益，阿根廷援引《国家对国际不法行为的责任条款草案》第 25 条，必须满足危机达到极其严重的程度（gargantuan and catastrophic proportions），政府有义务采取措施控制情形的恶化，并没有证据表明情况已经到了不可控制或无法解决的程度（out of control or had become unmanageable）"。[4]

3. 必须是"唯一办法"

国家所采取的行为必须是"唯一办法"，何为"唯一"，即别无他法，如果有其他可替代方案，即使是较为不便或者具有更高成本的方法，则仍不符合"唯一"的要求，不得援引此种情况。"办法"一词，既包括行为国的单独行动，也包括与其他国家共同进行的双边或者多边的行动。国际法院在"加布奇科沃案"中，考虑到存在其他办法解决该问题的可能性，

---

[1] *Application of the Convention on the Prevention and Punishment of the Crime of Genocide*, Report of ICJ, February 26, 2007, para. 54.

[2] *CMS Gas Transmission Company v. The Argentine Republic*, ICSID, Case No. ARB/01/8, Award, May 12, 2005, paras. 353, 355, 360, 361.

[3] *LG&E Energy Corp. LG&E Capital Corp. LG&E International Inc. v. Argentine Republic*, ICSID, Case No. ARB/02/1, October 3, 2006, para. 257.

[4] *Sempra Energy International v. Argentine Republic*, ICSID, Case No. ARB/02/16, Award, September 28, 2007, paras. 347, 349.

并不认为放弃该项目是解决环境问题唯一可采取的方案。而在 ICSID 的仲裁案件中，仲裁庭所作出的裁决结论并不相同。在 CMS 案中，仲裁庭否定了东道国的抗辩，认为"阿根廷不再参考美国的通货膨胀指数，停止以美元作为计价单位，判断这些措施是否为保护阿根廷根本利益唯一手段的重点在于是否存在其他可替代性方案，无须证明这一手段是比争议措施更优的政策选择，只要存在解决问题的其他手段，就意味着这一手段不是'唯一'的"。① 是否唯一为客观性问题，而非主观性问题，是否存在更优的解决方案，含有主观因素，是否存在其他替代方案，则是客观的。在 LG&E 案中，仲裁庭认为，"阿根廷所实施的经济复苏方案是必要的，也是唯一的"。② 而在 Continental Casualty Company 案中，仲裁庭不认同习惯国际法标准在此问题上的可适用性，而是援引了 GATT 和 WTO 判例，支持东道国的抗辩成立。③

4. 不严重损害他国及国际社会的基本利益

不同于《维也纳条约法公约》第 53 条使用的"国家之国际社会"，草案使用了"整个国际社会"的措辞。这与《国际刑事法院罗马规约》（序言部分第 9 段）、《惩处资助恐怖主义活动国际公约》（序言部分第 9 段）等条约使用"国际社会"一语相同。即便在危急情况下，如果行为国为了本国的基本利益违背国际义务，将严重损害其他国家或者整个国际社会的基本利益，对国际利益平衡关系造成重大的消极影响，这是国际责任法所不允许的。

（二）不得援引危急情况的情形

1. 有关国际义务排除援引危急情况的可能性

《国家对国际不法行为的责任条款草案》第 25 条第 2 款（a）项明确地或暗含地规定不得援引危急情况。例如，某些适用于武装冲突的人道主义公约不得援引军事危急情况。例如，《公民权利和政治权利国际公约》规定，公约中的部分条款所规定的义务，即使缔约国在国家紧急状

---

① *CMS Gas Transmission Company v. The Argentine Republic*，ICSID，Case No. ARB/01/8，Award，May 12，2005，para. 323.

② *LG&E Energy Corp. LG&E Capital Corp. LG&E International Inc. v. Argentine Republic*，ICSID，Case No. ARB/02/1，October 3，2006，paras. 238，257.

③ *Continental Casualty Company v. Argentine Republic*，ICSID，Case No. ARB/03/9，Award，September 5，2008，para. 197.

态下也不得克减。作为法律术语，克减一般是指在紧急状态下，并在紧急情势严格要求的范围内，缔约国可以采取措施减损其在有关条约项下所承担的义务。[1] 克减的适用关键在于紧急状态的确定。1984 年在锡拉库萨召开的一次由众多非政府人权组织举办的专家大会上，与会专家针对1966 年通过的《公民权利和政治权利国际公约》第 4 条和其他限制性条款作出解释，形成一个"锡拉库萨原则"（Siracusa Principle）。在这 76 条原则中，特别是第 39 条说明只有当国家面临一种罕见的、现实的或即刻的危险威胁到国家安全时，缔约国才能援引《公民权利和政治权利国际公约》第 4 条克减自己的义务。[2] "不可克减的权利"即指缔约国在任何情况下，包括紧急状态或战争时期，都不得减损或损害人权条约所规定的某些特定权利。[3] 其实质是一些特定权利的集合体。[4] 例如其与权利冲突的基本纠偏机制普通的权利限制不同，是对权利克减的制约机制。对人权的普通和特别的限制之间存在本质的联系，对人权行使的普通限制和以克减为形式的特别的限制"是紧密联系在一起的"。[5] 例如，生命权已被"克减条款"纳入《公民权利和政治权利国际公约》，对国家在紧急状态中的克减权行使作出了约束规定。[6]

2. 该国促成了该危急情况

《国家对国际不法行为的责任条款草案》第 25 条第 2 款（b）项规定，如果危急情况是由责任国造成的，则该国不得援引危急情况。国际法院在"加布科奇沃案"中指出，"匈牙利的行为或不行为造成了其所称的危急情况的出现，因而匈牙利不得援引危急情况解除其行为的不法性"。[7]

---

① 朱晓青：《欧洲人权法律保护机制研究》，法律出版社，2003，第 83 页。

② 韩长安、包卫星：《论紧急状态下的权利克减》，《重庆邮电学院学报》2005 年第 2 期，第 235—236 页。

③ 龚刃韧：《不可克减的权利与习惯法规则》，《环球法律评论》2010 年第 1 期，第 8 页。

④ 李妍：《论我国国际人权法中的不可克减的权利》，《牡丹江大学学报》2014 年第 10 期，第 23—25 页。

⑤ Anna-Lena Svensson-McCarthy, *The International Law of Human Rights and States of Exception：With Special Reference to the Travaux Préparatoires and Case-Law of the International Monitoring Organs* (Leiden-Boston：Martinus Nijhoff Pulishers, 1998), p. 721.

⑥ 王祯军：《克减条款与我国紧急状态法制之完善》，《当代法学》2011 年第 1 期，第 127 页。

⑦ 赵建文：《国际法上的国家责任——国家对国际不法行为的责任》，博士学位论文，中国政法大学，2004，第 28—41 页。

三、重大违约的适用条件

（一）以条约缔约国一方构成重大违约为前提

"条约必须遵守"是被广泛承认的国际法基本原则，但如果条约当事国侵犯了条约义务，违背了条约必须遵守的原则，将在国家责任法上导致相应的后果。[①] 从条约法的角度讲，当其中一方有重大违反条约义务的情形时，可以认为条约的缔约国违背了条约建立的宗旨与精神，条约其他方有权通过终止该条约或暂时全部、部分终止条约义务，从而合法地退出条约，以平衡双方利益。《维也纳条约法公约》第60条为缔约国一方构成违约时其他缔约国退出条约提供了明确的法律依据。第60条是该公约中唯一涉及违约的条款，其规定"在一国'重大违约'的情况下，受到特别影响的国家有权援引违约为理由，全部或部分停止施行本国与违约国之间的条约义务"。[②] 其中，"重大违约"应被解释为"违反条约规定导致条约目的或宗旨无法实现"或"废弃条约"。因此，公约对违约行为所设想的唯一后果即为全部、部分终止条约义务。[③] 这一条款与菲茨莫里斯所表述的相互依存条约具有相似性，每一条约当事国对条约义务的切实履行是其他条约当事国履行条约义务的必要条件。条约当事国一方停止履行条约义务，则不能期待其他条约当事方履约，这符合正义的要求，体现了"反向互惠"的基本理念。[④] 在国际法尚缺乏具有完全强制执行力的争端解决机构的情况下，通过"自助"维护自身权利是必要的。[⑤]

（二）不得停止履行人道主义条约的相关义务

即使在有重大违约的情况下，也不能停止履行特定的人道主义条约的条款义务。例如，允许国家采取损害无辜平民生命健康权的方式回应另一国家所采取的非法伤害平民的行动是《维也纳条约法公约》所不能容忍的，这是《联合国宪章》关于人权保护规定的具体体现，这一规定与《国家对国际不法

---

① 朱丹：《论国际义务与国家责任的援引》，《安徽大学法律评论》2008年第2期，第223—231页。

② 雷雨清、刘超、郑伟：《美国对华301调查及中国反制措施的法律分析》，《经贸法律评论》2019年第1期，第18—31页。

③ 余民才：《国家责任法的性质》，《法学家》2005年第4期，第132—140页。

④ 杨国华：《中美贸易战中的国际法》，《武大国际法评论》2018年第3期，第120—141页。

⑤ Oliver Dorr et al. , *Vienna Convention on the Law of Treaties : A Commentary* (Springer, 2012).

行为的责任条款草案》反措施不得减损保护基本人权的义务及危急情况不得减损或损害人权条约所规定的某些特定权利的规则相一致。此外，停止施行的措施应为适当的和善意的，并且考虑其他国家利益。①

四、"反措施"、"危急情况"及"重大违约"援引的难易分析

《国家对国际不法行为的责任条款草案》的"反措施"、"危急情况"及《维也纳条约法公约》"重大违约"均能够为我国基于国家安全目的实施贸易措施提供国际法依据。从适用的条件角度来看，成功援引的难度不同。援引《国家对国际不法行为的责任条款草案》的"反措施"的关键在于证明存在先行国际不法行为，是否存在国际不法行为为客观事实问题，较为容易证明。而援引《维也纳条约法公约》"重大违约"的前提条件在于存在"重大违约情势"，同样属于可以客观证明的事实。相比较，从适用条件上看，"危急情况"的援引难度最大，主要障碍在于证明所采取的措施为"唯一办法"。"唯一办法"这一条件较为苛刻。在危机发生过后，事后裁判的专家、学者可以借助大量的事后信息，较为容易地证明受害国所采取的措施并非解决危急情况的唯一办法。但是，对于正处于危机中的国家而言，其无法在短时间内全面地获取信息，而在这一过程中，政府却承受着来自各方面的巨大压力，必须尽快采取措施解决棘手的问题。在这样的情况下，处于危机中的政府和事后判断措施合理性的专家学者所处的状态是不一致的，要求他们所制定出的解决方案相一致是很难实现的。根据《国家对国际不法行为的责任条款草案》第25条的规定，只要存在其他可替代的措施，就足以使得国家无法成功援引该条款为自己的措施抗辩。在价值多元化的时代，证明对某一问题的解决仅有一种方法的可能性微乎其微。国家要援引"危急情况"为基于国家安全目的的限制措施进行抗辩，很可能因为不符合"唯一办法"而被判定抗辩不成立，援引的门槛过高。

《国家对国际不法行为的责任条款草案》"反措施"、"危急情况"

---

① Mark E. Villiger, *Commentary on the 1969 Vienna Convention on the Law of Treaties* (Leiden-Boston: Martinus Nijhoff Publishers, 2009), pp. 738–743.

及《维也纳条约法公约》"重大违约"在适用条件上有所区别，通过援引难度的分析，我国在援引国际法规则证明我国贸易限制措施的合理性时，可以优先援引"反措施"和"重大违约"。我国可以通过证明采取的措施符合草案第 2 章关于反措施的规定的目的、程度、条件等要求，将草案作为采取反措施的合法性依据，也可以援引《维也纳条约法公约》"重大违约"制度，在合理限度内采取相应的贸易限制手段。不可否认，每一个制度、每一条规则都在实践的应用中不断接受考验，也在此过程中不断演进与发展，规则与制度的合理性来自各成员国在长期实践中对它的适用及检验，选择援引哪一制度并不是绝对的，应当结合具体情况灵活地运用。

第四节　世界卫生组织国家安全框架下贸易限制措施的实施条件

健康权是人类生存和发展的基本权利，是贯穿于整个国际关系的多种国际法律制度的共同价值目标。"健康"的定义来源于 1946 年通过的《世界卫生组织组织法》："不仅为疾病或赢弱之消除，而系体格、精神与社会之完全健康状态。"在新冠疫情的背景下，许多国家对事关本国人民健康安全的重要防疫物资采取了限制出口的政策，同时，一些国家对疫情发生国的货物采取了进口限制措施。国家应对突发公共卫生事件所采取的额外限制措施是成员方主权的体现，在一定程度上有助于防止疾病的全球流行。《国际卫生条例》第 43 条、第 57 条为主权国家应对特定公共卫生风险、国际关注的突发公共卫生事件而采取贸易限制措施提供了国际法依据。[①] 同时，WTO 成员方采取与健康相关的贸易限制措施还需符合 GATT1994 的一般例外条款及《实施动植物卫生检疫措施的协议》（SPS 协议）的规定。

---

① 参见边永民《新型冠状病毒全球传播背景下限制国际贸易措施的合规性研究》，《国际贸易问题》2020 年第 7 期，第 1—13 页。

一、《国际卫生条例》下卫生限制措施实施的条件

（一）《国际卫生条例》下卫生限制措施实施的实质性条件

1. 符合科学原则

根据《国际卫生条例》第 43 条的规定，成员国采取额外的限制措施应当证明限制措施是为应对疫情防控并根据科学证据决定实施的，即措施的采取不是臆想的，应基于科学原理，存在科学证据。如果没有足够的科学证据，成员国需证明措施是以"现有信息"为基础决定，包括能够满足公共卫生防护的需求，或源自世界卫生组织和其他政府间组织或国际机构提供的具体指导和建议。但是，出于对成员国国内法和主权的尊重，实现维护组织权威和保留成员国对条例侵犯其主权的合理关切之间的平衡，《国际卫生条例》倾向于采取"软性"模式，不能妨碍成员国行使卫生监管主权。考虑到突发公共卫生事件可能对国家安全产生的威胁，许多成员国无视《国际卫生条例》的规定，采取了过度的限制措施，并且不愿意向世界卫生组织提供采取限制措施的科学信息或者公共卫生依据。2019年 7 月 17 日，世界卫生组织总干事在关于刚果（金）埃博拉疫情的第四次会议上宣布此疫情构成"国际关注的突发公共卫生事件"，同时在临时建议中强调，"任何国家不应采取关闭边境或对旅行和贸易设置不必要的限制等措施。这些限制措施通常是国家由于恐惧而采取的，并非依据科学的证据，这些过度的限制措施可能导致人员或货物流向不受监测的非正式国境口岸，并不利于控制疾病的传播"。即使当世界卫生组织向成员国提出要求时，也有一些国家不纠正或不重新考虑已实施的措施。虽然在成员国不愿意主动提供科学信息和卫生依据时，世界卫生组织可以继续"要求"成员国提供，但这一"要求"的实际影响力有限，难以对成员国不提供的行为产生有强制力的规制效果。[①]

2. 不违背其承诺的国际法义务

《国际卫生条例》第 43 条第 1 款及第 57 条第 1 款规定，成员国所采取的额外卫生措施不能违背其承诺的国际义务，《国际卫生条例》的规定

---

① 张海滨：《重大公共卫生突发事件背景下的全球卫生治理体制改革初探》，《国际政治研究》2020年第 3 期，第 108—114 页。

不得影响其他任何成员国依据其他国际法应享有的权利和承担的义务。如果国家同时是世界卫生组织及 WTO 的成员，则意味着其公共卫生限制措施需要同时遵守《国际卫生条例》及 WTO 相关规则中所要求的义务。WTO 相关规则对公共卫生措施的实施要求将在下文中详述。

3. 符合最低程度贸易限制要求

《国际卫生条例》第 43 条第 2 款要求成员国所采取的额外卫生措施造成的限制不得超过能够提供同等健康保护水平的其他合理的可替代措施。具体而言，最低程度贸易限制是指在技术和经济水平可行的情况下，成员国应在可以起到保护人类的生命和健康作用的各项措施中选择对国际贸易影响最小的措施。

（二）《国际卫生条例》下贸易限制措施实施的程序性条件

除了上述实质性条件，《国际卫生条例》还要求成员国向世界卫生组织通报明显干扰的额外措施，向世界卫生组织提供相应的科学证据。当成员国采取额外的公共卫生措施对国际交通等造成明显干扰时，成员国应在措施实施的 48 小时内向世界卫生组织进行通报，根据世界卫生组织的"临时"或"长期"建议采取措施的除外。世界卫生组织有权将信息与其他成员国共享，并可对措施的正当性和合理性进行评估，要求成员国重新考虑采取措施的可能性。然而，在实践中，时有国家不履行报告与提供信息的程序义务。例如，2014 年 8 月，在世界卫生组织总干事宣布西非暴发的埃博拉疫情为"国际关注的突发公共卫生事件"后，截至 2015 年 4 月 1 日，共有 69 个国家向世界卫生组织提交了 570 份采取额外卫生措施的报告，世界卫生组织向成员国提出了对额外卫生措施进行核实的请求，但仅有不足半数的成员国作出了答复，当世界卫生组织要求成员国提供采取额外措施的依据时，有些国家以这些措施不属于卫生措施，超出《国际卫生条例》管理范围为由，拒绝向世界卫生组织提供实施措施的科学证据或公共卫生依据。[1]

二、其他国际法对卫生限制措施实施的限制

根据《国际卫生条例》的规定，成员国采取的额外的公共卫生措

---

[1] 何田田：《〈国际卫生条例〉下的"国际关注的突发公共卫生事件"：规范分析、实施困境与治理路径》，《国际法研究》2020 年第 4 期，第 39—52 页。

施还需符合国际法义务的要求。国际贸易法的多项条款体现了公共卫生安全与贸易利益的平衡，具体包括 GATT 1994 的一般例外条款及《实施动植物卫生检疫措施的协议》（SPS 协议）中的相关条款。此外，联合国安理会第 2177 号决议也包含了对国家实施贸易与旅行限制措施的要求。

（一） GATT 1994 一般例外条款对贸易限制措施实施的要求

GATT 1994 第 20 条（b）款规定："本协定的任何规定不得解释为组织缔约国采取或实施为保护人类、动物或植物的生命或健康所必需的措施。"该条款确认了成员方为保护人类、动植物生命健康采取限制措施的权利，但采取的措施应符合"必要性"要求。根据 WTO 例外条款具体规定的不同，目标与手段的一致性具体体现为三种关系，包括"必要关系"、"合理关系"及"平行关系"。第一种关系是"必要关系"，即要求 WTO 成员方所采取的贸易限制措施应是实现其所保护的政策目标所必要的。第二种关系是"合理关系"，即要求 WTO 成员方所采取的贸易限制措施不得构成不合理的歧视。第三种关系是"平行关系"，即要求 WTO 成员方所采取措施的范围应与其所保护的政策目标相一致。一般例外部分条款、安全例外条款及保障措施条款都体现了对必要关系的要求。例外条款中的"必要关系"可以根据所要实现的政策目标的重要程度不同而变化。根据 WTO 制定例外条款的历史以及 GATT/WTO 的争端解决实践，国家安全利益、环境保护及公共健康等非经济政策目标的重要性大于国内产业安全等经济利益，因此前者对必要关系的要求相较于后者更为宽松。必要性检验是以有关措施是否实现某一政策目标所"必要的"作为标准，来认定一项措施是否符合 WTO 法的过程。①

根据 WTO 争端解决机构的实践，WTO 规则的"必要性"检验包含两个要求。第一，最小贸易限制。在"美国 337 条款案"中，美国《1930 年关税法》是关于实施专利权的规定，但只适用于进口产品，欧共体认为其违反了国民待遇原则，并诉至争端解决机构，专家组最先提出"必要"的标准问题，认为如果合理存在一项不违反 WTO 规则的替代性措施，或者违反 WTO 规则贸易限制更小的替代措施，所采取的限制措施

---

① Joel P. Trachtman, "Trade in Financial Services Under GATS, NAFTA and the EC: A Regulatory Jurisdiction Analysis", *Columbia Journal of Transnational Law* 34 (1995): 37 – 55.

不能被认为是"必要的"。① 该案中专家组第一次阐述了"必要性"解释中"最小贸易限制"的要求。② 在"泰国香烟案"中，泰国 1966 年烟草条例禁止香烟和其他烟草商品进口，但准许国内烟草贩卖。1989 年，美国认为该进口限制与一般取消数量限制原则不符合，并将此争议诉诸 WTO 争端解决机构。泰国政府认为，禁止香烟进口能够有效地控制吸烟，保护公众不接触进口香烟中的有害成分，保证在泰国销售的香烟的质量并减少其数量，有利于保护公众的健康。③ 专家组在此案中认真研究了泰国禁止香烟进口的措施是不是"必要的"，专家组指出其他国家采取的严格的、非歧视性的标签和成分公开法规，能够使得公众充分了解香烟中的有害物质，一项符合 GATT 规则按照国民待遇原则规定的、要求完全公开香烟成分且禁止有害物质的非歧视性法规是禁止香烟进口的符合规则的替代性措施，专家组认为，"只有不存在符合 GATT 或者更低程度违反 GATT 规则的替代措施存在的情况下，争议措施才能被认为是'必要的'"。④ 第二，比例原则。在"韩国牛肉案"中，韩国对某些进口牛肉与国内牛肉规定不同的零售渠道，澳大利亚和美国认为韩国的双重牛肉零售体制在本国牛肉和进口牛肉之间存在歧视，将争议诉诸 WTO 争端解决机构。专家组认为双重牛肉零售体制是"不成比例"的措施。⑤ 上诉机构首先考察了"必要的"的词典含义，"必要"并非要达到"必不可少的""绝对必要的""不可避免的"程度，必要措施反映了不同程度的"必要性"，其中一个极端是"必不可少的"，另一个极端是"有助于""对……起了作用的"。⑥ 上诉机构认为在具体案件中确定一项争议措施是不是"必要的"，应当在具体案件中对

① *United States—Section 337 of the Tariff Act of 1930*, Report of the Panel, L/ 6439 – 36S/345, January 16, 1989, para. 5. 26.

② 专家组报告原文为：如果一缔约方有另外的理由期望它采取而又不违反 GATT 其他条款的措施可用，而不能根据第 20 条（d）款认定一项不符合 GATT 其他条款的措施是"必要的"，在没有能够合理采用的符合 GATT 其他条款的措施的情况下，则缔约方应该在能够合理采用的各措施中采用只会造成最低程度的与 GATT 其他条款不一致的那种措施。

③ 韩立余编著《WTO 案例及评析》（上卷），中国人民大学出版社，2001，第 182 页。

④ *Thailand—Restrictions on Importation of and Internal Taxes on Cigarettes*, Report of the Panel, DS10/R – 37S/200, November 7, 1990, para. 75.

⑤ *Korean—Measures Affecting Imports of Fresh*, *Chilled and Frozen Beef*, Report of the Panel, WT/DS161/R, WT/DS169/R, December 11, 2000, para. 675.

⑥ *Korean—Measures Affecting Imports of Fresh*, *Chilled and Frozen Beef*, Report of the Appellate Body, WT/DS161/AB/R, WT/ DS169/AB/R, December 11, 2000, para. 152.

一系列平衡要素进行审查和权衡,包括措施对实现目标的贡献、旨在保护利益的重要性以及措施对进出口货物的影响。① 上诉机构认为,如果"法律和规章"拟保护的共同利益和价值越大,有关措施越有可能被认为是"必要的",如果该措施有助于所追求的目标实现的程度越高,该措施就越有可能被认为是"必要的"。② "韩国牛肉案"是上诉机构首次提出权衡理念的案例。在"欧共体(欧盟)石棉案"中,欧盟禁止进口及在国内生产、加工、销售含石棉的商品,石棉为一种致癌物质,石棉商品可能对人体健康造成威胁。③ 上诉机构在分析措施的"必要性"时,加入了平衡因素的考量,指出生命与健康价值具有非常重要的地位,④ 欧盟所追求的目标是减少石棉纤维给人体带来的健康和生命威胁,措施所追求的共同利益或价值越大,其越容易被认为是"必要的",最后上诉机构认为欧盟的措施是保护人类生命或健康所"必要的"。⑤ GATS 第 14 条与 GATT 第 20 条相同,均为一般例外条款,两者的用词也类似,两个条款均允许成员方为实现合法的公共政策目标违背 GATS 或 GATT 的实体义务。由于两个条款的相似性,以往专家组和上诉机构对 GATT 第 20 条的分析无疑对解释 GATS 第 14 条具有重要启示意义。为此,在"美国博彩案"中,上诉机构对 GATS 第 14 条的必要性检验分析,参照了对 GATT 第 20 条的必要性检验分析途径,WTO 争端解决机构也对必要性中的"比例原则"进行了阐述。⑥

根据上述 GATT 争端解决实践,在 WTO 框架下衡量国家所采取的卫生措施的"必要性"主要包括以下两方面内容:第一,成员方要证明所限制的进口货物对人类动植物的健康存在危害,所采取的措施对于实现公

① *Korean—Measures Affecting Imports of Fresh*, *Chilled and Frozen Beef*, Report of the Appellate Body, WT/DS161/AB/R, WT/DS169/AB/R, December 11, 2000, para. 164.

② *Korean—Measures Affecting Imports of Fresh*, *Chilled and Frozen Beef*, Report of the Appellate Body, WT/DS161/AB/R, WT/DS169/AB/R, December 11, 2000, paras. 163, 164.

③ *European Communities—Measures Affecting Asbestos and Asbestos-Containing Products*, Report of the Panel, WT/DS135/ R, March 12, 2001, para. 75.

④ *European Communities—Measures Affecting Asbestos and Asbestos-Containing Products*, Report of the Appellate Body, WT/DS135/AB/R, March 12, 2001, para. 172.

⑤ *European Communities—Measures Affecting Asbestos and Asbestos-Containing Products*, Report of the Appellate Body, WT/DS135/AB/R, March 12, 2001, para. 162.

⑥ *United States—Measures Affecting the Cross-Border Supply of Gambling and Betting Services*, Report of the Appellate Body, WT/DS285/AB/R, April 7, 2005, paras. 291, 306.

共卫生安全目标有贡献，以及所采取的措施是对贸易程度限制最低的措施；第二，是否存在其他不违反 WTO 规则或者违反 WTO 规则贸易限制程度更低的可替代措施。

（二）《实施动植物卫生检疫措施的协议》对贸易限制措施实施的要求

《实施动植物卫生检疫措施的协议》的目的是维护 WTO 成员方采取合适的卫生和动植物检验检疫措施的权利，确定本国的健康保护标准，同时，这些措施不被滥用于贸易保护主义目的，对国际贸易造成不必要的限制。《实施动植物卫生检疫措施的协议》包含了许多与《国际卫生条例》相似的条款。首先，在卫生防护措施方面，《国际卫生条例》规定 WTO 成员方应确保所采取的措施基于科学原则或世界卫生组织的指导及建议，《实施动植物卫生检疫措施的协议》第 2.2 条及第 3 条规定 WTO 成员方应以科学原理为依据采取 SPS 措施。《实施动植物卫生检疫措施的协议》第 5.7 条进一步规定，在相关科学证据不足的情况下，成员方可以依据可用的有效信息实施临时的 SPS 措施，但必须寻求获取更全面的信息以在合理时间内作出客观的风险评估，进而决定是否继续采取该措施。其次，对于必要性原则，《国际卫生条例》规定了最小贸易限制的要求，而《实施动植物卫生检疫措施的协议》则要求成员方所采取的措施应限于"必需"的范围，不应超过所需的适当贸易限制水平。最后，对于非歧视原则，《国际卫生条例》要求所采取的措施必须以公正、透明的方式实施，而《实施动植物卫生检疫措施的协议》则要求成员方所采取的措施不得在相同或相似条件下造成无理由的区别对待，不得形成对国际贸易的变相限制。[①]

（三）联合国安理会第 2177 号决议对贸易限制措施实施的要求

2014 年 8 月，塞拉利昂、几内亚、利比里亚三国领导人联名致信联合国，希望联合国能够采取有效措施停止其他国家在埃博拉疫情期间采取的过度限制措施。[②] 为解决此问题，联合国安理会成立了"联合国埃博拉应急特派团"（The United Nations Mission for Ebola Emergency Response，UNMEER），其核心目标在于强化实地应急机制，充分发挥联合国的能

---

① 韩永红、梁佩豪：《突发公共卫生事件中过度限制性措施的国际法规制》，《国际经贸探索》2020 年第 7 期，第 85—97 页。

② 马得懿、周明园：《论"国际关注的突发公共卫生事件"下的过度公共卫生措施》，《海关与经贸研究》2020 年第 5 期，第 1—10 页。

力，以确保更加准确、迅速、有效及协调一致地应对公共卫生危机。此后，联合国安理会通过了第 2177 号决议，对成员国针对疫情受灾国实施的过度限制措施表示关切，呼吁各国减少不必要的旅行和贸易限制，与受灾国保持正常的经济交往。"联合国埃博拉应急特派团"是联合国成立以来第一个承担关于公共卫生安全紧急任务的组织，是联合国尝试解决公共卫生安全问题的关键创新。相比世界卫生组织，联合国具有更强的强制力和权威性，能够为成员国实施合理的公共卫生措施提供更加强有力的标准。但目前仍处于初步探索阶段，有待于进一步发展。

本章小结

　　本章对贸易限制措施的国际法依据进行了分析，国家基于国家安全目的采取贸易限制措施应遵守国际法规则，国家实施的贸易限制措施的国际法依据主要包括三个方面。第一，WTO 框架下的安全例外条款为成员方保护"基本安全利益"提供了采取贸易限制措施的权利。成员方援引安全例外条款抗辩需符合以下条件："基本安全利益"是成员采取限制措施的事项要求，"战争或国际紧急情况"是成员方采取限制措施的时间要求，同时，贸易限制措施的采取应符合"善意"原则及"必要性"要求。第二，在联合国框架下，《国家对国际不法行为的责任条款草案》中规定的排除行为不法性的情形及《维也纳条约法公约》第 60 条"重大违约"为国家基于国家安全目的采取贸易限制措施提供了依据。第三，在世界卫生组织框架下，《国际卫生条例》第 43 条为成员国采取卫生限制措施施加了严格的实质性条件和程序性条件，实质性条件包括科学原则、不违背其承诺的国际法义务及最低程度贸易限制要求，同时成员国还需履行程序性义务。

第三章 国家安全视野下美欧贸易限制措施的立法与实践

美国在应对严峻复杂的国际和国内安全形势时，从战略的高度，逐步确立了一种系统的国家安全观，构建了综合完整的贸易限制措施法律制度体系，为美国的贸易限制政策提供了制度框架，从而使美国能够为维护其国家安全与国家利益作出迅速、有效的反应。随着欧盟整体实力结构及国际外交背景的变化，欧盟开始将自己置于全球安全战略的核心位置，在处理对外关系时也将贸易限制措施的使用作为实现国家安全目标的重要方式，并建立了完整的限制措施法律体系。本章拟从整体的视角对美国及欧盟贸易限制措施的法律制度进行分析，并对其实施贸易限制措施的情形、限制措施的类型及主要的决策机构进行归纳，以期能够更加了解美国及欧盟贸易限制政策的制度设计。我国也面临着一系列的国家安全风险，对美国及欧盟的立法与实践的研究能够为我国建设符合中国国情的国家安全领域的涉外立法提供可资参考的经验。

第一节 美国贸易限制措施的立法与实践

一、美国贸易限制措施的立法

美国基于国家安全考虑采取贸易限制措施的立法主要包括三个方面。一是《1962 年贸易扩展法》（The Trade Expansion Act of 1962）第 232 条"国家安全保障条款"。当传统的"两反一保"措施无法服务于其战略目标时，美国常援引该条款以"国家安全利益"为由实施贸易限制措施。二是出口管制。美国出口管制制度主要由《出口管理法》（EAA）、《出口管理条例》（Export Administration Regulation，EAR）、《出口管制改革法》（ECRA）构成。国际贸易中有些商品、服务和技术具有双重用途，对国家安全构成威胁，美国以维护国家安全为由对这些商品、服务和技术实施出口管制，服务于本国的国家安全目标。三是经济制裁。美国的经济制裁制度主要由 1917 年《与敌国贸易法》（Trading with the Enemy Act，TWEA）、1977 年《国际紧急状态经济权力法》（IEEPA）等构成。《与敌国贸易法》旨在限制战争期间与敌国的贸易，而《国际紧急状态经济权力法》则规定，"当总统认为美国以外的某一局势或事件对美国国家安全构成非同寻常的威胁时，可宣布进入紧急状态，并采取相应的制裁措施"。美国与贸易限制措施有关的不同法案既有各自的侧重点，又在内容上存在关联，注重不同法律机制的配合，以达到多重的政策目标。下面依据上述分类，针对美国与贸易限制措施有关的各类法律，分别论述其立法现状。

（一）《1962 年贸易扩展法》的国家安全保障条款

《1962 年贸易扩展法》的出台标志着美国由传统的贸易救济向"安全例外"这类更具主观性的限制政策靠拢。《1962 年贸易扩展法》中的第232 条为美国对外贸易法采取增加关税等贸易限制措施的主要法律依据。[①]《1962 年贸易扩展法》并不是一部独立的贸易法案，而是对原有法律的补充，该法产生于冷战时期，具有政治色彩浓厚的特点，其中第四章为"国家安全"，具体涵盖第 231 条（共产主义国家和区域的产品）及第 232条（"国家安全保障条款"）。[②] 第 232 条经过多次修改，目前采用的版本自 2012 年 1 月生效。第 232 条总共包括六个部分。第一部分（a）款为原则性规定："如果减少或消除税收或其他进口限制措施将威胁美国的国家安全，则禁止这些取消或降低措施。如果总统认为援引《1930 年关税法》第 201 条（a）款或第 350 条取消或降低关税或采取其他进口限制措施将威胁美国国家安全，则不得援引上述法律。"总统在是否存在"威胁美国

---

① 胡加祥：《美国贸易保护主义国内法源流评析——兼评 232 条款和 301 条款》，《经贸法律评论》2019 年第 1 期，第 1—5 页。

② 周艳云：《中美贸易摩擦中美国"232 措施"法律性质之辨析——以 DS544 案切入》，《国际经济法学刊》2020 年第 2 期，第 28—44 页。

国家安全"的问题上，拥有最终的否决权。第二部分（b）款是关于第232条适用程序的具体规定。（b）款序言要求美国商务部部长应对进口商品是否对美国国家安全存在负面影响进行调查，并与国防部部长和其他官员共同协商决定，将协商后的调查结果以及是否采取措施的结论向总统汇报，并在《联邦公报》上对结果进行公告。如果调查的结果为进口商品确实威胁了美国国家安全，商务部部长还应向总统提出具体如何实施制裁措施的建议。调查程序的启动可以由商务部依职权自行主动展开调查，也可以是应某一国家职能部门的请求或利益相关方的申请。（b）款（2）（a）项规定，在调查过程中，商务部部长需要：就调查方式及相关政策与国防部部长进行商讨；向美国政府有关官员咨询或与其磋商；通过举办听证会的方式或其他形式的沟通，给予利益相关方表达意见的机会。应商务部部长的请求，国防部部长应从国防安全的角度给予受调查商品的评估意见。（b）款（3）（a）项规定，在立案后270天内商务部部长应向总统提交调查报告。第三部分（c）款（1）（a）规定，在收到调查报告后的90天内，总统必须作出是否就进口商品采取限制措施的决定，总统享有是否对进口产品采取限制措施的决定权，包括措施的形式、额度、受影响的商品范围和国家，（c）款（2）项规定，总统签字后，需要向国会说明采取或不采取行动的原因。第四部分（d）款规定，商务部部长和总统在对进口商品进行调查及作出决定时，应当考虑采取限制措施对美国国内产业可能产生的潜在影响，包括对劳动力、原材料、产品的组成及供应链对国家安全的影响，外国竞争对国内相关产业的发展需求，以及国内普通民众的生活福祉。第五部分（e）款规定，在对进口商品采取限制措施期间，总统每年还需要向国会报告执行情况。最后，第六部分（f）款规定，对于石油及石油制品等战略储备物资的进出口，国会对总统所作出的决定拥有否决权。

同时，《美国联邦法规》（Code of Federal Regulations）中的第705.4条规定了与国家安全条款配合适用的商品是否影响国家安全的审查标准。① 首先，商务部在考量调查商品是否对美国国家安全产生影响时，首先应考虑的因素为进口商品的数量或其他相关调查商品的进口情况。针对

---

① 张亮、杨子希：《美国贸易制裁的主要法律手段及应对研究》，《法治论坛》2018年第4期，第187—190页。

国家安全的标准，商务部应当考量下列情形：符合国防安全需求的国内商品的产量；为达到国家安全标准所需的国内产量及产能；为生产受调查商品所需的现有与预期劳动力、商品、原料与其他生产设备和设施，以及其他针对国家安全所需的必要服务与用品；为符合国家安全标准受调查商品、产业应具备的发展环境，以及确保上述发展所需的必要服务与供给，包括开发、投资与勘探等；任何其他相关因素。其次，商务部在调查进口商品的数量、特征用途和供应情况时，需要考虑以下问题：外国竞争商品对美国国内涉及国家安全的产业的经济福利产生的冲击；国内商品被取代所引起的失业问题、政府税收的下降、专业技能的丧失或投资的流失等负面影响；任何其他引起或可能导致对美国经济产生消极影响的相关因素。上述第 705.4 条中规定的"任何其他相关因素""任何其他引起或可能导致对美国经济产生消极影响的相关因素"，都属于法律意义上的兜底条款，旨在为美国评估对国家安全的损害提供灵活性和自由裁量权。①

（二）出口管制

出口管制关系到国家政治、经济、外交和国防等多方面的安全利益，美国出口管制制度的主要法律基础为《出口管理法》《出口管理条例》《出口管制改革法》。美国还有一系列与武器及其技术出口管制相关的法律，包括《武器出口控制法》（Arms Export Control Act，AECA）和《原子能法》（Atomic Energy Act，AEA）等。此外，美国政府还视国际政治经济环境的变化而制定新的法律法规作为出口管制的依据。

1.《出口管理法》及《出口管理条例》

根据《出口管理法》的规定，美国将"国家安全原则"作为其实施出口管制的重要原则，《出口管理法》第三章"政策声明"明确指出，"美国的出口管制政策是防止美国的技术被用于提高对手的军事能力，应对有助于提升其他国家或国家集团军事实力的货物和技术的出口进行限制"。在此基础上，美国在确定出口管制政策实施的对象时，主要考量以下因素："对方是不是社会主义国家；对方所实施的政策对美国国家安全的影响；对方与美国现在及潜在的关系状况；对方与美国的友好国家及与

---

① 彭德雷、周围欢、杨国华：《国际贸易中的"国家安全"审视——基于美国"232 调查"的考察》，《国际经贸探索》2018 年第 5 期，第 91—104 页。

美国敌对国家现在及潜在的关系状况；对方对从美国进口的商品与技术进行再出口控制的能力；对方的核武器能力；其他总统认为需要考量的因素。"

《出口管理条例》的主要内容为限制或禁止任何公司或个人与特定国家或该特定国家的公司进行管制物品的交易，由商务部负责实施。其一，"特定国家"是指列在美国制定的"商业国家列表"（CCC）中受到出口特别管制的国家。其二，"管制物品"是指列在"商业管制清单"（CCL）上的物项。美国《出口管理条例》对管控物项的定义以及例外情况进行了明确规定，并建立了专门的出口管制分类代码（ECCN）体系，通过"商业管制清单"来对所有管控物项进行鉴别和区分，同时，《出口管理条例》还详细规定了特定物项认定、编码归类向美国商务部工业与安全局（BIS）进行确认的流程机制。为实现对管制物项全面管制与重点管制的结合，美国《出口管理条例》还规定有许可例外制度，在许可例外制度下，本应申请许可证、出口受条例管辖的物项，在具备某些条件时可免除申请许可证。许可例外具体情形包括：适用于一般禁止一、二、三、八的许可例外，适用于禁运国家的许可例外，以及适用于紧缺物资的许可例外。① 其三，"交易"指的是将受到出口管制的物项出口至禁止出口的国家或未取得许可证而将管制物项出口至受限制的国家。美国出口管制政策下的"交易"范围十分广泛，不仅包括从美国境内向境外的出口，还包括视同出口、再出口等情形。"视同出口"指美国人在美国境内向外国人泄露受管制物项的行为，甚至包含美国人在美国境内与外国人交流受管制技术的情形。

美国《出口管理条例》共包括三个管制清单，即"被拒绝个人清单"、"实体清单"以及"未经验证清单"。三个管制清单的限制级别及影响范围存在差异，"实体清单"代表着最严格的限制级别，"未经验证清单"在制裁级别上弱于实体清单，"被拒绝个人清单"的影响范围最小。② 商务部目前主要负责执行制裁的部门是美国商务部工业与安全局，主要负责出口管制的制裁措施。美国商务部工业与安全局的制裁清单可以分为

---

①　葛晓峰：《美国〈出口管理条例〉许可例外制度研究》，《国际经济合作》2018年第3期，第90—95页。

②　周磊、杨威、余玲珑、兰姗：《美国对华技术出口管制的实体清单分析及其启示》，《情报杂志》2020年第7期，第25页。

"被拒绝个人清单"和"实体清单"。根据美国《出口管理条例》的规定,美国商务部工业与安全局可以基于下列理由将外国实体或个人列入"实体清单",包括"为参与恐怖行为的人员提供支持;传输、开发、生产、修理、服务常规武器,或通过提供组件、零件、技术或经济资助等方式为上述行为提供帮助,威胁美国国家安全或者外交政策利益;提升被国务卿制定的屡次为国际恐怖主义势力提供支持的政府的军事实力的行为;……",即触发"实体清单"的理由主要在于违反美国国家安全或外交政策利益。"实体清单"是美国常用的制度之一,美国商务部将华为列入其"实体清单"后,给华为的生产与经营带来了极大的负面影响。美国《出口管理条例》的出口许可制度主要采用单项许可,且将许可证分为一般许可证、有效许可证和特别复杂许可证三种,其中有效许可证为使用最为广泛的一种。① 许可制度的流程较为复杂,需进行一系列的判断方能确认是否需要申请出口许可,诸如判断出口物项是否属于受《出口管理条例》管控的物项②、是否在"商业控制清单"中有出口管制分类代码、是否在"商业国家列表"中画×③、是否适用许可例外制度等。总体来说,美国通过规定《出口管理条例》管制的范围来进行全面管制,结合出口管制分类代码、国别政策和许可例外来进行重点管制。

2.《出口管制改革法》

2018 年 8 月 13 日,美国《出口管制改革法》签署并生效,在一定程度上整合了美国商务部现有实践,并为《出口管理条例》提供永久性法定授权。美国《出口管制改革法》对美国国家安全的范围进行了扩大,要求"美国维持在科学、技术、制造业、工程部门,包括对创新至关重要的基础技术的领导地位"。该法案的主要内容包括以下几个方面。

其一,管制物项。美国为保持其技术优势地位,在《出口管制改革法》中增加了管制物项种类,特别加强了对"新兴和基础技术"的监控,要求识别并采取对"新兴和基础技术"的出口、再出口或国内转

---

① 许晨:《美国出口管制法之下的中国条款研究》,博士学位论文,苏州大学,2019,第 13 页。

② 指美国境内、原产于美国的所有物项,外国使用美国的原产技术或软件直接生产的产品等,https://www.law.cornell.edu/cfr/text/15/734.3,参见 § 734.3 Items Subject to the EAR。

③ 在商业国家列表中画×指因特定原因向特定国家出口需要许可证,https://www.law.cornell.edu/cfr/text/15/appendix – Supplement_ No_ 1_ to_ part_ 738,参见 Supplement No.1 to Part 738 – Commerce Country Chart。

让适当的监管措施。该法在"新兴和基础技术"的定义上较为宽泛，其规定：该项技术对美国的国家安全至关重要；且其不属于《国防产品法》及其修正案中特别列举的任何其他类别的"关键技术"。同时，规定了将技术在外国的发展情况、对美国国内的影响以及单边管制的效果三项因素作为识别此类技术的重要考量因素。美国商务部工业与安全局启动了为期30天的公众意见征求期用以界定和识别对美国国家安全至关重要的新兴技术。对"新兴和基础技术"加以定义、确定识别考量因素以及明确具体的技术清单都有助于实现对技术出口的有效管制。

其二，适用主体及管制环节。美国确定管制主体的依据为实际联系或实际控制标准。[①] 受美国法律管制的主体包括自然人、法人以及其他实体。自然人包含拥有美国国籍的自然人、拥有美国绿卡在美国享有永久居留权的外国自然人、根据美国法律受保护的难民；法人及其他实体是指依据美国法律或在美国境内成立的所有实体（包括外国实体在美国设立的永久机构），以及该实体的外国分支机构。由此，美国的出口管制具有广泛的域外效力，外国公司的出口行为也会受其控制。

其三，管制措施。《出口管制改革法》针对出口许可程序作出了一定修改，进一步强化许可审查程序，对禁运国家实施严格管控。该法案规定美国商务部和国防部、国务院、能源部等部门对美全面武器禁运国家的许可条件进行重新审查。[②] 同时，将产品出口对美国国防工业基础的影响纳入美国商务部工业与安全局的评估因素中，并要求驳回对美国国防工业基地产生"重大不利影响"的出口申请。由此，出口申请中应提供该评估所需要的相关信息，具体包括关于出口目的或后果是否会导致在美国境外大量生产与美国国防工业基地有关的产品的陈述。而针对"新兴和基础技术"，申请许可时须披露详细信息，包括申请人的实际控制人信息等。同时，《出口管制改革法》增加了美国商务部工业与安全局的权力，赋予其设置临时管制的权力，其可以在制定正式管制法规前针对特定的交易和技术进行管制，美国商务部工业与安全局和其他有关

---

① 葛晓峰：《美国两用物项出口管制法律制度分析》，《国际经济合作》2018年第1期，第46—50页。

② 刘斌、李秋静：《特朗普时期美国对华出口管制的最新趋势与应对策略》，《国际贸易》2019年第4期，第37页。

部门有权发布并更新"最佳做法"指南，以协助个人制定和实施有效的出口管制措施。

其四，跨部门的协调机制。首先，《出口管制改革法》规定美国总统应该建立一个跨部门的技术识别程序，协调美国商务部、国防部、能源部等相关部门对"新兴和基础技术"进行识别，此规定是为确保职能分工和专业不相同的各机构都能参与到技术识别程序中。其中，美国商务部工业与安全局发挥核心作用，一是因为其职能包括组织跨部门合作，二是因为任何更新的管制物项都会在其管理的《出口管理条例》中发布。同时，《出口管制改革法》规定跨部门的技术识别程序是持续、定期的，不仅仅是一次性的程序，或者是一般的跨部门实践，而应当是美国出口管制体系的常规组成部分，此程序应当及时、有效地识别"新兴和基础技术"并根据识别结果动态调整技术管制目录。其次，《出口管制改革法》规定在执行该跨部门技术识别程序时应考虑多方面的因素。一方面，用以确定"新兴和基础技术"的信息来源应是多样化的，包括：公开信息；机密信息，包括国家情报局局长提供的相关信息；外国投资委员会（CFIUS）审查和调查交易时得到的信息；咨询委员会（包括新兴技术和研究咨询委员会）提供的信息。另一方面，在确定新兴技术和基础技术时，该过程必须考虑国外此类技术的发展、实施出口管制会对美国国内此类技术造成的影响和出口管制在限制外国此类技术扩散方面的有效性。① 最后，美国有发布拟议规则（proposed rule）征求公众意见的实践。例如，美国商务部工业与安全局在 2018 年 11 月 19 日发布拟议规则《对确定新兴技术管制的评审》（*Review of Controls for Certain Emerging Technologies*），其中规定"为了帮助美国商务部工业与安全局识别与美国国家安全相关的新兴技术，此拟议规则制定的提前通知（ANPRM）征求公众对定义和识别新兴技术的标准的意见"。② 通过职能和专业不同的部门间合作可以提高关键技术识别的有效性；通过规定持续、定期的技术审查和识别能更加及时地对关键技术予以保护；通过考虑多种信息来源以及征集公众意见能提升关键技术识别的准确性。

---

① https：//uscode. house. gov/view. xhtml？ path ＝/prelim @ title50/chapter58&edition ＝ prelim，last visited November 13，2020.

② https：//www. federalregister. gov/documents/2018/11/19/2018 － 25221/review － of － controls － for － certain － emerging － technologies，last visited November 13，2020.

其五，出口管制执行。在美国现行出口管制立法体系下，美国出口管制执法呈现以美国商务部工业与安全局下设的出口执法办公室为主、多部门联动配合的特点。同时，出口执法办公室的探员被赋予了较大的权限，包括持枪、逮捕、执行搜查令、送达传票以及扣留货物等。为强化执法处罚，《出口管制改革法》在立法中明确赋予商务部广泛的执法权限，具体包含检查书面材料、询问证人、扣押货物等。执法手段的不断加强，为执法人员职权的行使提供了保障。另外，美国出口管制执法活动得以高效有力的关键是拥有一套全面完善的执法体系。美国商务部工业与安全局下设执法分析办公室为出口执法办公室的执法活动提供技术支持，美国海关在出口查验监管中可与美国商务部工业与安全局就有关信息开展实时沟通，多个监管部门的联动配合确保了执法的有效进行。

（三）经济制裁

经济制裁主要分为贸易制裁与金融制裁，单边经济制裁中的贸易制裁是贸易限制措施的一个重要表现形式。贸易制裁是指多个或一个国家对其他国家、组织、实体或个人所采取的商业和经济处罚，包括配额、关税、非关税壁垒、禁运等。贸易制裁在外交、政治和经济政策中发挥着重要作用。当贸易制裁由经济实力强大的国家所实施时，其产生的影响不容小觑。经济制裁是美国维护国家安全及处理国际危机的重要方式之一，美国经济制裁的基础性法律制度包含"授权制裁型""直接制裁型"法律及包含制裁条款的其他立法等。《国际紧急状态经济权力法》与《国家紧急状态法》（*National Emergencies Act*）在美国经济制裁法律体系中起核心作用。美国基本上形成了以授权型立法为基础，配合国别制裁型或特殊领域制裁型的直接制裁型立法，并辅以其他立法为主的规范体系，为美国的对外经济制裁政策的实施提供了制度框架。

1. "授权制裁型"法律

"授权制裁型"是指美国国会制定法律授予美国总统实施经济制裁的权力，总统可以根据授权范围发布实施经济制裁的总统声明或行政命令，并由行政部门具体制定条例实施。虽然总统的权力来自授权，但其具有较大的自由裁量权。[1]美国国会制定的"授权制裁型"的法律包括《与敌国

---

[1]　曾妍：《论我国如何进行单边经济制裁》，硕士学位论文，中国青年政治学院，2016，第17页。

贸易法》《国际紧急状态经济权力法》《国家紧急状态法》。美国"授权制裁型"立法以授权为特征，立法中并未对制裁对象和范围予以直接规定，而是通过广泛赋予总统权力达到目的。

1917 年至 1977 年，《与敌国贸易法》是美国总统实施经济制裁最重要的法律依据。《与敌国贸易法》核心条款为第 5 条第 2 款，规定在战争或者总统宣布的国家紧急状态下，总统可以对敌对国家及其国民以及与敌对国家或者其国民有经济联系的法人和自然人采取经济制裁措施。该法案在 1917 年至 1977 年使用较为频繁，1940 年 4 月 10 日，美国总统依据该法禁止挪威、丹麦及其国民的财产转让活动，防止美国的财产被德国侵占。1950 年朝鲜战争爆发后，美国总统依据该法对朝鲜实施全面经济制裁。

1976 年 9 月，美国国会颁布《国家紧急状态法》。1977 年，美国国会颁布《国际紧急状态经济权力法》。1977 年后，《国家紧急状态法》与《国际紧急状态经济权力法》取代《与敌国贸易法》，成为美国总统发布经济制裁的总统声明或行政命令的重要依据，其是美国经济制裁法律体系的基础。《国际紧急状态经济权力法》赋予了美国总统在国际局势对美国国家安全构成"非同寻常的威胁"时，可采取禁止外汇交易、没收财产、禁止金融机构贷款等制裁措施的权力。《国家紧急状态法》规定了议会有监督和平衡总统权力的职能，规定了总统使用紧急状态经济权力的程序性要求。《国际紧急状态经济权力法》第 1707 条（a）款规定，"紧急状态"包括源自美国境外的对美国国家安全、经济或外交政策的非同寻常的威胁。实际上，"紧急状态"是一个相当宽泛的概念，它可包含任何对美国核心利益构成威胁的情形，例如与美国发生武装冲突，针对美国实行恐怖主义袭击，与美国外交政策不符，损害美国经济的发展与稳定，等等。[1] 该法频繁被援用，例如，1979 年 11 月，伊朗人质危机爆发，美国总统曾依据该法对伊朗实施经济制裁；1985 年，美国总统曾依据该法对尼加拉瓜进行制裁；1986 年，美国总统曾依据该法对利比亚实施经济制裁；1997 年，美国总统曾依据该法对苏丹进行制裁。

总统在对外经济制裁的实施中占据重要位置，具有较大的自由裁量

---

[1] 黄风：《美国金融制裁制度及其对我国的警示》，《法学》2012 年第 4 期，第 124 页。

权，可根据国家安全形势颁布总统声明或行政命令对特定国家或组织实施制裁，也可根据国家利益的需要停止实施制裁。国会通过立法授权总统实施经济制裁，并从程序上对总统的权力加以约束，国会也可通过制定法律的方式直接实施经济制裁。美国国会在没有实施全面禁运的情况下，可以限制制裁的时间，并要求总统在实施经济制裁前应与国会进行协商。总统可以对国会的制裁法案行使否决权，但如果国会以三分之二以上多数否决总统的否决，则国会的制裁议案必须被执行。当总统出于种种原因，不愿意对某一情势或者某一国家实施制裁时，国会有权通过强推法案来强化直接制裁的机制，即为非一般授权性质的直接制裁型立法。

　　2. "直接制裁型" 法律

　　"直接制裁型" 是指由国会通过法律直接明确制裁目标和手段的制裁方式，包括国别制裁型和特定领域制裁型。首先，美国通过专门立法的形式进行制裁的国家包括俄罗斯、伊朗、古巴、乌克兰、委内瑞拉等。1993年至2002年，美国通过的制裁法律多达36项，包括《赫尔姆斯－伯顿法》《达马托法》《防止向伊朗、朝鲜和叙利亚扩散法》《伊朗导弹扩散制裁法》《对伊朗全面制裁、问责和撤资法》等。其中最具影响力的为美国国会通过的旨在制裁古巴的《赫尔姆斯－伯顿法》以及以伊朗和利比亚为制裁目标的《达马托法》，这两个法案不仅制裁目标国，还连带着制裁与目标国有贸易往来的第三国。在这两部法律中，国会直接在法律条文中明确规定了制裁对象和制裁行为，总统的任务是负责执行，自由裁量权力较小。《赫尔姆斯－伯顿法》于1996年通过，主要内容有三点：第一，进一步扩大对古巴的经济制裁，加大执行力度；第二，在古巴被没收财产的美国公民可向美国法院起诉要求赔偿；第三，与上述交易有关的外国人禁止进入美国。《达马托法》于1996年颁布，该法规定若外国公司在伊朗和利比亚的石油项目每年投资额超过4000万美元，将受到美国的经济制裁，无论这些公司是否为美国人所有。[①] 其次，美国近年来在一些特定领域通过了专门的制裁立法，主要包括反恐、人权和禁毒等方面，其中最具代表性的是有关人权领域的特定制裁立法，包括《俄罗斯和摩尔多瓦杰克逊—瓦尼克修正案废除和谢尔盖·马格尼茨基法治问责法》

---

① 肖刚、黄国华：《冷战后美国经济外交中的单边经济制裁》，《国际经贸探索》2006年第3期，第4页。

(*Russia and Moldova Jackson-Vanik Repeal and Sergei Magnitsky Rule of Law Accountability Act*) 和 2016 年的《全球马格尼茨基人权问责法》等。

但美国所制定的针对第三国与受制裁国经济交往的《赫尔姆斯 - 伯顿法》等具有治外法权的次级制裁法律引起了许多国家的强烈抵制，抵制国家认为这些经济制裁法律要求非美国的公司遵守美国法律的限制，违反了国际法上得到普遍承认的管辖权基础——属地和属人原则，是一种"长臂管辖"。欧盟、加拿大、墨西哥等国家和地区通过反次级制裁立法，不承认美国法律产生的域外效力，包括欧盟理事会颁布的《反对第三国立法域外适用的先例》、加拿大 1984 年《外国域外管辖措施法案》中的有关条款及墨西哥的《贸易投资保护法》。① 欧盟还曾就美国《赫尔姆斯—伯顿法》向世界贸易组织提出争端解决请求，加拿大作为第三方也加入该案件中。此外，美国的经济制裁法律制度未强调人道主义保护原则及精准制裁方式，美国总统曾依据《与敌国贸易法》《国际紧急状态经济权力法》等对朝鲜、伊朗、伊拉克等国家实施全面经济制裁，造成受制裁国家平民生活水平急剧下降、生活必需品无法保障、医疗设备严重缺乏，引发严重的人道主义灾难。②

3. 包含制裁条款的其他立法

美国还制定了其他法律制度，对经济制裁的实施作了进一步的规定。比较具有代表性的法律是 2001 年的《爱国者法案》及美国政府每一年度颁布的《国防授权法》。《爱国者法案》赋予美国财政部部长在应对恐怖主义活动时实施金融制裁的权力。美国国会每年年末通过《国防授权法》，该法包含许多与经济制裁相关的条款，如《2012 年国防授权法》禁止由外国政府所有的银行与伊朗中央银行之间进行金融交往，进一步加大了第三方制裁的力度。③ 从 1999 年起，美国开始对自己的单边经济制裁制度进行反思和调整，出台《1999 年制裁改革法案》。该法案规定，在启动某一新的单边经济制裁前，总统应向国会中有关委员会咨询，商议制裁方案，并作出详细的评估报告。报告内容包括：解释通过制裁要达到的国家安全

---

① Deborah Senz, Hilary Charlesworth, "Building Blocks: Australia's Response to Foreign Extraterritorial Legislation", *Melbourne Journal of International Law* 2 (2001): 69.

② 贺其治：《国家责任法及案例浅析》，法律出版社，2003，第 318 页。

③ 徐以升、马鑫：《美国金融制裁的法律、执行、手段与特征》，《国际经济评论》2015 年第 1 期，第 138—140 页。

目标及对外政策目标；制裁可能会给美国带来的短期或长期影响，包括对美国出口、就业、经济制裁可能带来的影响，对美国国际经济竞争地位以及与同盟国关系的影响，对美国国际声誉的影响，对人权、国家安全等的影响；是否有替代措施；在规定期限内达到美国制裁目标的可能性；制裁是否与美国签订的国际条约中的义务相抵触；制裁是否可能引起他国的报复。法案要求总统在启动新的经济制裁之前 45 天，向公众公布有关实施新的经济制裁的通知，给予公众提出意见的机会。另外，总统须评估上一年所采取的制裁的实施效果。《1999 年制裁改革法案》中明确规定只有当总统确定无法与第三国联合实施多边制裁后，才可启动单边经济制裁。在实施具体经济制裁时，更加强调多边制裁的使用。在考虑实施单边经济制裁之前，要努力争取美国盟国及被制裁国的主要贸易伙伴的支持，尽量采取一致行动，实施多边经济制裁，使制裁作用得到最大限度发挥。在不得不实施单边经济制裁时，保留更大的政策灵活性。美国《1999 年制裁改革法案》规定总统可以为了美国的国家安全、外交及其他目的和需要，调整和宣布废除某项制裁政策，或根据被制裁国行为的改变情况，调整实施制裁的力度。①

4. 经济制裁清单机制

美国财政部下设恐怖主义和金融情报办公室（Office of Terrorism and Financial Intelligence，TFI），特别设定了清单机制，分为"特别指定国民和资产冻结人清单"（Specially Designated Nationals and Blocked Persons List，SDN）和"非特别指定国民清单"（Non-SDN）。② SDN 清单所实施的制裁限制措施涵盖进出口、投资、个人旅行、航运、各种类型的金融服务等制裁限制措施，具体体现为禁止美国人与其交易、无法进行跨境美元结算服务或禁止美国银行为名单上的实体或个人提供银行账户服务等。此外，对相关交易所进行的一系列协助行为，包括使名单上的实体或个人受益的法律咨询服务、保险服务、融资服务等也属于禁止的范畴。Non-SDN 涵盖五种清单：一是行业制裁识别清单（the Sectoral Sanctions Identifications List，SSI），明确要求应与俄罗斯经济部门工作人员进行限制性交易及接触；二是海外逃避制裁清单（the Foreign Sanctions Evaders

---

① 毕云红：《透视冷战后美国单边经济制裁政策》，《世界经济与政治》2000 年第 12 期，第 74—75 页。
② 薛天赐：《论美国经济制裁中的总统权力边界》，《政法论丛》2020 年第 2 期，第 102—112 页。

List，FSE），该清单针对实际或企图违反美国对伊朗及叙利亚制裁规定的外国实体或个人，以及为受制裁的人提供欺骗性交易的外国实体或个人，FSE 列表中的人可以同时出现在 SDN 名单中；三是巴勒斯坦立法委员会清单（Palestinian Legislative Council List，PLC），该清单主要针对恐怖组织及人员，主要包含外国恐怖主义组织、特别指定的恐怖人员等；四是非特别指定国民清单伊朗制裁法列表（the Non-SDN Iran Sanctions Act List，NS-ISA），该列表主要针对伊朗能源部门，禁止美国金融机构为伊朗石油精炼部门等能源部门提供金融服务；五是 561 部分清单（the Part 561 List），该清单主要依据《对伊朗全面制裁、问责和撤资法》《国防授权法》第 561 部分制定，主要制裁对象为外国金融机构。[①]

美国贸易限制措施法规体系的主要内容如表 3 – 1 所示。

表 3 – 1　美国贸易限制措施法规体系的主要法律

类型	法律依据	可适用情况	适用对象	可采取措施	决断机构
对外贸易法	《1962 年贸易扩展法》第 232 条	进口产品存在威胁国家安全的情形	国家或地区	加征关税等限制措施	总统、商务部、国防部
出口管制领域	《出口管理法》（EAA）	货物或技术的出口有助于提升其他国家的军事实力，且这种出口对美国国家安全构成威胁	国家及非国家实体	对军民两用物项和武器进行管制	总统
	《出口管理条例》（EAR）	国家安全、外交政策、不扩散等	国家、企业及个人	限制或禁止任何企业和个人与"特定国家"或该特定国家的公司进行"管制物品"有关的交易	商务部
	《出口管制改革法》（ECRA）	国家安全包括维持美国在科学、技术、制造业等领域的领导地位	国家、企业及个人	列入管制清单限制或禁止交易；采取临时管制措施	商务部

① 王佳：《美国经济制裁立法、执行与救济》，《上海对外经贸大学学报》2020 年第 5 期，第 52—64 页。

续表

类型	法律依据	可适用情况	适用对象	可采取措施	决断机构
经济制裁领域	《与敌国贸易法》（TWEA）	战争期间	国家	加征关税等	总统
	《国际紧急状态经济权力法》（IEEPA）	当美国的国家安全、外交或经济受到外国威胁时	国家、企业及个人	禁止交易、禁止入境、资产没收、资产冻结、禁止金融交易、制裁银行体系等	总统及国会
	《国家紧急状态法》（National Emergencies Act）	国家进入紧急状态	国家、企业及个人	禁止交易、禁止入境、资产没收、资产冻结等	总统及议会

二、美国贸易限制措施的实践

（一）美国出口管制实践

近年来，美国出口管制的重点领域包括航空航天、导弹、集成电路、生物技术、监视设备、导航等，其管制的重点区域包括阿联酋、俄罗斯、中国、缅甸、巴基斯坦、伊朗、阿富汗、伊拉克等。[1] 自2018年开始，美国不断加大针对我国的新兴技术领域出口管制的力度。实践中，美国依据《出口管制改革法》及其实施条例《出口管理条例》的授权，加强出口管制的方式主要包括两个层面：一是产品和技术层面，美国商务部工业与安全局通过修订《出口管理条例》，将新增的产品和技术管制列入"商业控制清单"；二是企业和个人层面，美国商务部工业与安全局将企业或个人列入"被拒绝个人清单"、"实体清单"或"未经验证清单"等。

在产品和技术层面，美国《出口管制改革法》授权商务部工业与安全局对新兴和基础技术的出口进行更加严格的管制。[2] 2020年10月5日，美国商务部工业与安全局修订了《出口管理条例》，决定将某些两用生物

---

① 欧福永：《美国两用物项出口管制黑名单制度的运用及启示》，《国际贸易》2021年第8期，第56页。

② 刘斌、李秋静：《特朗普时期美国对华出口管制的最新趋势与应对策略》，《国际贸易》2019年第4期，第34—38页。

设备软件纳入"商业控制清单"。[①] 2020 年 10 月 15 日，美国商务部工业与安全局宣布将光刻软件技术等 6 项新兴技术纳入"商业控制清单"。2021 年 1 月 6 日，美国商务部工业与安全局修订了《出口管理条例》，将专为自动分析地理空间影像而设计的软件添加到"商业控制清单"0Y521 临时出口管制分类代码系列中。[②] 2021 年 1 月 7 日，美国商务部工业与安全局修订了"商业控制清单"上的出口管制分类号 1C991，以澄清对遗传元素和转基因生物疫苗的管制。[③] 2021 年 10 月 26 日，美国商务部工业与安全局就是否将脑机接口技术纳入"商业控制清单"进行意见征询。[④] 2022 年 1 月 6 日，美国商务部工业与安全局修订了《出口管理条例》，并制定了一项临时最终规则，将专门设计用于自动分析地理空间影像的软件的新兴技术添加到"商业控制清单"中。[⑤]

在企业和个人层面，2018—2021 年，美国商务部工业与安全局"实体清单"中新增的中国实体大多属于新兴技术领域，主要涉及信息与通信、航空技术、光电技术等领域，被限制的对象包括科研院校、研究所、国有企业以及从事军民两用科技的民营企业等。

（二）美国经济制裁实践

美国在 2001 年 9 月 11 日遭遇恐怖袭击后，将制裁作为维护美国国家安全、实现美国外交政策目标的首选手段。在过去的 20 年中，美国依托于其强大的经济实力及国际金融体系的主导地位，根据其外交政策和国家安全目标，频繁运用制裁手段向被制裁对象施加经济压力。美国经济制裁的事由较为广泛，具体包括恐怖主义、不扩散、网络安全、国际贩毒、跨

---

① Industry and Security Bureau, Commerce Control List: Expansion of Controls on Certain Biological Equipment "Software", October 5, 2021.

② Industry and Security Bureau, Technical Amendments to the Export Administration Regulations: Export Control Classification Number 0Y521 Series Supplement-Extension of Software Specially Designed To Automate the Analysis of Geospatial Imagery Classification, January 6, 2021.

③ Industry and Security Bureau, Commerce Control List: Clarifications to the Scope of Export Control Classification Number 1C991 To Reflect Decisions Adopted at the June 2019 Australia Group Plenary Meeting, January 7, 2021.

④ Industry and Security Bureau, Request for Comments Concerning the Imposition of Export Controls on Certain Brain-Computer Interface (BCI) Emerging Technology, October 26, 2021.

⑤ Industry and Security Bureau, Export Control Classification Number 0Y521 Series Supplement-Extension of Controls on an Emerging Technology (Software Specially Designed to Automate the Analysis of Geospatial Imagery Classification), January 6, 2022.

国犯罪组织、腐败与人权、地区安全局势恶化等。

一是打击恐怖主义的制裁措施。美国政府将有针对性的经济制裁作为打击国际恐怖组织和恐怖分子的有效工具。美国颁布了一系列行政命令、法律法规作为其实施制裁的法律依据。美国总统发布了许多针对恐怖主义进行制裁的行政命令，包括第 13224 号行政命令、第 13886 号法令、第 13372 号法令、第 13268 号行政命令等。同时，美国政府通过了许多关于恐怖主义制裁的法规，包括《真主党金融制裁条例》《全球恐怖主义制裁条例》《恐怖主义制裁条例》《恐怖主义清单政府制裁条例》《外国恐怖组织制裁条例》等。制裁对象包括国际恐怖组织、个人，以及被指定为恐怖主义提供资助的国家，自"9·11"事件以来，美国已将1600多个恐怖实体和个人列为制裁对象，被制裁的国家包括伊朗、叙利亚、朝鲜、古巴等，2021年1月12日，美国再次把古巴纳入支持恐怖主义的国家。①被制裁的组织包括"基地组织""青年党""奥姆真理教""东突伊斯兰运动""埃及伊斯兰圣战组织""真主党""巴勒斯坦伊斯兰圣战组织"等，制裁措施包括资产冻结、禁止交易（包括禁止金融交易）等，严重削弱了恐怖组织和个人的资金来源。②

二是防止大规模杀伤性武器扩散的制裁措施。美国针对大规模杀伤性武器的扩散实施了不同的制裁计划。2005年6月28日，美国总统发布第13382号行政命令，对朝鲜、伊朗和叙利亚等国从事大规模杀伤性武器扩散的人员及其资助者采取了禁止交易等限制措施，具体包括伊朗航空航天工业组织、伊朗原子能组织、朝鲜矿业开发贸易公司、朝鲜长光信贷银行、叙利亚科学研究和研究中心等。1994年11月14日，美国总统发布了第12938号行政命令，禁止美国进口由从事大规模杀伤性武器活动的组织和人员生产或提供的货物、技术、服务。根据此行政命令，美国政府制定了《大规模杀伤性武器贸易管制条例》，禁止直接或间接向美国进口、转运或过境由进口禁令名单中的外国组织

① U. S. Department of State's State Sponsors of Terrorism, https：//www. state. gov/state – sponsors – ofterrorism/，last visited January 9，2022.

② Office of Foreign Assets Control U. S. Department of the Treasury, Terrorist Assets Report Calendar Year 2020 Twenty-ninth Annual Report to the Congress on Assets in the United States Relating to Terrorist Countries and Organizations Engaged in International Terrorism, https：//home. treasury. gov/system/ files/126/tar2020. pdf，last visited January 9，2022.

或个人生产或提供的任何货物、技术或服务。根据美国总统第 13159 号行政命令，美国政府制定了《高浓缩铀（HEU）协议资产控制条例》，确保从俄罗斯核武器中提取的裂变材料专用于和平用途，对俄罗斯政府与处置从核武器中提取的高浓缩铀有关的财产进行封锁。① 同时，美国开展了广泛的次级制裁，与伊朗、朝鲜进行交易的组织和个人同样被认为违反美国的制裁规定。例如，2020 年 1 月 23 日，美国财政部将 3 家中国企业纳入制裁名单，理由为这几家企业为伊朗石油的出口提供了便利。

三是网络安全。2015 年 4 月 1 日，美国总统发布第 13694 号行政命令，开始对参与恶意网络活动的人员实施制裁，2016 年 12 月 28 日，美国总统发布第 13757 号行政命令，扩大了受制裁的网络活动范围。被界定为影响美国国家安全的网络相关行为主要包括损害支持关键基础设施部门的计算机网络、影响关键基础设施部门的一个或多个实体提供的服务、对计算机或计算机网络的可用性造成重大中断、利用网络手段干扰或破坏选取、利用网络手段盗用商业秘密、财务信息等活动。对于参与上述活动的人员，美国可以通过资产冻结等方式对其实施制裁。② 2021 年 10 月 15 日，美国发布《虚拟货币行业制裁合规指南》，提出要防止被制裁者利用虚拟货币逃避美国制裁，要求虚拟货币行业人员应确保不直接或间接参与美国制裁清单禁止的交易。③

四是国际贩毒。1995 年 10 月 21 日，美国总统发布第 12978 号行政命令，决定对国际毒品贩运者及其资助者、帮助者实施资产冻结、禁止交易等制裁措施，制裁对象主要为以哥伦比亚为中心的毒品贩运者。1997 年 3 月 5 日，美国政府发布了《麻醉品贩运制裁条例》，对第 12978 号行政命令附件所列人员资产进行冻结。1999 年 12 月 3 日，美国总统签署《外国麻醉品主要人物指定法》，授权对世界范围内从事麻醉品贩运的组织和人

---

① Office of Foreign Assets Control U. S. Department of the Treasury, What You Need to Know about Treasury Restrictions, https：//home. treasury. gov/system/files/126/wmd. pdf, last visited January 9, 2022.

② Office of Foreign Assets Control U. S. Department of the Treasury, Cyber-related Sanctions Program, July 3, 2017, https：//home. treasury. gov/system/files/126/cyber. pdf, last visited January 9, 2022.

③ Office of Foreign Assets Control U. S. Department of the Treasury, Sanctions Guidance for the Virtual Currency Industry, October 15, 2021, https：//home. treasury. gov/system/files/126/virtual_ currency_ guidance_ brochure. pdf, last visited January 9, 2022.

员实施经济制裁。2000 年 7 月 5 日，美国政府颁布《外国麻醉品主销制裁条例》，进一步明确了对从事国际贩毒的组织和人员的制裁措施。[1] 根据上述法律文件，美国对 CJNJ 国际贩毒组织、Sinaloa Carte 国际贩毒组织、Musso Torres 国际贩毒组织等进行了一系列制裁。2021 年 12 月 15 日，美国总统签署第 14059 号行政命令，决定对参与全球非法药物贸易的外国人实施制裁。[2]

五是跨国组织犯罪。2011 年，美国政府开始对跨国犯罪组织实施制裁。2011 年 7 月 24 日，美国总统发布第 13581 号行政命令，提出严重的跨国组织犯罪已对美国国家安全、外交政策构成重大威胁。根据该法令，美国政府制定了《跨国犯罪组织制裁条例》，对构成重大跨国犯罪组织的人员及其资助者、支持者采取资产冻结、禁止交易的限制措施。[3]

六是涉及腐败及人权问题。2010 年 9 月 28 日，美国总统发布第 13553 号行政命令，对参与对伊朗公民实施严重侵犯人权行为的伊朗政府官员或其他人员采取资产冻结、禁止交易等制裁措施。[4] 2012 年 12 月 14 日，美国通过《马格尼茨基法治问责法》，针对迫害谢尔盖·马格尼茨基的俄罗斯官员实施制裁。[5] 2016 年 12 月 23 日，美国通过《全球马格尼茨基人权问责法》，针对犯有严重侵害人权或有贪腐行为的外国官员采取资产冻结、限制入境等制裁措施。[6] 2017 年 12 月 20 日，美国总统签发了第 13818 号行政令，并首次公布依据《全球马格尼茨基人权问责法》所确定的制裁名单，对来自南苏丹、俄罗斯、刚果、乌兹别克斯坦、危地马拉、

[1] Office of Foreign Assets Control U. S. Department of the Treasury, Sanctions Guidance for the Virtual Currency Industry, October 15, 2021, https://home. treasury. gov/system/files/126/virtual _ currency _ guidance_ brochure. pdf, last visited January 9, 2022.

[2] The President Executive Order 14059, Imposing Sanctions on Foreign Persons Involved in the Global Illicit Drug Trade, December 152021, https://home. treasury. gov/system/files/126/14059. pdf, last visited January 9, 2022.

[3] Office of Foreign Assets Control U. S. Department of the Treasury, Transnational Criminal Organizations Sanctions Program, April 14, 2015, https://home. treasury. gov/system/files/126/tco. pdf, last visited January 9, 2022.

[4] The President Executive Order 13553 Blocking Property of Certain Persons with Respect to Serious Human Rights Abuses by the Government of Iran and Taking Certain Other Actions, September 28, 2010.

[5] 112th Congress, Russia and Moldova Jackson-Vanik Repeal and Sergei Magnitsky Rule of Law Accountability Act of 2012, December 14, 2012.

[6] Global Magnitsky Human Rights Accountability Act, December 23, 2016.

冈比亚等国的涉及腐败和侵犯人权的官员实施制裁。2018 年 6 月 29 日，美国财政部外国资产控制办公室（OFAC）发布了《全球马格尼茨基制裁条例》，对《全球马格尼茨基人权问责法》和第 13818 号行政令进行补充规定。① 2017 年 8 月 2 日，美国总统特朗普签署《以制裁反击美国敌人法案》，对伊朗、俄罗斯和朝鲜侵犯人权的人员以及俄罗斯的某些腐败行为实施制裁。② 2020 年 7 月 31 日，美国政府根据第 13818 号行政命令，针对中国新疆展开制裁。③ 2020 年 7 月 14 日，美国总统发布第 13937 号行政命令，将中国香港列入军事最终用户限制名单。④ 2021 年 1 月 15 日，美国政府将 6 名中国官员纳入制裁名单，2021 年 3 月 16 日，美国政府将 24 名中国官员纳入制裁名单。

七是其他国家或地区安全局势恶化对美国造成的威胁。2007 年 8 月 1 日，美国总统发布第 13441 号行政命令，对破坏黎巴嫩主权或其民主进程和机构的人员采取资产冻结等制裁措施。2010 年 7 月 30 日，美国政府发布了《黎巴嫩制裁条例》，以实施第 13441 号行政命令。⑤ 2010 年 4 月 12 日，美国总统发布第 13536 号行政命令，认为索马里安全局势恶化和暴力持续对美国国家安全和外交政策造成不寻常和特殊的威胁。2010 年 5 月 5 日，美国政府发布《索马里制裁条例》，针对参与威胁索马里和平、安全或稳定行为的人员采取制裁措施。2012 年 7 月 20 日，美国总统签署第 13620 号命令，对索马里恐怖组织青年党及对索马里平民采取暴力行为的人员实施制裁。⑥ 2012 年 5 月 16 日，美国总统发布第 13611 号行政命令，宣布对直接或间接威胁也门和平、安全及稳定或阻碍执行《海湾合作委员会协议》的实体和个人实施制裁。2012 年 11 月

---

① 罗艳华、庞林立：《美国人权制裁的新动态及其影响——以〈全球马格尼茨基人权问责法〉为例》，《国际政治研究》2019 年第 3 期，第 9—37 页。

② The President Executive Order 13849, September 20, 2018, https：//home. treasury. gov/system/files/126/caatsa_ eo. pdf, last visited January 9, 2022.

③ Office of Foreign Assets Control U. S. Department of the Treasury, Global Magnitsky Sanctions, https：//home. treasury. gov/policy – issues/financial – sanctions/faqs/topic/5441, last visited January 9, 2022.

④ The President Executive Order 13936, the President's Executive Order on Hong Kong Normalization, July 14, 2020, https：//home. treasury. gov/system/files/126/13936. pdf, last visited January 9, 2022.

⑤ Office of Foreign Assets Control U. S. Department of the Treasury, Lebanon Sanctions Program, October 3, 2014, https：//home. treasury. gov/system/files/126/lebanon. pdf, last visited January 9, 2022.

⑥ Office of Foreign Assets Control U. S. Department of the Treasury, Somalia Sanctions Program, October 3, 2014, https：//home. treasury. gov/system/files/126/somalia. pdf, last visited January 9, 2022.

9 日，美国政府发布《也门制裁条例》，以落实第 13611 号行政命令的制裁决定。① 2014 年 3 月 6 日，美国总统颁布第 13660 号行政命令，认为俄罗斯政府的行动威胁了乌克兰的主权与领土完整，授权对威胁乌克兰和平、安全和稳定的实体或人员展开制裁。随后，美国总统连续发布第 13661 号行政命令、第 13662 号行政命令、第 13685 号行政命令，针对俄罗斯政府官员、俄罗斯武器或相关物资部门工作的人员、俄罗斯金融服务和能源部门等实施制裁，禁止向克里米亚地区实施贸易禁运和投资禁令。② 2021 年 2 月 10 日，美国总统签发第 14014 号行政命令，对参与破坏缅甸民主与和平稳定的实体和个人实施制裁。③ 自 2022 年 2 月 24 日俄罗斯对乌克兰采取"特别军事行动"以来，美国对俄罗斯采取了大量制裁措施，包括金融制裁、限制外汇储备、冻结资产、禁止入境、限制进出口贸易、关闭领空等。根据第 14065 号行政命令，美国政府禁止美国人与顿涅茨克/卢甘斯克地区进行商业交易。根据第 14024 号、第 14039 号及第 14065 号行政命令，美国财政部外国资产控制办公室将俄罗斯的政府、多家金融机构、大量企业及俄罗斯主要领导人、俄罗斯联邦会议议员、企业家等列入 SDN 清单，采取冻结资产、切断金融融资渠道、限制交易、限制进出口贸易等措施。2022 年 2 月 25 日及 3 月 1 日，美国众议院及参议院分别提出 HR 6835 及 S.3722 法案，要求取消俄罗斯的最惠国待遇。2022 年 2 月 26 日，美国政府宣布与欧盟共同决定，将部分俄罗斯银行从环球银行金融电信协会（SWIFT）剔除。④ 美国针对俄罗斯实施了额外的主权债务限制，美国财政部外国资产控制办公室根据第 14024 号行政命令，发布了一项指令 Directive 1A，进一步扩大了主权债务禁令，将俄罗斯联邦中央银行（Central Bank of the Russian Federation）、俄罗斯联邦国家财富基金（National Wealth Fund of the Russian Federation）等列入 Non-

---

① Office of Foreign Assets Control U. S. Department of the Treasury，Yemen Sanctions Program，October 25，2016，https：//home. treasury. gov/system/files/126/yemen. pdf，last visited January 9，2022.

② Office of Foreign Assets Control U. S. Department of the Treasury，Ukraine/Russia-Related Sanctions Program，June 16，2016，https：//home. treasury. gov/system/files/126/ukraine_ overview_ of_ sanctions. pdf，last visited January 9，2022.

③ The President Executive Order 14014，Blocking Property with Respect to the Situation in Burma，February 10，2021，https：//home. treasury. gov/system/files/126/14014. pdf，last visited January 9，2022.

④ 李巍：《俄乌冲突下的西方对俄经济制裁》，《现代国际关系》2022 年第 4 期，第 2—3 页。

SDN 清单。同时，在出口管制领域，进一步增强了对俄罗斯军民两用品、高新技术的出口管制。[①]

三、美国贸易限制措施的立法与实践评析

第一，美国贸易限制措施立法中"国家安全"的含义较为模糊，实践中美国常将经济制裁作为实现其国家安全和外交政策的工具。美国与贸易限制措施相关的立法中并未对"国家安全"的含义进行阐释。美国《1962 年贸易扩展法》第 232 条规定，当进口产品对美国"国家安全"造成威胁时，总统有权采取贸易限制措施。该条款未对"国家安全"进行定义，未规定一个足以威胁国家安全的"一定数量"的准确值，也没有定义何为"一定情况"。《出口管理法》规定，"当货物或技术的出口有助于提升其他国家的军事实力，且这种出口对美国'国家安全'构成威胁时，总统有权采取限制措施"。《出口管制改革法》进一步扩大了"国家安全"涵盖的范围，即"美国维持在科学、技术、制造业、工程部门，包括对创新至关重要的基础技术的领导地位"。《国家紧急状态经济权力法》则规定当总统宣布国家进入"紧急状态"时，其有权对商业行为实施管控，"紧急状态"是指"源自美国境外的对美国国家安全、经济或外交政策的非同寻常的威胁"，实际上，"紧急状态"仍然是一个相当宽泛的概念。何为"国家安全"在国际上并无统一定义，国家因此具备了解释权，美国贸易限制措施的相关立法对"国家安全"含义的措辞较为含混，使美国可广泛地将经济实力、国家经济福祉与国家安全联系起来，根据本国的利益需求，采用不同的方案对"国家安全"进行解释。同时，美国经济制裁存在干涉他国内政的问题。近年来，美国频繁借由《全球马格尼茨基人权问责法》对其他国家进行单边强制制裁，站在国际道义的制高点主观地对他国人权状况进行评价，这属于干涉他国内政的行为，严重违反了国际法和国际关系基本准则。

第二，美国已经建构了系统化、整体化的对外贸易限制措施法律体系，为美国对外贸易管制工具服务于其国家安全目标提供了充分的制度供给，美国在实施贸易限制措施时有不同强度的管制工具可以选择，因应美

[①] 刘建伟：《美国制裁改革背景下的对俄经济制裁》，《国际展望》2022 年第 3 期，第 49—51 页。

国的国家安全需要。《1962年贸易扩展法》中所规定的贸易限制措施主要包括加征关税等。《出口管理法》《出口管理条例》《出口管制改革法》所规定的贸易限制措施主要包括军民两用物项和武器的出口限制、限制或禁止交易及许可证管理等。《国际紧急状态经济权力法》《国家紧急状态法》所规定的可采取贸易限制措施的类型更加丰富，包括禁止将货物直接出口至受制裁的国家、禁止与受制裁国家的法人或自然人进行贸易，不仅包括直接的贸易往来，如货物的进出口，还包括间接的贸易关系，如经由第三国转售至受制裁国、禁止美国企业的关联企业与被制裁国家的法人或自然人进行直接或间接的货物、服务贸易。尽管《1962年贸易扩展法》《出口管理条例》《出口管制改革法》《国家紧急状态经济权力法》为不同的法律，但其共同目的均有维护国家安全的考虑，美国在实践中运用贸易限制措施时，注重不同贸易管制工具的配合，以获得更好的政策效果。

第三，美国贸易限制措施的决策机构具有较为清晰的职责分工。《1962年贸易扩展法》规定的贸易限制措施是由商务部发起调查，与国防部共同商议，并向总统报告，总统作出决定后，向国会报告。《出口管理法》的决策权主要在于总统，而《出口管制条例》《出口管制改革法》则主要由商务部负责实施。美国立法将实施经济制裁的权力广泛授予总统，总统有宣布进入紧急状态的权力，但在宣布紧急状态前需与国会进行协商。经济制裁的执行过程由多部门共同参与，各部门根据各自的职责分工共同采取制裁措施。贸易制裁措施主要由美国国务院下设的经济制裁政策与执行办公室（SPI）负责，美国财政部与商务部负责提供与制裁相关的外交政策的指导，通过与国会合作，确立制裁的外交目标及法律制定工作。美国财政部外国资产控制办公室依据国家安全和外交政策，对外国政权、恐怖组织及人员、大规模杀伤性武器扩散者，以及其他威胁美国国家安全、政策目标的行为采取单边制裁措施。如果是刑事问题的制裁，则主要由美国司法部负责；如果涉及出口管制政策，由美国商务部工业与安全局负责；如果涉及发放许可证的问题，由美国财政部外国资产控制办公室与美国商务部工业与安全局依据产品性质分工负责。①

---

① 王佳：《美国经济制裁立法、执行与救济》，《上海对外经贸大学学报》2020年第5期，第63页。

第二节 欧盟贸易限制措施的立法与实践

一、欧盟贸易限制措施的立法

欧盟与贸易限制措施有关的法律制度主要包括两个部分：一是欧盟出口管制法律制度，主要由《欧盟理事会（EC）第 428/2009 号条例》《管理军事技术和设备出口控制的共同规则》《欧盟海关准则》组成；二是欧盟经济制裁法律制度，主要由《欧盟限制措施（制裁）实施和评估指南》（Guidelines on Implementation and Evaluation of Restrictive Measures in the Framework of the EU Common Foreign and Security Policy）、《关于限制措施（制裁）实施的基本原则》（Basic Principles on the Use of Restrictive Measures Sanctions）、《欧盟限制措施有效实施的最佳实践》（EU Best Practices for the Effective Implementation of Restrictive Measures）组成。

（一）欧盟出口管制法律制度

欧盟形成了统一的两用品和军品出口管制政策，建构了欧盟层面的出口管制法律体系，其出口管制的主要法规包括《欧盟理事会（EC）第 428/2009 号条例》《管理军事技术和设备出口控制的共同规则》《欧盟海关准则》等。2021 年 5 月 10 日，欧盟理事会审议通过了《欧盟两用物项出口管制条例》（Regulation 2021/821），对《欧盟理事会（EC）第 428/2009 号条例》进行了修改。

1. 管制物项

欧盟出口管制制度的管制物项包括两用物项和技术以及受控军品，在种类上包括产品、技术及中介服务，并通过规定《欧盟两用物项及技术出口管制清单》《欧盟共同军品清单》对管控物项进行分类和鉴别。2000 年通过的《欧盟理事会（EC）第 1334/2000 号条例》首次将技术和软件纳入管制物项的范围。此外，为实现全面管制，《欧盟理事会（EC）第 428/2009 号条例》明确规定，欧盟各成员国应对除清单外的可能用于或者准备用于军事目的的相关两用物项实行全面管制。[①]《欧盟两用物项出口管制条例》强调对新兴军民两用物品和技术的管制，并在出口管制因素中增加了人权考量。

2. 适用主体及管制环节

根据《欧盟理事会（EC）第428/2009号条例》《管理军事技术和设备出口控制的共同规则》的规定，欧盟各成员国应在其国内实施共同的管制体制和协调的政策，成员国可以保留在欧盟内部转移某些两用品的权利，但应由欧盟理事会进行定期核查。因此，欧盟各成员国的自然人、法人及非法人组织都受到欧盟出口管制政策的约束。

从管制环节看，欧盟出口管制政策下的管制环节不仅包括出口，还包括转让、过境及中介活动环节。[②]《欧盟理事会（EC）第428/2009号条例》对欧盟两用物项和技术的出口、转让及过境问题进行了明确的规定，在出口管制环节中，对贸易中介活动的管制是防止大规模杀伤性武器扩散的重要内容，《欧盟理事会（EC）第428/2009号条例》第1条第2款对中介活动的管制予以定义，并对中介业务提出批准和报告要求。该条例赋予了成员国在各国国内法层面扩展过境及中介规定的权限，如进行境外控制。《欧盟两用物项出口管制条例》对"出口商"的定义进行了更新，提出"出口商"应包括两用技术转让的自然人和研究人员。[③]

3. 管制清单

《欧盟理事会（EC）第428/2009号条例》的附件1为欧盟两用物项和技术出口管制清单的主体部分。附件1的清单涵盖的产品和技术涉及电信、计算机、航空、电子、核等多个领域，该清单受控物项的编号由4个数字和1个字母组成。首先，第一个数字代表受控物项的商品类别，共有十大类，编号第一个数字后的字母表示物项的性能，清单依据受控物项的性能分为"A：系统、设备与零部件；B：测试、检验与生产设备；C：材

① 黄名海：《出口管制制度国际比较及中国立法完善研究》，硕士学位论文，对外经济贸易大学，2018，第26页。

② 彭爽：《出口管制：理论与政策》，经济科学出版社，2019，第151页。

③ Report from the Commission of the European Parliament and the Council on the Implementation of Regulation（EU）2021/821 Setting Up a Union Regime for the Control of Exports, Brokering, Technical Assistance, Transit and Transfer of Dual-use Items, COM（2021）716 final, November 23, 2022.

料；D：软件；E：技术"五类，最后三个字母代表管制属性。2018 年 10 月、2019 年 3 月、2021 年 5 月，欧盟对两用品的出口管制清单进行了多次更新，扩大了管制范围。《欧盟共同军品清单》则将受控军品分为 22 个大类。欧盟每年都会对受控军品清单进行更新，最近更新的清单管制的主要内容集中于高新技术在军事化领域中的应用。①

4. 管制措施

《欧盟理事会（EC）第 428/2009 号条例》要求两用品的出口商需依法保存详细的出口记录或出口登记表，具体内容包含对两用品性状的描述、数量、出口商和代销人的名称及地址、两用品的最终用户和最终用途。同时，各国主管部门需收集两用品出口的任何订购或交易信息，以保障出口管制措施得到合理使用。欧盟 2009 年通过了《欧盟内部转让法令》，简化了欧盟内部转让与国防产品的条件与规定，在欧盟内部进行军事设备的转让采用全球与通用许可证，对收货公司实行认证制度。欧盟的出口许可证包含四种类别：欧盟通用出口许可、国家通用出口许可、全球出口许可、单项出口许可。欧盟通用出口许可，是由欧盟颁发统一适用于所有欧盟国家的许可，拥有此种许可则可以从欧盟的任一成员国进口管制清单上的物项到欧盟以外的国家，但该许可也有例外，当出口项目与大规模杀伤性武器相关时，则该许可无效。德国、法国、英国、希腊、意大利、荷兰、瑞典七个国家可以发放国家通用出口许可。全球出口许可是由主管机关向某一出口商授权其可以出口一种或多种物项到一个或多个目的地国家或最终用户。单项出口许可是由主管机关向一个出口商颁发个人许可给一个最终用户。《欧盟两用物项出口管制条例》简化了许可证发放程序，允许委员会通过新的欧盟一般出口授权（EUGEAs）简化程序，从而使出口管制制度更加灵活，可以根据特定的具体情况进行调整，同时，该条例提出要加强委员会与许可证发放机构的协调与交流，提高许可证发放的透明度。

5. 监管部门职能设置

欧盟参与出口管制的机构包括欧盟理事会、欧盟委员会、欧盟议会以及欧盟法院等。为了确保出口管制各主管部门之间的有效沟通与配合，欧盟设置了跨部门的协调机构。具体而言，为了促进各成员国严格履行

---

① 丁昊：《欧盟高新技术出口管制问题研究》，硕士学位论文，南京财经大学，2019，第 21—22 页。

《欧盟理事会（EC）第 428/2009 号条例》，欧盟专门设立了"两用物项协调小组"（DUCG），由欧盟委员会代表担任主席，欧盟委员会和欧盟成员国各委派一名代表，该小组负责对在两用物项出口管制执行中出现的问题进行协调和审查，以加强该条例在适用上的有效性和一致性。在必要时，协调小组可以向出口商、经纪商或其他利益相关方进行咨询。欧盟委员会每年需将协调小组开展活动以及协商和审查的情况形成年度报告。《欧盟两用物项出口管制条例》要求提高信息共享和透明度，要求成员国应与委员会展开信息交流，并通过发布年度报告的方式提高透明度。

6. 出口管制执行

《欧盟理事会（EC）第 428/2009 号条例》要求各成员国应对违反出口管制的规定设置相应的惩罚措施，成员国还需通知欧盟委员会执行该条例所采取的法律、条例及其他管理规定。此外，该条例要求欧盟委员会每三年向欧盟理事会及欧盟议会提交关于两用品出口管制实施和影响的评估报告，并提出改进建议。欧盟委员会在提交报告前，通常会广泛地征集社会意见，并综合各方面的意见提交评估报告。《欧盟两用物项出口管制条例》强调执行是有效出口管制的关键环节，提出要建立执法协调机制，协调和支持强有力的控制措施执行，包括加强许可证颁发机构和执行机构之间的安全电子信息交流。

（二）欧盟经济制裁法律制度

欧盟与美国作为当今世界实施经济制裁的两大主要力量，对世界各国频繁地运用着这一制裁手段。欧盟通过一系列法律文件，为欧盟对外经济制裁政策提供了制度框架，《欧盟限制措施（制裁）实施和评估指南》《关于限制措施（制裁）实施的基本原则》《欧盟限制措施有效实施的最佳实践》规定了实施经济制裁的目标、决策程序、制裁手段、制裁对象，三者相辅相成，为欧盟经济制裁的实施提供了标准化与规范化的规则。

欧盟贸易限制法律制度最早可以追溯到 1957 年《罗马条约》第 57 条。1957 年《罗马条约》第 57 条规定成员国认为必须保护其与军火贸易或生产有关的基本安全利益时，可以采取限制措施，但限制措施仅限于军需品；同时，条约还规定成员国可以为了执行维持和平与国际安全的目的采取一定的措施。《欧洲联盟条约》（《马斯特里赫特条约》，*Treaty of Maastricht*）第 11 条规定了共同外交与安全政策的特定目标，即维护欧盟的独立与基本礼仪、共同的价值观、欧盟以及其成员国的基本安全及国际和平与安全等。《欧洲联盟条约》第 296 条规定了与 GATT 安全例外条款类似的内容，即没有任何成员国有义务披露违背其根本安全利益的信息，成员国有权采取其认为必要的保障其基本利益或与贸易、武器、弹药和战争物质生产有关的措施。但《欧洲联盟条约》明确规定措施的采取不得影响不具有军事目的的产品市场。①

欧盟分别于 2003 年 12 月通过了《欧盟限制措施（制裁）实施和评估指南》、2004 年 6 月通过了《关于限制措施（制裁）实施的基本原则》、2016 年 12 月通过了《欧盟限制措施有效实施的最佳实践》。这几个文件都是关于欧盟实施经济制裁的具体原则、决策程序以及评估制度的。《欧盟限制措施（制裁）实施和评估指南》首次将"制裁"作为欧盟共同外交与安全政策的重要工具，并指出其实施目标主要是维护欧盟的价值观、根本利益及安全，维护和平、预防冲突和加强国际安全等。《欧盟限制措施（制裁）实施和评估指南》在 2005 年、2009 年、2012 年、2017 年、2018 年重新进行了修订，其对欧盟对外经济制裁进行了更加具体细致的规范，包括制裁目标、制裁方式、决策程序、监督与执行制裁及取消制裁等制裁相关的规定。2018 年 4 月 24 日，欧盟在《欧盟限制措施（制裁）实施和评估指南》的最新文本中强调实施制裁的标准化，明确了欧盟实施经济制裁的主要步骤，还规定了有效实施金融制裁的标准措施。《关于限制措施（制裁）实施的基本原则》是欧盟第一个与对外经济制裁政策相关的纲领性文件。它主要明确了欧盟对外经济制裁应遵循的原则，概括而言，即遵循联合国宪章及国际法，依据《欧洲联盟条约》的有关规定，在欧盟共同外交与安全政策框架下，履行联合国安理会的制裁决议或实施欧盟的制裁决议，以维护国际和平与安全。根据该文件的规定，欧盟实施对外经济制裁的主要原则包括：尽可能减少对非目标实体或个人的负面影响，保护人权，尊重民主和法治；制裁的实施应有明确的范围，可实现制裁目标的方式包括冻结资产、武器禁运、签证禁令等；应严格履行安理会的制裁决议。《欧盟限制措施有效实施的最佳实践》为限制措施的采取提供了建议，指出在采取制裁措施时应考

---

① European Council, The Treaty on European Union, 7 February 1992, http：//eur – lex. europa. eu/legal – content/EN/TXT/PDF/? uri = OJ：C：1992：191：FULL&from = EN, last visited November 2, 2020.

虑的关键因素。[①] 2018 年 5 月 4 日，欧盟外交关系参赞制裁工作组成立，并商定对《欧盟限制措施有效实施的最佳实践》第 86a 段作出修改。此外，2021 年 8 月 13 日，欧盟委员会出台《关于在受欧盟限制性措施影响的环境中提供人道主义援助以对抗新冠肺炎疫情的指导说明》（Guidance Note on the Provision of Humanitarian Aid to Fight the COVID – 19 Pandemic in Certain Environments Subject to EU Restrictive Measures），提出欧盟制裁的重点是从事国家或国际恐怖主义的特定实体或个人，制裁不应妨碍或阻碍人道主义援助，与治疗新冠肺炎有关的药品、医疗设备、医疗援助不受欧盟反恐怖主义制裁条例的影响，制裁应最大限度地避免对平民的负面影响。

欧盟贸易限制措施法规体系的主要内容如表 3 – 2 所示。

表 3 – 2　欧盟贸易限制措施法规体系的主要法律

类型	法律依据	可适用情况	适用对象	可采取措施	主管机构
出口管制领域	《欧盟两用物项出口管制条例》《欧盟理事会（EC）第 428/2009 号条例》《管理军事技术和设备出口控制的共同规则》	共同的外交与安全政策	法人及非法人组织、自然人	对可能用于或者准备用于军事目的的相关两用物项进行管制	欧盟理事会及各国出口管制主管部门
经济制裁领域	《欧盟限制措施（制裁）实施和评估指南》《关于限制措施实施的基本原则》《欧盟限制措施有效实施的最佳实践》	控制武装冲突、人权保护、维护民主、反对恐怖主义、防止核扩散等	主权国家、恐怖组织、非政府组织、企业及个人	贸易制裁、武器禁运、外交制裁、金融制裁等	欧盟理事会

二、欧盟贸易限制措施的实践

（一）欧盟出口管制实践

欧盟出口管制的类别主要包括化学品、金属和非金属矿产品、计算机、电子和光学产品、电气设备、机械、车辆和运输设备等。为了应对不

---

① 甘开鹏、陆宁：《欧盟对外经济制裁政策评析》，《经济问题探索》2009 年第 10 期，第 98 页。

断变化的新型安全风险，适应科技发展给安全带来的挑战，增强欧盟对新兴技术管控的能力，自 2016 年以来，欧盟多次修订《欧盟理事会（EC）第 428/2009 号条例》，更新两用物品管制清单，开启了欧盟对敏感的两用物项出口管制现代化的进程。2018 年 10 月 10 日，欧盟通过第 2018/1922 号条例，强调欧盟出口管制法律制度应适应与网络监控技术相关的新威胁，将人权作为出口管制政策的考量因素，并更新欧盟管制清单，引入了对电光调制器半导体制造掩模基板坯料、焦平面阵列读出集成电路、测量和检查设备、船用燃气轮机、地基航天器控制设备等产品和技术的新控制。[1] 2019 年 3 月 25 日，欧盟通过第 2019/496 号条例，再次修订了《欧盟理事会（EC）第 428/2009 号条例》，对某些离散微波晶体管、具有指定"射频调制带宽"的信号发生器等产品和技术引入了新的控制。同时，欧盟致力于遵守国际协调的出口管制制度，第 2019/496 号条例纳入了 2018 年《瓦森纳协定》全体会议等多边出口管制制度商定的 300 多项修正案。2021 年 5 月 20 日，欧盟通过《欧盟两用物项出口管制条例》，新条例主要将网络监控产品和技术纳入清单范围，强调对新兴军民两用技术的管制，并指出新兴军民两用技术可能给人权带来威胁，具体而言，新条例将执法监控"软件"、"数字取证"系统、设备和组件纳入受出口管制的物品清单中，还修改了对信息安全系统参考安全"加密激活"、光学系统、仿真软件等技术的控制，并纳入了 2019 年至 2020 年 2 月底《瓦森纳协议》和澳大利亚集团商定的修正案。[2]

（二）欧盟经济制裁实践

欧盟为世界上最大的国际贸易实体之一，雄厚的经济实力为其采取贸易限制措施提供了坚实的基础。作为拥有 27 个成员国的全球最大的发达国家的集合体，欧盟实行统一的对外贸易政策，其所采取的限制措施能够对限制对象产生显著的影响。20 世纪 90 年代后，制裁在欧盟贸易政策工具箱中的使用频次逐渐增加，欧盟已经成为继美国之后第二大制裁发起

① The European Commission, Commission Delegated Regulation（EU）2018/1922 of 10 October 2018, https：//eur–lex. europa. eu/legal–content/EN/TXT/PDF/? uri = CELEX：32018R1922, last visited on June 11, 2022.

② European Commission, Report on the Implementation of Regulation（EC）No 428/2009 Setting Up a Community Regime for the Control of Exports, Transfer, Brokering and Transit of Dual-use Items, February 4, 2021.

者。欧盟经济制裁的具体事由主要包括四个领域，即化学武器、网络攻击、人权及恐怖主义。

一是防止化学武器扩散和使用的限制性措施。联合国安理会通过了一系列防止化学武器扩散和使用的决议，包括联合国安理会第1540（2004）号、第2118（2013）号、第2209（2015）号、第2235（2015）号和第2325（2016）号决议等，为履行联合国安理会关于防止化学武器扩散的决议，欧盟采取了一系列限制措施，这些措施包括资产冻结和禁止提供资金、旅行限制等。欧盟针对化学武器采取限制措施的对象为直接负责发展和使用化学武器的个人和（或）实体以及提供财政、技术或物质支持的个人和（或）实体以及协助、鼓励或与之有关联的人员。例如，为了推动伊朗核问题的解决，欧盟采取了一系列针对伊朗原油和石油产品运输的限制性措施，并将制裁范围扩大到金融领域。①

二是针对威胁欧盟或其成员国的网络攻击的限制性措施。2017年6月19日，欧盟理事会同意制定一个框架，以便欧盟对恶意网络活动作出联合外交反应，即"网络外交工具箱"。2018年10月18日，在欧盟理事会上，成员国提出应加强对网络攻击行为的应对，以避免欧盟及其成员国受到网络威胁和恶意网络活动的侵害。2019年5月17日，欧盟理事会建立了针对威胁欧盟或其成员国的网络攻击的针对性的制裁措施。2020年11月24日，欧盟理事会通过了《关于针对威胁欧盟及其成员国的网络攻击的限制性措施条例》，2021年5月19日，欧盟理事会通过了《关于针对威胁欧盟及其成员国的网络攻击采取限制性措施的决定》。欧盟针对网络攻击采取的制裁措施包括资产冻结和禁止提供资金、旅行限制等。制裁对象为应对网络攻击或网络攻击未遂负责的个人和（或）实体，以及参与或为这些攻击提供财政、技术或物质支持的个人及其相关的人员，如韩国出口合资企业、朝鲜世博会、俄罗斯武装部队总参谋部总局特种技术中心及该特种技术中心相关人员等。②

---

① 参见 EU Sanctions Map Chemical Weapons Category，https：//sanctionsmap. eu/#/main/details/46/？search＝%7B%22value%22：%22%22，%22searchType%22：%7B%7D%7D，last visited on January 6，2022。
② 参见 EU Sanctions Map Cyber-attacks Category，https：//sanctionsmap. eu/#/main/details/47/？search＝%7B%22value%22：%22%22，%22searchType%22：%7B%7D%7D，last visited on January 6，2022。

三是针对严重侵犯人权和践踏人权行为的限制性措施。2020 年 12 月 7 日，欧盟理事会通过了"欧盟全球人权制裁制度"。依据该制度，欧盟可以针对全球范围内严重侵犯人权的个人、实体和机构实施制裁，制裁措施包括资产冻结和禁止提供资金、旅行禁令等。欧盟使用该制度制裁的国家主要包括俄罗斯、朝鲜、南苏丹、利比亚、厄立特里亚等。①

四是打击恐怖主义的限制性措施。2001 年 9 月 28 日，联合国安理会通过了第 1373（2001）号决议，防止和制止资助恐怖主义行为。为执行联合国安理会制裁决议，2001 年 12 月 27 日，欧盟理事会通过了《理事会关于采取具体措施打击恐怖主义的共同立场》（2001/931/CFSP）及第 2580/2001 号条例，通过资产冻结和禁止提供资金等方式制裁参与恐怖主义活动的实体和个人。此外，联合国安理会专门通过了针对塔利班组织的制裁决议，包括联合国安理会第 1267（1999）号决议、第 1390（2002）号决议等。2015 年 12 月 17 日，联合国安理会通过第 2253（2015）号决议，将措施范围扩大到与"伊斯兰国"和"基地组织"有关联的实体和个人，2016 年 9 月 20 日，欧盟理事会宣布将开始自主地对与极端恐怖主义有关联的个人和实体采取限制性措施。② 根据上述制裁条例，欧盟参加或者计划参与恐怖袭击的人员、向"伊斯兰国"和"基地组织"提供金融支持、石油和武器的个人或者实体均被纳入了制裁名单。

五是针对威胁国家和地区和平与安全的限制性措施。2022 年 2 月 23 日，针对俄罗斯承认顿涅茨克/卢甘斯克地区独立，欧盟根据第 2022/266 号决定通过了第 2022/263 号条例，对顿涅茨克/卢甘斯克地区增加了新的制裁措施。2022 年 2 月 24 日，俄罗斯对乌克兰展开军事行动后，欧盟采取了多轮制裁措施，几乎穷尽了所有制裁手段，包括对贸易往来进行限制，对俄罗斯部分实体和个人采取资产冻结、旅行禁令措施，冻结俄罗斯在欧盟资产，禁止向俄罗斯政府和中央银行提供资金，将俄罗斯主要银行从环球银行金融电信协会剔除等，对俄罗斯关闭领空，禁止欧盟各国通过

---

① 参见 EU Sanctions Map Human Rights Category，https：//sanctionsmap. eu/#/main/details/47/？search =％7B％22value％22：％22％22，％22searchType％22：％7B％7D％7D，last visited on January 6，2022。

② 参见 EU Sanctions Terrorism Category，https：//sanctionsmap. eu/#/main/details/6，5/？search =％7B％22value％22：％22％22，％22searchType％22：％7B％7D％7D，last visited on January 6，2022。

海运运输俄罗斯石油及精炼产品等。①

在制裁实践中，地区安全和经济利益是影响欧盟对外贸易限制政策的重要因素。欧盟采取限制措施的对象以与欧盟利益密切相关的周边地区最为集中。欧盟针对周边地区采取的限制措施主要与反恐、化学武器、地区稳定等直接安全相关，而对较为遥远的区域，实施制裁的缘由主要为人权问题。②

三、欧盟贸易限制措施的立法与实践评析

第一，欧盟贸易限制措施的主管机关包括欧盟理事会、欧洲议会等，实施对象包括主权国家、恐怖组织、非政府组织、企业等。③ 欧盟出口管制机构包括欧盟理事会、欧洲议会、欧洲法院等，但出口管制政策最终的执行与决定权在各成员国手中。欧盟制裁决策的核心机构为欧盟理事会。根据《欧洲联盟条约》第 30 条、第 31 条的规定，欧盟的成员国及其高级代表拥有发起制裁的提议权，欧盟理事会按照一致同意原则，就制裁提议形成"理事会决定"，再以"有效多数"原则制定"理事会指令"，就对外经济制裁政策作出安排。对外制裁具体名单及依据由欧盟理事会下属的政治与安全委员会（Political and Security Committee）和相关工作组讨论审定。在制裁实践中，被欧盟纳入黑名单的制裁对象通常与欧洲的地区安全和经济利益密切相关，以与欧盟核心利益直接相关的周边地区最为集中。

第二，欧盟在采取限制措施时较为注重人道主义原则，并重视对效果的评估。欧盟常使用的贸易限制措施包括三种形式：一是配额、关税、非关税壁垒；二是资产冻结和扣押；三是禁运。关税由欧盟作出决定，采用对国家或地区征收高额进口或出口税收的形式，也是贸易的主要障碍。欧盟采取非关税壁垒主要是针对进口商品的非关税限制，包括许可证、产品标准和其他非特定税的要求。为了阻止欧盟内部的资产转移或出售至欧盟之外的国家，欧盟经常使用资产冻结或扣押的方式进行限制。欧盟采取禁运措施，主要是禁止欧盟国家与被制裁国家及其企业或个人进行交易。欧

---

① 参见 EU Sanctions Terrorism Category，https：//www. sanctionsmap. eu/#/main/details/26/? search =% 7B% 22value% 22：% 22% 22，% 22searchType% 22：% 7B% 7D% 7D，last visited on June 24，2022。

② 孟刚、李思佳：《欧盟经济制裁及其对中国的启示》，《财经法学》2020 年第 4 期，第 140—142 页。

③ 王磊、刘建伟：《欧盟对外制裁决策：制度设计与影响因素》，《国际观察》2016 年第 1 期，第 135—146 页。

盟是定向制裁最早的推动者。在这种理念的指导下，欧盟的经济制裁呈现渐进性的特征，其制裁措施具有不同层次，并根据目标的实现情况增强或者减弱制裁措施力度，低层次的制裁措施包括降低外交关系级别、发布旅行禁令等，高层次的制裁措施包括进出口限制、资产冻结等。相较美国而言，欧盟制裁的惩罚性成分不是特别浓厚，相关文件也采取了较为温和的"限制措施"而非"制裁"这一用语。并且，欧盟在制裁时较为注重人道主义原则，尽量降低对平民的负面影响，例如，在新冠肺炎疫情发生后，欧盟出台了《关于在受欧盟限制性措施影响的环境中提供人道主义援助以对抗新冠肺炎疫情的指导说明》，提出制裁不应影响与抗击新冠肺炎疫情有关的医疗物资的流动。

第三，欧盟采取制裁措施的频次不断增加，范围不断扩大。20 世纪 90 年代以前，欧盟仅实施过 8 起制裁，从 2010 年左右开始，欧盟制裁措施的频次增加，受影响国家的范围也在扩大。近年来，欧盟对制裁的使用越发频繁，尤其是自 2020 年以来，欧盟将制裁的缘由扩大到人权问题，与美国政策形成协同，存在滥用制裁措施干涉他国内政的情况。[1] 此外，与美国经济制裁措施也具有一定的协同性。2010 年 7 月，美国政府颁布了《对伊朗全面制裁、问责和撤资法》，同年 7 月，欧盟颁布了第 961/2010 号条例，规定对伊朗采取进一步的限制措施。在俄乌冲突的对俄制裁中，欧盟表现出与美国高度的一致性，在俄乌冲突爆发后，其首轮制裁对象数量超过美国，在将俄罗斯部分银行剔除出环球银行金融电信协会问题上也与美国形成了配合。[2]

第三节　美国及欧盟贸易限制措施立法与实践对我国的启示

一、形成了系统、完善的贸易限制措施立法体系

美国及欧盟都为其采取贸易限制措施提供了充分的法律依据，形成了

---

① 孟刚、李思佳：《欧盟经济制裁及其对中国的启示》，《财经法学》2020 年第 4 期，第 144 页。
② 李巍：《俄乌冲突下的西方对俄经济制裁》，《现代国际关系》2022 年第 4 期，第 2 页。

维护本国国家安全有力的保护网。美国建立了层次分明的贸易限制措施实施法律体系，涵盖对外贸易法、出口管制立法、反制裁立法各个领域，在立法时注重法律机制之间的协调，根据不同的政策目标灵活适用不同立法，这些法律法规共同形成了一套维护其国家安全利益的法律制度的"组合拳"。此外，尽管美国各主管部门颁布的有关贸易限制措施实施的立法有各自的侧重点，但规定与规定之间具有较强的协调性，总统、商务部、财政部、国防部对不同情形下贸易限制措施的决策和执行各司其职，分工明确、权责清晰。同时，美国出口管制立法还设置了跨部门的协商机制，决策部门之间形成了互动，并且，其协同安排已扩展至外商投资安全审查领域，其出口管制立法及外商投资安全审查立法均要求外国投资委员会和美国商务部工业与安全局之间进行合作与信息共享，有助于在其国内法层面实现对"国家安全"的统一考量，提高立法与执法效率，最大化法律的实施效果。欧盟也同样建立了完整的贸易限制措施法律体系，由《欧盟理事会（EC）第428/2009号条例》《管理军事技术和设备出口控制的共同规则》《欧盟限制措施（制裁）实施和评估指南》等法律法规共同组成，为欧盟基于国家安全目的有效实施贸易限制措施提供了法律基础。

二、贸易限制措施相关立法的具体实施规则完备

美国及欧盟贸易限制措施相关立法具体实施的条文规定较为细化，对决策机构、管制对象、管制标准、管制手段、执行部门等关键性的问题具有清晰的解释，流畅细致的措施具体实施规则是保证限制措施能够较好地付诸实践的基础。以美国出口管制制度为例，其形成了动态的管制清单管理机制，结合产业发展和安全要求，定期对清单进行制度化、周期化的调整。对管控清单采取分级模式，有区别地对违反美国出口管制立法的进口商和最终用户作出处罚，以促进管制对象更好地遵守相关规则。并且，规定了详细的清单移除制度，当被限制对象已经作出改变或者承诺改变其行为时，允许其提出从管控名单中移除的申请。此外，美国设置了许可例外制度，并细化了许可例外的类型、条件及限制，将不需要管制的情形排除，以便主管机关集中行政资源管控重点物项和行为，提高管制效率。《欧盟限制措施（制裁）实施和评估指南》规定了一系列实施制裁的基本

原则,① 包括制裁的适用、制裁的实施、对制裁影响的衡量与控制,2018年欧盟在最新版本的《欧盟限制措施(制裁)实施和评估指南》中强调制裁实施的标准化,进一步明确欧盟采取自主制裁措施的主要步骤。欧盟的限制措施不是惩罚性的,并要求制定清晰、明确的实施目标以避免错误的判断,并对限制措施进行经常性评估,以确保目标的实现,政策目的已经实现时便及时取消限制措施,如果情势变得更加严重,则采取更加严厉的限制措施。②

三、防止泛化国家安全概念滥用贸易限制措施

贸易限制措施的采取应处理好安全与发展的关系,不应过分扩展"国家安全"的内涵,限制措施应力求精准高效,最大限度地减少对贸易的不必要限制。目前对于国家安全内涵的界定各国没有统一的标准。美国将限制措施作为加强其经济实力、确保其霸权地位的政策工具,频频扩大"国家安全"的外延,打着"国家安全"的旗号采取贸易限制措施,严重破坏了以规则为基础的国际经贸体制。国家安全事项的泛化可能助长贸易保护主义行动,刺激各国将该条款作为实施单边措施与反制措施的政策工具,引发常规贸易措施向国家安全措施的"大迁移",使国家安全不断成为各国悬置多边贸易规则的"合法"理由,开启全球贸易关系逆发展趋势。因此,这种国家安全工具化的做法是我国坚决反对的。③ 欧盟限制措施的实施采取"精准"政策,强调限制措施在维护国际和平与安全方面的功能,要求制裁应当明确地对限制对象实施,应降低对其他人的不利影响。同时,要求限制措施的实施应当与国际法相一致,遵守欧盟及其成员国的国际义务。我国可借鉴欧盟的有益经验,平衡安全和发展的关系,遵循"善意"原则,避免泛化"国家安全"的范畴,在合理的情形下采取贸易限制措施,维护国家主权、安全、发展利益,维护稳定的国家政治、经济、外交关系。

① 孟刚、李思佳:《欧盟经济制裁及其对中国的启示》,《财经法学》2020年第4期,第132—146页。
② 王磊、刘建伟:《欧盟对外制裁决策:制度设计与影响因素》,《国际观察》2016年第1期,第139—141页。
③ 丁丽柏、陈喆:《论WTO对安全例外条款扩张适用的规制》,《厦门大学学报》(哲学社会科学版)2020年第2期,第127—129页。

四、提高限制措施的有效性

美国及欧盟经济制裁实践对我国提高限制性经济措施有效性的启示包括以下几个方面。第一，应设定清晰的政策目标，并评估、监测制裁的实施效果。使制裁有效的一个前提条件是制裁目标必须具体且易于被制裁对象清晰地理解。不能仅仅把制裁看作一种施压、惩罚的工具，应该把制裁作为一种议价手段。制裁必须设定明确的制裁升级、降级及解除的条件。如上文所述，欧盟在实施制裁时通常会对制裁实施效果进行评估，根据制裁目标的实现程度决定是否维持、扩大或取消制裁措施，解除制裁的设置有助于制裁发挥议价的功能。第二，应减少制裁所带来的非故意后果。非故意后果是制约制裁有效性的因素之一。贸易制裁可能导致非故意后果：首先，贸易制裁的发起成本较高，贸易制裁的实施对发起国自身也会产生一定负面影响；其次，贸易制裁可能引发人道主义危机。美国曾经对南斯拉夫、伊拉克发动全面经济制裁，引发了大规模的人道主义灾难，制裁效果并不理想。[①] 第三，贸易制裁与金融制裁形成合力，能够更加有效地实现政策目标。金融全球化是经济全球化最活跃的动力和最集中的体现，以金融为载体的制裁手段效果相比贸易制裁而言更加显著。[②] 以美国发起的金融制裁为例，美元通过条约国际法确定了其在国际货币体系中的中心地位，环球银行金融电信协会作为"全球网络的神经中枢"，对纽约清算所银行同业支付系统（CHIPS）有着很强的依赖性，美国运用金融制裁和其他经济强制措施，能够对被制裁对象形成多渠道冲击，造成严重的经济困境。[③] 对于我国而言，应思考如何降低美国金融制裁对我国的负面影响，同时还应思考应如何以发起国身份运用金融制裁手段更有效地实现我国的政策目标。虽然目前美元在全球货币体系中处于霸权地位，但我国可通过不断扩大银行业规模，在环球银行金融电信协会的现行规则体系下寻求更深远的影响与更大的话语权，避免一国政府独大的局面；建立自己的金融信息交换系统，逐步摆脱对环球银行金融电信协会的依赖，从根本上消解

---

① 刘建伟：《美国制裁改革背景下的对俄经济制裁》，《国际展望》2022 年第 3 期，第 52 页。

② 阮建平：《战后美国对外经济制裁》，武汉大学出版社，2009，第 62 页。

③ 徐以升、马鑫：《美国金融制裁的法律、执行、手段与特征》，《国际经济评论》2015 年第 1 期，第 143 页。

美国金融制裁对我国潜在的或实质性的威胁,[①] 不断提升人民币国际化水平,增强人民币在国际范围内的影响力,提高我国在全球金融体系中的地位。[②]

本章小结

　　本章对国家安全视野下美欧贸易限制措施的立法与实践进行了分析,作为当今世界两大主要经济体,美国和欧盟是实施贸易限制措施较为频繁的国际行为主体。美国基于国家安全采取贸易限制措施的立法主要包括《1962 年贸易扩展法》《出口管理法》《出口管理条例》《国际紧急状态经济权力法》等。在实践中,自 2018 年以来,美国通过出口管制加强对新兴技术领域的管制。同时,频繁运用经济制裁手段实现其外交政策和国家安全目标。欧盟贸易限制措施有关的法律制度主要包括《欧盟理事会(EC)第 428/2009 号条例》《管理军事技术和设备出口控制的共同规则》《欧盟海关准则》《欧盟限制措施(制裁)实施和评估指南》《关于限制措施(制裁)实施的基本原则》《欧盟限制措施有效实施的最佳实践》。自 2016 年以来,欧盟开启了出口管制的现代化进程,同样加强了对新兴技术出口的管制。近几年来,欧盟使用经济制裁工具的频次增加,其限制措施表现出明显的渐进主义的特点,根据目标的实现调整限制措施的强度,并注重对人权的保护。我国贸易限制措施法律体系的建设应借鉴其他国家的成功经验,梳理相关立法的缺失,以构建更加科学完备的贸易限制措施法律体系。

---

① 潘坤、杨成铭:《〈反外国制裁法〉背景下反美国金融制裁措施研究》2021 年第 9 期,第 94 页。
② 郭霂:《新时代国际法律风险应对与全球治理推进》,《中外法学》2021 年第 4 期,第 881 页。

第四章　国家安全视野下我国贸易
限制措施的立法现状及不足

本章将从系统的视角，对国家安全视野下我国贸易限制措施的相关立法进行较为全面的梳理，展开对其立法现状及不足的分析。本书对国家安全相关的贸易限制条款进行体系性研究的目的在于形成对相关法律制度的整体认识，以期更加明确我国在国家安全受到威胁时采用限制措施的国内法依据。通过建构体系化的制度，丰富我国维护国家安全的贸易政策工具箱，实现对外贸易管制工具的多样化，提高对外贸易管制政策的法治化，提升我国制定与运用国际经贸规则的能力。

第一节　国家安全视野下我国贸易限制
措施的立法现状

从广义的角度而言，我国贸易限制措施相关立法可包括以下组成部分。一是《对外贸易法》《国家安全法》中有关贸易限制措施的条款。二是出口管制法律制度，出口管制的目的并非完全局限于政治性，也可包括经济、社会、环境等目的，但以我国国家安全利益为出口管制的最高利益，出口管制所采取的措施表现为对出口进行限制，对贸易具有限制作用。三是反制裁法律法规。反制裁法律法规规定的经济限制措施包括贸易制裁和金融制裁。其中，贸易制裁的具体措施包括关税、配额、禁运、非关税壁垒等，这些均属于贸易限制措施。

一、《对外贸易法》《国家安全法》等立法中的贸易限制条款

（一）《对外贸易法》中的贸易限制条款

我国《对外贸易法》中设置了能够基于国家安全援引采取贸易限制措施的条款，具体包括《对外贸易法》第 7 条、第 16 条、第 17 条及第 26 条。①《对外贸易法》第 7 条规定："任何国家或者地区在贸易方面对中华人民共和国采取歧视性的禁止、限制或者其他类似措施的，中华人民共和国可以根据实际情况对该国家或者该地区采取相应的措施。"根据这一规定，我国实施贸易限制的条件为他国或地区对我国采取了限制措施。《对外贸易法》第 16 条规定："国家基于下列原因，可以限制或者禁止有关货物、技术的进口或者出口：（一）为维护国家安全、社会公共利益或者公共道德，需要限制或者禁止进口或者出口的；（二）为保护人的健康或者安全，保护动物、植物的生命或者健康，保护环境，需要限制或者禁止进口或者出口的；（三）为实施与黄金或者白银进出口有关的措施，需要限制或者禁止进口或者出口的；（四）国内供应短缺或者为有效保护可能用竭的自然资源，需要限制或者禁止出口的；（五）输往国家或者地区的市场容量有限，需要限制出口的；（六）出口经营秩序出现严重混乱，需要限制出口的；（七）为建立或者加快建立国内特定产业，需要限制进口的；（八）对任何形式的农业、牧业、渔业产品有必要限制进口的；（九）为保障国家国际金融地位和国际收支平衡，需要限制进口的；……"根据《对外贸易法》第 16 条的规定，维护国家安全是采取限制或禁止货物进出口措施的重要理由。《对外贸易法》第 17 条规定："国家对与裂变、聚变物质或者衍生此类物质的物质有关的货物、技术进出口，以及与武器、弹药或者其他军用物资有关的进出口，可以采取任何必要的措施，维护国家安全。在战时或者为维护国际和平与安全，国家在货物、技术进出口方面可以采取任何必要的措施。"这一条款可以拆分为两种情况来看，一种是国家可对与国家安全密切相关的物项和技术实施贸易限制，另一种是国家在战时或为维护国际和平与安全，可以采取必要的货物或

---

① 胡晓红：《中国对外贸易国家安全制度重构》，《南大法学》2021 年第 2 期，第 76—89 页。

技术进出口的管制措施。《对外贸易法》第18条规定："国务院对外贸易主管部门会同国务院其他有关部门，依照本法第十六条和第十七条的规定，制定、调整并公布限制或者禁止进出口的货物、技术目录。国务院对外贸易主管部门或者由其会同国务院其他有关部门，经国务院批准，可以在本法第十六条和第十七条规定的范围内，临时决定限制或者禁止前款规定目录以外的特定货物、技术的进口或者出口。"该条款赋予了我国对外贸易主管部门根据特殊情况采取临时限制措施的权力。《对外贸易法》第26条、第27条对应于第16条及第17条，对采取服务贸易领域的进出口限制的条件进行了类似的规定，这些规定互为补充，使国家实施贸易限制措施的物项范围有效地覆盖了货物贸易领域、技术贸易领域及服务贸易领域。[1]

综合上述条款，《对外贸易法》为我国基于国家安全目的实施贸易限制措施提供了基本的法律依据。首先，维护国家安全是我国实施贸易限制措施的重要出发点。其中，《对外贸易法》第16条、第17条及第26条为我国基于国家安全主动采取贸易限制措施提供了依据，《对外贸易法》第7条则为我国反制他国不公平不公正的国际不法行为提供了基础，这些规定互为补充，为我国主动捍卫国家利益或反制他国限制措施提供了较为完整的制度依据。其次，根据《对外贸易法》第7条的规定，针对他国限制措施所采取的反制性的限制措施所针对的对象为其他国家或地区。《对外贸易法》第16条、第17条、第26条、第27条未明确限制措施所针对的对象，通常意义上，《对外贸易法》所影响的主要责任主体为对外贸易经营者。再次，《对外贸易法》规定的限制措施为禁止或限制有关货物、技术、服务的进出口，具体类型可包括进出口货物配额、关税配额、许可证及其他必要手段。最后，对是否采取贸易限制措施进行决断的机构主要为国务院对外贸易主管部门，由国务院对外贸易主管部门会同国务院其他有关部门，制定限制或禁止进出口的货物、技术和服务贸易目录。《对外贸易法》的相关条款同时构成了我国实施出口管制和经济制裁的法律基础。但需要注意的是，《对外贸易法》第1条就已经开宗明义地表明了《对外贸易法》的立法目的为促进对外开放、维护对外贸易秩序，因此其

---

[1] 马林静、梁明：《中国对外贸易体制70年变革与未来改革思路探索》，《国际经济合作》2020年第1期，第45—55页。

监管重点并非国家安全。①

（二）《国家安全法》中的有关条款

首先，根据我国《国家安全法》的规定，我国对"国家安全"这一概念采用的是综合性、整体性的"总体国家安全观"，其范围不仅包含传统安全，还包含非传统安全。《国家安全法》第3条规定，"国家安全工作应当坚持总体国家安全观，以人民安全为宗旨，以政治安全为根本，以经济安全为基础，以军事、文化、社会安全为保障，以促进国际安全为依托，维护各领域国家安全，构建国家安全体系，走中国特色国家安全道路"。第8条第2款规定，"国家安全工作应当统筹内部安全和外部安全、国土安全和国民安全、传统安全和非传统安全、自身安全和共同安全"。②

其次，《国家安全法》第33条及第59条与限制措施具有一定联系，但未直接明确规定贸易限制措施的实施问题。《国家安全法》第33条规定，"国家依法采取必要措施，保护海外中国公民、组织和机构的安全和正当权益，保护国家的海外利益不受威胁和侵害"。《国家安全法》第59条规定，"国家建立国家安全审查和监管的制度和机制，对影响或者可能影响国家安全的外商投资、特定物项和关键技术、网络信息技术产品和服务、涉及国家安全事项的建设项目，以及其他重大事项和活动，进行国家安全审查，有效预防和化解国家安全风险"。这一规定旨在建立国家安全审查和监管制度，但并未具体授权采取限制措施，存在一定缺漏。

最后，《国家安全法》第三章及第四章对维护国家安全的职能部门进行了规定，不同的事项所负责的职能机构有所不同。如果涉及决定战争与和平的问题，由全国人大负责；如果涉及决定紧急状态的问题，由全国人大常委会负责；主席根据全国人大和全国人大常委会的决定，宣布战争状态或紧急状态。中央国家安全领导机构实行统分结合、协调高效的国家安全工作机制，建立国家安全重点领域工作协调机制，统筹协调中央有关职能部门推进相关工作，国家根据维护国家安全工作需要，建立跨部门会商

---

① 顾海兵、张帅：《"十三五"时期我国经济安全水平分析》，《社会科学文摘》2016年第7期，第14—17页。

② 贾宇：《以总体国家安全观为指引、以法治为保障的中国〈国家安全法〉》，《法制与社会发展》2017年第3期，第2页。

工作机制，就维护国家安全工作的重大事项进行会商研判。①

（三）其他对外贸易领域立法的贸易限制条款

首先，《货物进出口管理条例》对涉及国家利益和国家安全的货物的进出口限制进行了配套性规定。《货物进出口管理条例》第 6 条明确规定，"任何国家或者地区在货物进出口贸易方面对中华人民共和国采取歧视性的禁止、限制或者其他类似措施的，中华人民共和国可以根据实际情况对该国家或者地区采取相应的措施"。该条款与《对外贸易法》的第 7 条形成呼应。《货物进出口管理条例》第 8 条第 1 款规定，"有对外贸易法第十七条规定情形之一的货物，禁止进口。其他法律、行政法规规定禁止进口的，依照其规定"。《货物进出口管理条例》第 10 条第 1 款规定，"有对外贸易法第十六条第（一）、（四）、（五）、（六）、（七）项规定情形之一的货物，限制进口。其他法律、行政法规规定限制进口的，依照其规定"。上述两个条款是《对外贸易法》相关条款在货物贸易领域的具体落实。《货物进出口管理条例》第 7 条第 1 款规定，"国务院对外经济贸易主管部门依照对外贸易法和本条例的规定，主管全国货物进出口贸易工作"。由此，具体负责货物贸易领域进出口管制措施的职能部门为国务院外经贸主管部门。该条例第二章和第三章进一步明确了进出口限制措施的类型，具体包括进出口配额管理、许可证管理、关税配额管理。

其次，《技术进出口管理条例》同样对涉及国家安全的技术进出口限制进行了细化的规定。《技术进出口管理条例》第 8 条明确规定，"有对外贸易法第十六条规定情形之一的技术，禁止或者限制进口。国务院外经贸主管部门会同国务院有关部门，制定、调整并公布禁止或者限制进口的技术目录"。该条款是对《对外贸易法》具体落实的配套规定，同时，明确了技术进出口限制措施的主管机关主要为国务院外经贸主管部门。《技术进出口管理条例》第 30 条规定，"属于限制出口的技术，实行许可证管理"，该条款表明为维护国家安全国家所采取的技术限制措施的类型为许可证管理。

此外，《海关法》及《进出口关税条例》对进出口限制措施的执行机关进行了规定。《海关法》第 40 条规定，国家对进出境货物、物品有禁

---

① 康均心、虞文梁：《后〈国家安全法〉时代的国家安全法律体系建设》，《郑州大学学报》（哲学社会科学版）2016 年第 3 期，第 35—38 页。

国家安全视野下贸易限制措施的法律制度

止性或者限制性规定的，海关依据法律、行政法规、国务院的规定或者国务院有关部门依据法律、行政法规的授权作出的规定实施监管。《进出口关税条例》则分别规定了进出口关税的执行机关，该条例第 2 条规定，"中华人民共和国准许进出口的货物、进境物品，除法律、行政法规另有规定外，海关依照本条例规定征收进出口关税"。

二、出口管制法律法规中的贸易限制条款

出口管制即国家对出口贸易进行的干预和限制。出口管制措施是典型的贸易限制措施之一，在参与对外贸易与合作时，出口管制部门有义务保障国家安全和维护国家利益，出口管制是各国维护国家安全和利益的重要手段。市场经济的主旋律是开放与自由，但也必须引入必要的政府监管，敏感的战略物资和高科技产品的出口将对我国的国家安全造成负面影响，出口管制是我国开展对外贸易过程中重要的保障措施。改革开放初期，由于经济实力较为薄弱，我国出口管制的中心工作在于防止大规模杀伤性武器的扩散。随着经济的发展和国际地位的提升，我国出口管制制度从零散走向系统，通过适时的贸易限制措施服务于国家安全的需求。我国出口管制的法律基础包括《对外贸易法》《海关法》等，而出口管制的专门法律则由《出口管制法》及出口管制领域的行政法规、部门规章组成。[①]

（一）《出口管制法》

在借鉴国际通行做法的基础上，2020 年 10 月 17 日，第十三届全国人大第二十二次会议通过了我国首部《出口管制法》，进一步完善了我国对外贸易法律体系。面对全球贸易保护主义的冲击及严峻复杂的国家安全形势，《出口管制法》重点强调了对国家安全的维护，该法第 1 条即指出维护国家安全和利益是该法的主要立法宗旨，第 3 条进一步指出出口管制工作应当坚持总体国家安全观。为贯彻落实总体国家安全观，《出口管制法》在全面管制、临时管制、管制物项等具体制度和规则中，都强化了维护国家安全和利益的属性和功能。[②] 并且，我国的出口管制在维护国家

---

① 姜辉：《美国出口管制与中国高技术产业全球资源配置风险》，《中国流通经济》2020 年第 7 期，第 87—96 页。
② 韩冰：《出口管制法落地，贸易大国应有之举》，《环球时报》2020 年 10 月 22 日，第 15 版。

正当利益时，彰显了对贸易对等的支持。《出口管制法》第 48 条明确规定，"任何国家或者地区滥用出口管制措施危害中华人民共和国国家安全和利益的，中华人民共和国可以根据实际情况对该国家或者地区对等采取措施"。该条规定为我国应对损害我国国家安全的不法行为提供了采取贸易反制措施的法理基础。与此同时，随着我国技术创新能力的提高，通过立法限制或禁止对关键技术的获取，或未经适当授权而转让关键技术，保障我国自主创新能力建设，也是我国出口管制工作的重要内容。新中国成立 70 多年来，特别是改革开放以来，我国科技投入逐渐增加，人才培养效果凸显，我国已成为具有一定影响力的科技大国，在部分科技领域已经实现弯道超车，形成了自己的过硬技术，尤其是在高铁装备、量子科学、超级计算机、特高压输电、人工智能、移动支付、5G、无人机等技术领域逐步形成了自己的优势，继续巩固我国在这些领域的并行、领跑优势，认真抓好技术安全管控已经成为一个紧迫的课题。具体而言，我国《出口管制法》对管制物项、适用主体、管制环节、管制清单、管制措施、监管部门职能设置、出口管制的执行等重要内容作出了相应规定。[①]

其一，管制物项。维护国家安全是采取出口管制措施的重要意图，为了保障国际和平与安全，国家需对核武器等大规模杀伤性武器进行严格的出口管制，为了保护本国的战略优势，需要对本国战略资源的出口进行限制，为了保持技术优势及防止民用高新技术被用于军事用途，需要对敏感的两用物项及关键技术进行出口限制。我国《出口管制法》明确规定出口管制物项种类为货物、技术和服务，并特别明确与物项相关的技术资料等数据也在管制物项范围内，实现了对管控物项的充分覆盖。此外，《出口管制法》确立了物项管制的咨询和问答程序，解决企业和监管部门的判断困难。《出口管制法》第 12 条第 4 款规定，"出口经营者无法确定拟出口的货物、技术和服务是否属于本法规定的管制物项，向国家出口管制管理部门提出咨询的，国家出口管制管理部门应当及时答复"。这一规定为企业和相关监管部门在判断管制物项时提供了充分的技术支持，能够对企业从事出口经营活动实行指导，同时有利于相关监管部门的工作开展，有助于促进法律的遵守和执行。但从我国出口管制的产品范围来看，目前所涵盖的范围还较窄，且未根据产品的扩散风险和溢出威胁对其进行系统

[①]　池志培：《美国对华科技遏制战略的实施与制约》，《太平洋学报》2020 年第 6 期，第 27—42 页。

评估及分类管理。从出口管制的对象国来看，我国尚未规定国别分类制度，未明确不同国家的特别管制措施。①

其二，适用主体及管制环节。依据我国《出口管制法》的规定，我国公民、法人和非法人组织向外国组织和个人提供管制物项受该法约束。为实现对管制主体的全面覆盖，我国《出口管制法》同样明确了必要的域外适用效力，第44条规定境外的组织和个人违反该法有关出口管制管理规定，危害我国国家安全和利益，妨碍履行防扩散等国际义务的，依法处理并追究其法律责任。美国出口管制政策下的"出口"定义十分广泛，我国《出口管制法》中管制行为的范围也大大扩大，受控行为涵盖了视同出口和再出口行为。

其三，管制清单。管制清单是《出口管制法》实施的重要基础。《出口管制法》规定由国家出口管制管理部门根据出口管制政策，会同有关部门制定、调整并发布出口管制清单。但综观我国现行的管制清单，在清单管制物项、管控技术标准等方面的描述较为模糊，使得这些出口管制清单仍存在操作性不足的问题。

其四，管制措施。《出口管制法》明确国家对管制清单所列出的管制物项以及实施临时管制物项的出口实行许可制度，并进一步列明国家出口管制管理部门在审查出口许可申请时的考虑因素，具体包括国家安全和利益、国际义务和对外承诺、出口类型、管制物项敏感程度、出口目的国家或者地区、最终用户和最终用途、出口经营者的相关信用记录以及法律、行政法规规定的其他因素。我国《出口管制法》中并没有规定详细的出口许可程序，并缺乏对申请许可需提交信息的规定，需要在该法的落地实施中进一步明确。②

其五，部门职能设置。《出口管制法》出台以前，国务院各职能部门对出口管制的监管理念不一、管理措施不同，导致出口管制制度执行效力受到很大影响。而造成监管部门多头执法、权责不明等问题的原因是有关出口管制的行政法规和部门规章规定不统一、不协调。③ 我国《出口管制

---

① 李峥：《美国推动中美科技"脱钩"的深层动因及长期趋势》，《现代国际关系》2020年第1期，第33—40页。

② 郭晓兵：《防扩散还将是中美合作亮点吗？——中美防扩散合作模式、动因及前景探析》，《国际安全研究》2017年第5期，第111—127页。

③ 孟伟：《出口管制法草案首次"亮相"：立法提升出口管制工作法治水平》，《中国人大》2020年第1期。

法》出台后，明确规定建立国务院、中央军委及相关各部委统筹协调的出口管制监管体系，确立了出口管制监管统一性原则。《出口管制法》对出口管制政策的制定主体进行了明确，对于事关国家安全和公共利益的物项，必须由主管部门报国务院和中央军委批准方可出口，为增强出口管制政策的针对性，国家出口管制管理部门可以对管制物项的出口目的地国家或地区进行风险评估，确定风险等级并采取相应的管制措施。从出口管制机构的分工来看，商务部是负责出口管制的主要部门，海关则负责对出口管制清单的监管、调查和统计等事务，并负责敏感物项的甄别和许可证的查验。[1]

其六，出口管制的执行。《出口管制法》进一步明确了海关在出口管制中的职责和权限，并在一定程度上建立起了海关与商务部等部门的联动机制，但仍不够全面，仅规定海关可以向国家出口管制管理部门提出组织鉴别，并根据国家出口管制管理部门作出的鉴别结论依法处置。

（二）出口管制行政法规

在《出口管制法》出台前，为了履行防扩散的国际责任，我国建立了覆盖"核、生、化、导"等物项作为管制对象的 6 部行政法规。1995年，我国制定了首部关于出口管制的行政法规《监控化学品管理条例》，而后又陆续出台了《核出口管制条例》《军品出口管理条例》《核两用品及相关技术出口管制条例》《生物两用品及相关设备和技术出口管制条例》《导弹及相关物项和技术出口管制条例》等行政法规和规章。[2]这些行政法规构成了我国在正式出台《出口管制法》前实施出口管制的主要法律依据。依据这些出口管制的行政法规，我国编制了相应的管制清单，具体包括《核出口管制清单》《军品出口管理清单》《核两用品及相关技术出口管制清单》《生物两用品及相关设备和技术出口管制清单》等。

三、反制裁法律法规中的贸易限制条款

我国反制裁领域的法律法规包括《不可靠实体清单规定》及《反外

---

① 姜辉：《我国出口管制体系的演进历程及完善对策》，《理论月刊》2019 年第 8 期，第 101—103 页。
② 宋微：《出口管制法展现中国维护公平的决心》，《中华工商时报》2020 年 10 月 26 日，第 3 版。

国制裁法》，二者规定的反制措施从本质上看为经济制裁措施。① 2019 年 5 月 31 日，我国政府宣布将建立"不可靠实体清单"，该制度旨在维护国家安全，将有助于补充和完善我国的对外制裁制度和国家安全机制。2020 年 11 月召开的中央全面依法治国工作会议将"统筹推进国内法治和涉外法治"确立为新时代全面依法治国必须做到的"十一个坚持"之一，并明确提出"综合利用立法、执法、司法等手段开展斗争，坚决维护国家主权、尊严和核心利益。加快形成系统完备的涉外法律法规体系，提升涉外执法司法效能。用规则说话，靠规则行事，依法维护我国企业和公民海外合法权益"。2021 年 3 月通过的"十四五"规划和 2035 年远景目标纲要，将"统筹发展和安全"作为重要内容，强调在未来的建设和发展中，要坚定不移地维护国家主权、安全、发展及核心利益。2021 年 3 月，十三届全国人大常委会工作报告明确提出，要围绕反制裁、反干涉、反制"长臂管辖"等，充实应对挑战、防范风险的法律工具箱。这些政府规划和立法建议为《反外国制裁法》的出台提供了政策依据。

（一）《不可靠实体清单规定》

2020 年 9 月 19 日，我国政府公布《不可靠实体清单规定》，意味着我国未来将更多地运用符合国际法规则的法律武器捍卫我国的核心利益。从本质上而言，不可靠实体清单属于对外经济制裁措施。本次公布的不可靠实体清单是指"不遵守市场规则，背离契约精神，出于非商业目的对中国企业实施封锁或断供，严重损害中国企业正当权益的外国企业组织或个人"的清单，不可靠实体清单的立法目的不仅在于维护国家安全，还包括维护我国公民及企业的正当权益，维护公平合理的国际规则，捍卫多边贸易体制等。② 主体在主观上为"出于非商业目的"，客观行为是"实施了封锁或断供"，后果为对我国企业或相关产业造成损害、对国家安全构成威胁或者潜在威胁，行为和后果之间具有"造成"的因果关系。根据《不可靠实体清单规定》，被列入不可靠实体清单的理由主要为两个方面：一是危害我国国家主权、安全、发展利益；二是违反正常的市场交易规则，采取歧视性措施，损害我国实体合法权益。从监管措施来看，对于

---

① 姜辉：《美国出口管制与中国高技术产业全球资源配置风险》，《中国流通经济》2020 年第 7 期，第 87—96 页。

② 徐飞彪：《不可靠实体清单：制裁制度有必要》，《半月谈》2020 年 10 月 14 日。

被纳入清单的实体可以采取的措施包括"限制或者禁止进出口；限制或禁止投资；旅行限制；限制或取消在华工作许可或者停留、居留资格；罚款；其他必要措施"。"不可靠实体清单"制度的建立有助于我国正面回应贸易保护主义政策，促使其他国家改变或放弃用国家力量打压我国企业的不正当行为。①

（二）《反外国制裁法》

《反外国制裁法》所规定的反制措施的立法重点在于反制，为具有中国特色的经济制裁法律制度。此前，在实践层面，我国多次宣布对外国实体和个人采取限制措施，但仔细考察《对外贸易法》《反垄断法》《国家安全法》，这些法律并非关于经济制裁的专门立法，涉及的内容较为宽泛，导致对相关制度的规定多为概括性的，其作为制裁依据均存在模糊之处。《不可靠实体清单规定》则立法位阶较低，无法为我国基于维护国家安全采取制裁措施提供强有力的法律支持。《反外国制裁法》弥补了之前我国缺乏经济制裁领域专门性、基础性立法的不足，为国家依法维护国家主权、安全、发展利益实施制裁提供了充分的法律依据。②

《反外国制裁法》对反制措施实施的政策目标、决策机构、对象范围、措施类型以及实施程序等提供了较为明确的指引。

第一，《反外国制裁法》的立法目标在于维护国家主权、安全、发展利益，保护我国公民、组织的合法权益，在充分考虑贸易与投资的自由化的基础上，针对其他国家和国际组织违反国际法对我国采取歧视性限制措施的行为，采取相应的反制措施，向制裁对象及国际社会对外释放外交信号，捍卫我国的主权、安全、发展利益。③

第二，《反外国制裁法》将国务院有关部门作为反制措施的决策机构，当其他国家对我国进行遏制、打压或对我国公民、组织采取歧视性限制措施时，为维护国家安全的需要，国务院有关部门制定反制措施及实施对象，并在情势变化时暂停、变更或取消反制措施。同时，《反外国制裁法》规定国家设立反外国制裁工作协调机制，加强相关部门的信息共享，有助于决策的科学性和一致性，但目前该机制仅为原则性规定，具体如何

---

① 廖凡：《比较视角下的不可靠实体清单制度》，《比较法研究》2021年第1期，第167—179页。
② 霍政欣：《〈反外国制裁法〉的国际法意涵》，《比较法研究》2021年第4期，第143—157页。
③ 杜涛、周美华：《应对美国单边经济制裁的域外经验与中国方案——从〈阻断办法〉到〈反外国制裁法〉》，《武大国际法评论》2021年第4期，第1—24页。

建立尚未明确。

第三，《反外国制裁法》中反制措施实施针对的目标应为危害我国国家安全的组织或个人，既包括与采取歧视性限制措施直接或间接相关的组织和个人，也包括与上述人员利益相关的组织和个人。采取反制措施的标准为其他国家违反国际法或国际关系基本准则，或将其本国法凌驾于他国立法之上，滥用"长臂管辖"规则，这类行为严重破坏了互相尊重主权和领土完整、互不侵犯、互不干涉内政、平等互利、和平共处的五项原则，我国完全有理由采取限制措施对危害我国国家安全的行为进行反制。

第四，《反外国制裁法》的反制措施包括三项：一是入境限制、居留限制，二是资产冻结，三是禁止或限制交易。其中资产冻结、禁止或限制交易即为贸易限制措施。除了上述措施外，《反外国制裁法》还规定针对危害我国国家安全的行为也可以采取其他的必要措施，为我国相关部门采取限制措施保留了一定的灵活度。

我国现行贸易限制措施法规体系的主要内容如表4-1所示。

表4-1　我国贸易限制措施所依据的主要法律

法律	可适用情况	针对对象	可采取措施	主管机构
《对外贸易法》第7条	任何国家或者地区在贸易方面对中华人民共和国采取歧视性的禁止、限制或者其他类似措施	国家或地区	根据实际情况对该国家或者该地区采取相应的措施	国务院对外经济贸易主管部门
《对外贸易法》第16条	维护国家安全	未明确规定	限制或者禁止有关货物、技术的进口或者出口	国务院对外经济贸易主管部门
《对外贸易法》第17条	战时或者为维护国际和平与安全；维护国家安全	未明确规定	货物或技术的进出口采取任何必要的措施	国务院对外经济贸易主管部门
《对外贸易法》第18条	《对外贸易法》第16条和第17条规定的范围内	未明确规定	临时的进出口限制	国务院对外经济贸易主管部门
《对外贸易法》第26条	维护国家安全、社会公共利益或者公共道德	未明确规定	限制或禁止服务贸易	国务院对外经济贸易主管部门

续表

法律	可适用情况	针对对象	可采取措施	主管机构
《国家安全法》第33条	保护海外我国公民、组织和机构的安全和正当权益,保护国家的海外利益	未明确规定	必要措施	中央国家安全领导机构
《货物进出口管理条例》第6条	对我国采取歧视性的禁止、限制或其他措施	国家或地区	根据实际情况对该国家或者该地区采取相应的措施	国务院对外经济贸易主管部门
《货物进出口管理条例》第8条	《对外贸易法》规定的限制或禁止情形	未明确规定	进出口配额;进出口许可证等	国务院对外经济贸易主管部门
《技术进出口管理条例》第8条至第11条、第31条至第35条	《对外贸易法》规定的禁止或限制情形	未明确规定	许可证管理	国务院对外经济贸易主管部门
《出口管制法》	维护国家安全和利益,履行防扩散等国际义务	我国境内及境外的组织和个人	制定管制清单、名录或者目录、实施出口许可以及在特殊情况下实施临时管制	国务院、中央军委及相关各部委统筹协调
《军品出口管理条例》《核出口管制条例》《生物安全法》《生物两用品及相关设备和技术出口管制条例》等	损害国家利益和安全的物项;维护国家安全和社会公共利益等	单位和个人	对军品、核、生物两用品等与国家安全密切相关的物项及技术的出口进行管制	军品贸易管理委员会、国家原子能机构、国务院对外经济贸易主管部门等
《不可靠实体清单规定》	维护国家主权、安全、发展利益	外国企业、其他组织和个人	限制或者禁止进出口活动;限制或者禁止投资;限制或者禁止其相关人员、交通运输工具等入境;工作许可、居留资格等限制;罚款等	国务院商务主管部门

法律	可适用情况	针对对象	可采取措施	主管机构
《反外国制裁法》	外国违反国际法和国际关系基本准则,以各种借口或者依据其本国法律对我国进行遏制、打压,对我国采取歧视性限制措施	外国组织或个人	入境限制、居留限制;资产冻结;禁止或限制交易	国务院有关部门

四、国家安全视野下我国贸易限制措施的立法现状评析

国家安全视野下贸易限制措施法律法规具有的共性和特点是以维护国家安全为立法宗旨,具备防范国家主权、安全、发展利益和公民合法权益受侵害的保障功能,并通过采取贸易限制措施对不正当的歧视措施和霸凌主义进行预防、反击、震慑。自 1978 年实行对外开放政策以来,我国初步形成了以《国家安全法》《对外贸易法》为核心的国家安全保障的贸易限制措施法律法规体系,涵盖《出口管制法》《反外国制裁法》等法律,《技术进出口管理条例》《货物进出口管理条例》以及生、化、核、导等多个领域的行政法规,《不可靠实体清单规定》《阻断外国法律与措施不当域外适用办法》《两用物项和技术进出口许可证管理办法》等部门规章,由此形成了维护国家安全的涉外"法律法规群",兼具宏观层面的全局掌控和微观层面的技术管制,为国家安全和公民合法利益构筑起坚实的法律保障。[①]

(一)国家安全视野下我国贸易限制措施法律法规体系的构成

1. 《国家安全法》:保护国家主权、安全和发展利益的基本法

《国家安全法》是国家安全保障的贸易限制措施法律法规体系的"基本法"。结合新时代的特点,《国家安全法》界定了传统安全和非传统安全的内涵,为涉外法律法规体系的构建搭建了主心骨,作出了原则性的指引。[②]

---

① 马林静、梁明:《中国对外贸易体制 70 年变革与未来改革思路探索》,《国际经济合作》2020 年第 1 期,第 45—55 页。

② 康均心、虞文梁:《后〈国家安全法〉时代的国家安全法律体系建设》,《郑州大学学报》(哲学社会科学版)2019 年第 3 期,第 36 页。

其第 2 条明确了国家安全的基本内涵，第 8 条明确界定了统筹内部安全和外部安全、传统安全和非传统安全的国家安全工作主旨，第 13 条确立了国家采取必要措施保护国家和公民的海外利益不受威胁和侵害的原则，从宏观立法理念到微观制度建构均为构建国家安全保障的涉外法律法规体系奠定了基石，并为国家应对安全威胁采取必要的限制措施提供了权力的正当性来源。

2.《对外贸易法》《技术进出口管理条例》《货物进出口管理条例》：在对外贸易领域共同维护国家安全的层级立法

从产生过程来看，《对外贸易法》是经由全国人民代表大会第七次会议通过的基本法律，而《技术进出口管理条例》《货物进出口管理条例》是作为其下位法的行政法规，《两用物项和技术进出口许可证管理办法》是其下位层级最低的部门规章。法律的位阶属性是立法者原意的表露和法治的时代导向。《对外贸易法》第 16 条、第 17 条、第 26 条、第 27 条的规定是我国外贸制度中对国家安全的立法表达，增添了涉外法律法规体系中对外贸易领域防范国家安全威胁和维护国家安全的法律依据，[①] 同时也为其下位法提供了维护国家安全、主权和发展利益的立法指引。《技术进出口管理条例》《货物进出口管理条例》《两用物项和技术进出口许可证管理办法》的第 1 条均表明了《对外贸易法》具有源流性的特征，《对外贸易法》对国家安全的立法表述自然贯穿于其下位的法规规章。《技术进出口管理条例》第 8 条、第 28 条和《货物进出口管理条例》第 8 条、第 10 条、第 33 条、第 35 条、第 57 条是对《对外贸易法》第 16 条、第 17 条的细化规定，既是与上位法的衔接协调条款，又共同构成贸易领域维护国家安全的"组合拳"，更有力地发挥了贸易领域国家安全保障法律制度的整体效用。

3.《出口管制法》及生、化、核、导多个领域的出口管制条例：国家安全保障的出口管制法律工具

《出口管制法》的出台提升了我国涉外法律法规体系中出口管制制度的立法层级，搭建了我国出口管制制度的基本框架，是我国在立法和战略上层应对国际经贸新形势的有力举措。临时管制、全面管制、管制物项出口许可、管控名单等相关具体制度和规则细化了国家安全保障的出口管制

---

① 胡晓红：《中国对外贸易国家安全制度重构》，《南大法学》2021 年第 2 期，第 76—77 页。

法律措施，强化了维护国家安全和利益的属性及功能，为维护国家安全与利益提供了重要工具。除在第 1 条确立了"维护国家安全和利益"的立法宗旨外，《出口管制法》在第 3 条也进一步规定了"出口管制工作应当坚持总体国家安全观"，为我国在经济交往中维护国家安全与利益提供了法律保障。其第 44 条规定了出口管制制度的域外适用，第 48 条规定了可以对危害国家安全和利益的行为采取对等措施，丰富了我国贸易政策的工具箱，有效地改变了我国在对外经贸活动中的被动局面。《军品出口管理条例》《核出口管制条例》《生物两用品及相关设备和技术出口管制条例》《监控化学品管理条例》《导弹及相关物项和技术出口管制条例》等行政法规作为《出口管制法》的下位法均具有出口管制功能，是生、化、核、导等多个领域防范出口管制风险的贸易政策工具箱。[1]《出口管制法》及其下位法形成的具有出口管制功能的"法律工具群"以维护国家安全、主权和发展利益的目的为主线，是国家安全保障理念在出口贸易领域的具体体现。其价值理念遵循总体国家安全观的指引，对出口许可、管制清单、最终用途和最终用户等制度作系统性规定，与国际通行原则相适应，是兼具理论价值性和实操性的维护国家安全的贸易政策的法律工具。

4.《不可靠实体清单规定》《反外国制裁法》：反制裁领域的两柄利刃

《不可靠实体清单规定》和《反外国制裁法》均具有维护国家主权、安全、发展利益的作用。《不可靠实体清单规定》是对别国歧视性的进出口管控及其他制裁措施的反制，通过对外国实体施压形成震慑促使其在遵循外国政府的管制和制裁要求时，更加中立、慎重和克制。其为我国构建反制裁法律法规的初步成果。[2]《反外国制裁法》则以反制裁为逻辑起点，其是针对他国无国际法正当性的单边制裁所采取的合法举措，表明了我国维护国际经贸秩序的决心和担当，是我国应对单边制裁采取有效反制措施的法律策略。同时，《反外国制裁法》能够有效反击外国的制裁滥用和"长臂管辖"，维护我国主权、安全、发展利益和公民的合法权益。[3] 同时，《反外国制裁法》第 12 条具备域外适用效用，赋予了我国法院域外管辖权，有助于保障公民在境外的合法权益。其采用"穿透式管理"识

---

① 韩冰：《出口管制法落地，贸易大国应有之举》，《环球时报》2020 年 10 月 22 日，第 15 版。
② 廖凡：《比较视角下的不可靠实体清单制度》，《比较法研究》2021 年第 1 期，第 167—178 页。
③ 薛源、程雁群：《"单边"制裁的法治破局》，《人民论坛》2021 年第 22 期，第 103 页。

别制裁对象,充实了国家安全保障的法律工具箱,是构建保障国家安全的"攻防兼备"的涉外法律法规体系的节点性立法。①

(二) 国家安全视野下我国贸易限制措施实施的程序

根据现行贸易限制措施相关立法的规定,可以系统地归纳出国家安全视野下我国贸易限制措施的适用情形、适用对象、措施类型及主管机构。

首先,贸易限制措施的适用条件为维护国家安全。何为"国家安全",决定了触发贸易限制措施的条件。根据《国家安全法》的规定,我国国家安全工作坚持总体国家安全观。总体国家安全观要求构建集政治安全、国土安全、军事安全、经济安全、文化安全、社会安全、科技安全、信息安全、生态安全、资源安全、核安全等于一体的国家安全体系。根据我国《国家安全法》的规定,其牵涉面较为广泛。是否所有触及我国国家安全的行为都达到触发贸易限制措施的程度,我国立法暂未明确。

其次,贸易限制措施对象的范围包括国家、组织和个人。《对外贸易法》第7条、《货物进出口管理条例》第6条中的贸易反制条款所针对的对象为对我国采取歧视性的禁止、限制或其他措施的国家或地区。《出口管制法》及其他出口管制行政法规所针对的对象主要为我国境内的组织和个人,但如果境外的组织和个人违反出口管制管理规定,危害我国国家安全和利益,也须承担法律责任。《不可靠实体清单规定》所针对的对象则为威胁我国国家安全的外国法人、组织和个人。《反外国制裁法》所制裁的对象为与采取歧视性限制措施直接或间接相关的组织或个人以及与上述人员利益相关的人员。

再次,贸易限制措施的类型繁多。《对外贸易法》中所允许的贸易限制措施主要包括对货物、服务、技术的进出口限制或其他对等措施。《出口管制法》所允许的贸易限制措施针对出口行为,包括出口配额、出口许可证等。《不可靠实体清单规定》所允许的贸易限制措施最为广泛,包括进出口限制、限制或禁止人员及交通运输工具入境、工作许可及居留资格限制等。《反外国制裁法》所允许的限制措施主要包括资产冻结及限制或禁止交易。

最后,贸易限制措施的决策机构在不同立法中有所区别。《对外贸易法》中所涉及的贸易限制措施主要由国务院对外经济贸易主管部门进行

---

① 霍政欣:《〈反外国制裁法〉的国际法意涵》,《比较法研究》2021年第4期,第157页。

决策和实施。《国家安全法》中则规定针对不同国家安全事项，决策部门有所不同，并实施跨部门会商工作机制。《出口管制法》规定由国务院、中央军委及相关各部委统筹协调制定出口管制政策。《反外国制裁法》则规定决策主体为国务院有关部门，但对具体由哪几个部门作出决策未进行细化规定。由此，在目前的管理体制下，在制定与国家安全有关的贸易限制政策时，可能会存在一定程度的主管部门混乱问题。

第二节　国家安全视野下我国贸易限制措施的立法不足

一、贸易限制措施立法的协调一致性仍有待加强

贸易限制措施立法的各法律规范之间存在相互联系的关系，综合考虑不同法律规范在维护国家安全中的作用，运用多种类型的贸易限制措施，能够最大化贸易政策的实施效果。但从我国现有的立法来看，贸易限制措施立法内部的各法律规范是割裂的、分散的，难以产生整体性的政策实施效果。

（一）与贸易限制措施有关的法律规范的立法理念缺乏有机衔接

在国际经济秩序面临深刻调整与重塑、美国贸易保护主义和全球经济民粹主义猖獗、中美经贸关系仍然复杂和紧张的背景下，我国在制定相关对外贸易政策时需要重视自由贸易与国家安全的平衡，对外贸易法律规范体系应当服务于我国的国家安全目标。与贸易限制措施有关的法律规范均具有强化维护国家安全和利益的属性及功能，却未在《国家安全法》的统领下，实现立法目的及立法理念的统一的国家安全考量。[1]

第一，《对外贸易法》中有关于国家安全制度的规定，且为《不可靠实体清单规定》的上位法，但其立法目的及立法理念中均未加入与国家安全有关的表述。具体而言，《对外贸易法》第16条、第17条、第26条

---

[1]　屈茂辉：《我国上位法与下位法内容相关性实证分析》，《中国法学》2014年第2期，第124—126页。

规定了国家基于维护国家安全原因可采取进出口限制措施的权力，此为与国家安全有关的条款，贸易安全属于国家安全的一部分。同时，《不可靠实体清单规定》第1条明确将《对外贸易法》作为其上位法，该法的立法目的是"维护国家主权、安全、发展利益"，该法是现阶段我国应对外国滥用制裁手段和"长臂管辖"、维护国家安全和利益的重要举措。但作为其上位法的《对外贸易法》的立法目的未提及贸易与国家安全的关系和贸易的必要管理，导致上下位法在立法目的上缺乏自洽性。《对外贸易法》中立法目的的缺失，也同时导致作为其下位法的《货物进出口管理条例》《技术进出口管理条例》的立法目的及理念均缺乏与国家安全相关的表述，《货物进出口管理条例》第8条及第10条、《技术进出口管理条例》第8条均为涉及国家安全的条款，具有维护贸易安全的功能。《对外贸易法》《货物进出口管理条例》《技术进出口管理条例》制定之初，我国处于重发展的阶段，未将国家安全提到与发展并重的高度，但在《国家安全法》于2014年出台后，《对外贸易法》《技术进出口管理条例》在最新修订时仍未统筹地从国家安全的角度考虑问题，不利于发挥涉外法律规范维护国家安全的效用。

第二，作为《出口管制法》下位法的涉及军品、核、生物、化学等敏感物项的专项行政法规，未能实现与《出口管制法》立法目的及理念的衔接与协调。《军品出口管理条例》《核出口管制条例》《生物两用品及相关设备和技术出口管制条例》《监控化学品管理条例》《导弹及相关物项和技术出口管制条例》等行政法规对军品、核、生物、化学和导弹等敏感物项和技术进行管制，有助于实现防扩散目标，维护国家安全利益，属于出口管制法制，《核出口管制条例》《生物两用品及相关设备和技术出口管制条例》已明确将"维护国家安全和利益"纳入立法目的，但在《军品出口管理条例》《监控化学品管理条例》中却缺乏相应表述，导致出口管制法制体系中不同层级及同层级的立法之间均缺乏协调与配合。此外，尽管《核出口管制条例》《生物两用品及相关设备和技术出口管制条例》等已将"维护国家安全"纳入了立法目的，但未在条款中回应《出口管制法》中"出口管制工作应当坚持总体国家安全观"的表述，没有实现立法理念的协调与衔接。

第三，《不可靠实体清单规定》《反外国制裁法》未在条文中体现总体国家安全观的立法理念。上述立法均为国家安全法治体系的重要组成部分，补足了我国涉外法律体系中维护国家安全的法律规范的"拼图"，为我国采取贸易限制措施维护国家主权、安全、发展利益提供了有力的法治支撑，但其均未将"贯彻总体国家安全观"作为立法理念，没有体现与《出口管制法》立法理念的统一安排，立法理念的缺失易导致立法宗旨与法律实施相分离。

（二）与贸易限制措施有关的法律规范内外部未形成协调配合的机制

首先，经济制裁和进出口管制制度在实现维护国家安全目的时，可起到不同的作用，二者的协调配合能够形成闭合的制度屏障，提升限制措施的实施效果。经济制裁与出口管制制度受到国际法约束的强度有所不同，经济制裁通常出于政治目的，目前国际法对经济制裁的实施约束不强，而进出口管制的目的并非完全局限于政治性，也可能基于经济、社会、环境等目的，非政治目的的进出口管制则受到多边贸易体制较强的约束，WTO原材料出口限制措施案、稀土案即为我国采取出口管制措施被诉的典型案例。此外，经济制裁相较出口管制而言，针对的对象是具体的，制裁措施具有特定指向，制裁的实施通常具有短期性，而出口管制的对象可能是非具体的，管制措施的实施具有长期性。《反外国制裁法》《不可靠实体清单规定》为经济制裁制度，《出口管制法》为出口管制制度，经济制裁制度和出口管制制度在实现维护国家安全目的时，可起到不同的作用，二者的协调配合能够从不同维度上保障国家安全。目前我国相关部门在出台反制裁措施和出口管制措施时尚未形成协同配合，导致这三部法律相互补充的功能未充分得到发挥。①

其次，贸易领域的限制措施与投资领域的限制措施缺乏配合。外商投资安全审查制度是投资领域的限制措施，其通过对影响或者可能影响国家安全的外商投资进行安全审查，以保护我国国家安全免受外商投资的不利影响。美国于2018年出台的《出口管制改革法》与《外国投资风险评估现代法》（FIRRMA）在"国家安全"方面有着一种协同安排，确保了技术出口管制在投资和贸易两个维度上呈密闭封锁状态，避免核心技术泄露对国家安全造成的负面影响。美国《外国投资风险评估现代法》确定了关键技术的范围，并规定关键技术的具体含义随《出口管制改革法》确

---

① 陈爱娥：《法体系的意义与功能——借镜德国法学理论而为说明》，《法治研究》2019年第5期，第54—55页。

立的跨部门识别程序识别新兴和基础技术的结果进行调整，同时，《出口管制改革法》规定跨部门识别程序识别新兴和基础技术时应考虑外国投资委员会调查和审查跨境投资安全性时得到的信息。两法通过规定新兴基础技术和关键技术在贸易、投资两个领域的交叉认定方法，在技术管制方面实现了技术出口管制制度和外商投资安全审查制度的联动安排。如此一来，既使外商投资安全审查时需考虑《出口管制改革法》认定的新兴和基础技术，又使新兴和基础技术的认定需考虑外商投资安全审查获取的信息，从而形成技术封锁，最大限度地杜绝跨境投资导致的关键技术外泄。此外，美国还通过加强对关键技术领域的跨境投资审查实现制度联动安排。美国财政部投资安全办公室于 2018 年 10 月发布《审查涉及外国人员和关键技术的某些交易的试行计划》，该试行计划 C 部分明确了试点计划涵盖的交易，并规定了涉及在此计划生效后被纳入《出口管制改革法》管制的关键技术的跨境投资应受到控制，除非满足相关的交易要求，这意味着《出口管制改革法》对于技术管制的要求被延伸到外商投资审查领域，进一步加强了对关键技术的保护。美国的做法可为我国所借鉴，我国需要加强贸易领域与投资领域限制措施的衔接，使二者能够相互配合，共同对国家安全风险进行有效调控。①

（三）与贸易限制措施有关的法律规范上下位法之间的衔接与适用不清晰

首先，《国家安全法》并无关于限制措施的明确授权性规定，无法为《出口管制法》《反外国制裁法》《不可靠实体清单规定》实施限制措施提供有力的法律支撑，存在上位制度供给不足的问题。基于维护国家安全采取限制措施是《反外国制裁法》《不可靠实体清单规定》的重要内容，上述立法为我国维护国家安全利益提供了法律工具箱，丰富和完善了国家安全法律体系。《国家安全法》是国家安全法治的中心，《不可靠实体清单规定》明确在法律条文中指出其为立法依据，《出口管制法》《反外国制裁法》虽未直接规定其立法依据为《国家安全法》，但均在立法目的中强调维护国家安全和利益，但《国家安全法》作为基础性立法，并未具体授权采取限制措施，导致这几部立法的限制措施条款存在制度供给不足的问题。尽管《国家安全法》第 33 条及第 59 条与限制措施具有一定联系，但未直接明确规定限制措施的实施问题。《国家安全法》第 33 条规

---

① 俞祺：《地方立法适用中的上位法依赖与实用性考量》，《法学家》2017 年第 6 期，第 15—17 页。

定，"国家依法采取必要措施，保护海外中国公民、组织和机构的安全和正当权益，保护国家的海外利益不受威胁和侵害"。《国家安全法》第59条规定，"国家建立国家安全审查和监管的制度和机制，对影响或者可能影响国家安全的外商投资、特定物项和关键技术、网络信息技术产品和服务、涉及国家安全事项的建设项目，以及其他重大事项和活动，进行国家安全审查，有效预防和化解国家安全风险"。《国家安全法》并未处理好与其他保障国家安全的涉外法律规范的关系，未规定采取限制措施的授权条款，存在一定缺漏。

其次，《反外国制裁法》《不可靠实体清单规定》的制度存在交叉重叠的内容，目前尚未明确重叠内容法律适用的顺序，这一模糊性可能加大实践中措施适用的不确定性。《反外国制裁法》是《不可靠实体清单规定》《阻断外国法律与措施不当域外适用办法》的统合与扩展，将《不可靠实体清单规定》所针对的"危害我国主权、安全、发展利益的行为"与《阻断外国法律与措施不当域外适用办法》所针对的"外国法律与措施的不当域外适用"统合起来，使之有了更加明确的共同上位法依据和适用基准，但就交叉重叠的内容应如何进行法律适用，目前尚未作出安排。一方面，《反外国制裁法》与《不可靠实体清单规定》均通过清单的方式对特定的外国实体实施制裁，从立法目的上看，二者都是为了维护国家主权、安全、发展利益，二者列入清单的理由、指向的对象、列入清单的法律后果都存在一定的重叠。外交部、商务部此前宣布制裁措施时，主要通过发言人答记者问的方式进行，在法律依据已经完备的情况下，未来政府宣布实施制裁应援引哪一立法，这一问题有待在后续实践中加以解决。另一方面，《反外国制裁法》第12条涉及反"长臂管辖"的内容，与《阻断外国法律与措施不当域外适用办法》形成衔接。从法律位阶上看，《反外国制裁法》作为上位法，相比《阻断外国法律与措施不当域外适用办法》具有更高的法律位阶，《反外国制裁法》第12条为《阻断外国法律与措施不当域外适用办法》的实施提供了有力支持，但《阻断外国法律与措施不当域外适用办法》中关于反"长臂管辖"的规定更加详细也更具针对性，《反外国制裁法》与《阻断外国法律与措施不当域外适用办法》构成了上位一般法和下位特别法的关系，那么法律应该如何适用？这一问题同样存在困惑，亟待明确。

最后，《反外国制裁法》《出口管制法》《不可靠实体清单规定》的权利救济与豁免机制存在冲突。《反外国制裁法》《出口管制法》《不可靠实体清单规定》均包含清单制度，《反外国制裁法》是"反制清单"，《出口管制法》包括"管制清单、临时管制清单和管控名单"，《不可靠实体清单规定》为"不可靠实体清单"，三者具有共性，即危害国家安全和利益均属于纳入清单的情形。首先，《反外国制裁法》《不可靠实体清单规定》从本质上均为单边经济制裁，但二者关于权利救济的规定不一致。《不可靠实体清单规定》第6条允许被列入"不可靠实体清单"的外国实体通过陈述、申辩方式寻求救济，并且，《不可靠实体清单规定》未明确其作出的决定是绝对的、不可逆的，但《反外国制裁法》第4条、第5条则规定反制措施为最终决定，被制裁主体无救济权。同样为针对危害国家安全利益的行为采取的限制措施，当事人的救济权利截然不同，存在法律的矛盾与冲突。并且，国务院其他部门根据《国家安全法》《对外贸易法》《海关法》《证券法》作出的决定均可以按照《行政强制法》《行政复议法》《行政诉讼法》提起复议或起诉，《反外国制裁法》规定被制裁主体不能进行救济，是否与上述立法规定相悖？此外，《反外国制裁法》对于特殊情形的豁免机制规定有待细化，《不可靠实体清单规定》第12条及第13条明确了相应的豁免机制，给予特定类型交易临时许可，并明确了清单的移出制度，兼顾了原则性与灵活性，但《反外国制裁法》对于变更反制措施的规定较为粗略，需要通过实施细则加以完善。[①]

（四）贸易限制措施的决策和实施机构缺乏协调

我国尚未建立贸易限制措施实施统一的决策机构，不同的相关法律规范中贸易限制措施的决策和实施机构职权交叉重叠，多个部门均享有对与国家安全相关的限制措施的决定权，有可能导致限制措施政出多门、彼此矛盾的情形。《对外贸易法》中所涉及的贸易限制措施主要由国务院对外经济贸易主管部门进行决策和实施。《国家安全法》中规定，针对不同国家安全事项，决策部门有所不同，战争及紧急情况分别由人大及人大常委会决定，中央国家安全领导机构实行统分结合、协调高效的国家安全工作机制，实施跨部门会商工作机制。《出口管制法》的决策机关则为国家出口管制管理部门，具体由国务院、中央军事委员会承担相应职能，并提出

---

① 杜涛、周美华：《应对美国单边经济制裁的域外经验与中国方案——从〈阻断办法〉到〈反外国制裁法〉》，《武大国际法评论》2021年第4期，第1—24页。

要构建出口管制工作协调机制。《不可靠实体清单规定》则规定由中央国家机关有关部门参加的工作机制负责不可靠实体清单的实施,工作机制办公室设在国务院商务主管部门,即商务部,但未规定具体由哪些部门参加工作机制。《反外国制裁法》规定反制清单的决策机构为"国务院有关部门",但也未明确是指哪些部门,在反制裁工作的实施过程中可能会导致责任部门不明确的问题,若反制措施的决定涉及两个以上部门,可能会出现多个部门作出重复决策的情况。同时,《反外国制裁法》规定要设立"反制裁工作协调机制",但并未具体规定工作协调机制的具体决策和实施程序。上述各法律所规定的主管机关各不相同,在目前的管理体制下,在制定与国家安全有关的限制政策时,由各行政部门各自颁布规章或采取措施,会导致我国国家安全保障的涉外法律体系自实施之初就陷入制度不统一、政令不协调、措施相互重叠的困境。[①] 贸易限制措施的决策与实施属于跨部门事项,《反外国制裁法》《出口管制法》均提出要建构工作协调机制,工作协调机制的建立有助于实现国家安全决策的统一考量,保证涉外法律体系的确定性和权威性,避免不同主管部门对"国家安全"的解读存在较大差异,同时,有助于节约法律资源,实现部门之间的信息共享、联合决策及协作管理,提高工作效率。但目前这一规定还过于原则,内容抽象简单,工作协调机制具体由哪些部门组成、各部门应当承担怎样的职责、如何分工、如何实现信息的共享与决策的协同等具体制度均缺乏细化规定,有待于进一步明确,否则这一工作协调机制将流于形式。

二、统筹协调的出口管制法律制度尚未建立

出口管制制度是落实我国总体国家安全观的重要法律手段,是贸易限制措施立法的重要组成部分。《出口管制法》在第1条即指出"维护国家安全和利益"是该法的主要立法宗旨。《出口管制法》的出台为我国在国际经济交往中维护国家主权、安全、发展利益提供了法治保障。但《出口管制法》在许可例外与豁免机制、国别管制的操作性规定、技术出口管制的细化规则、出口管制的执行与监管规则及域外适用规则的实施上仍存在不足,需要进一步完善,以更好地应对未来我国面对的外部环境挑战。

---

① 霍政欣:《〈反外国制裁法〉的国际法意涵》,《比较法研究》2021年第4期,第157页。

（一）许可例外与豁免机制尚未建立

我国《出口管制法》在管制物项、适用主体、管制环节等方面都进行了扩大，努力加强对管制物项出口的全面管控。但是，行政资源是有限的，我国出口许可制度采取的管理办法过于单一，主要采取许可证管理办法，并未详细规定许可例外和豁免机制问题。① 大多数国家如美国、日本、俄罗斯等都规定了免于申请出口许可证的情形，即许可豁免情形。美国《出口管制条例》确立的许可例外制度全面、具体，逻辑严密，体系成熟。通过完善的许可例外制度，配合国外可获得性评估制度以及通过明确管制物项中特定受控原因的适用子项，美国实现了有针对性的管制。② 日本规定出口大使馆、使馆、领事馆等同类机关发送的公用设备免于许可。许可例外制度的缺乏会带来两方面的不利影响。一方面，无法平衡企业效率要求与政府出口管制之间的矛盾。过分严苛的出口管制可能会在一定程度上影响企业的正常经营活动。出口许可证的下发需要多部门协同完成，并涉及一系列的固定程序和突发事件处理，这是一个相当大的时间跨度，若每一项许可都如此，则会普遍增加出口商的时间成本。通过许可例外制度，出口商可以通过提交证明其符合许可例外条件的书面文件来避免申请许可证，便能大大缩短这一进程，从而提高交易效率。另一方面，不利于集中有限行政资源实施针对性、重点监管，无法真正实现有效管制，这也不利于全面管制相关措施的有效落实。未规定许可例外制度会造成行政资源浪费。如前所述，出口许可涉及多部门协同合作，许可例外制度可减少行政资源的消耗，使人力物力更加合理有效地进行分配，提高整个行政系统的运行效率。③ 因此，必须通过相应的许可例外制度或豁免条件来为企业开展经营活动提供便利，适当减轻其负担。而缺乏豁免机制同样存在弊端。豁免机制可让本需申请许可的技术在特定情形下免于许可，它和许可例外制度的本质区别在于是否要求出口商提交证明其符合许可例外条件的证明材料。缺乏豁免机制主要会造成制度灵活性不足、行政资源配置失灵、管制有效性低等问题。综上所述，我国的出口许可制度通过管制清单实施许可证管理办法，实施了全面管制，但在重点管制方面尚有不足，

---

① 葛晓峰：《美国两用物项出口管制法律制度分析》，《国际经济合作》2018 年第 1 期，第 46—50 页。

② 葛晓峰：《美国〈出口管理条例〉许可例外制度研究》，《国际经济合作》2018 年第 3 期，第 90—95 页。

③ 池志培、张晓洁：《美国出口管制改革与实施》，《和平与发展》2020 年第 3 期，第 134—135 页。

规定许可例外制度和豁免机制可优化行政资源配置，加强重点管制，实现有效管制。[①]

（二）国别管制的操作性规定缺失

《出口管制法》第 8 条规定了"国别评估"制度，出口管制管理部门可以评估出口目标国家或地区的风险等级，实施不同的管制措施，但并未规定具体的操作性条款。国别管制清单的缺失不利于国家利益最大化，在单边主义和保护主义盛行的时代，国别管制清单的缺失不利于我国实施对等反制。美国建立了较为完善的国别管制清单制度，可为我国所借鉴。美国出口管制物项在"商业控制清单"中有出口管制分类代码，且不适用于《出口管理条例》中 §736.2（b）通常禁止项下第 4 条到第 10 条[②]规定的，应确定其是否在"商业国家列表"（CCC）中被禁止，若被禁止还需结合许可例外制度判断最终是否需要申请出口许可。其中美国主要以CCC 和国别分组为依据进行国别管制。CCC 将管制原因分为 8 类，分别为 CB、NP、NS、MT、RS、FC、CC、AT，CB 代表生化武器，NP 代表防核扩散，NS 代表国家安全，MT 代表导弹技术，RS 代表区域稳定，FC 代表火器公约，CC 代表犯罪管控，AT 代表反恐怖主义，并在每一类理由下确立了哪些国家会因此受到美国出口管制，例如，我国会因 CB、NP、NS、MT、RS、CC 受到出口管制，加拿大却只会因为 CB 和 FC 受到出口管制。[③] 美国将不同的国家纳入了 5 个分组（Country Groups），分别对应A、B、C、D、E，不同分组的国家和地区适用不同的许可例外条款，且技术出口管制强度从 A 组到 E 组递增。A 组为美国战略合作伙伴国家，如加拿大、澳大利亚、巴西、丹麦；B 组为限制较少的国家和地区，如墨西哥、芬兰、希腊；C 组目前处于保留状态；D 组为受关注的国家，如中国、伊朗、巴基斯坦；E 组为支持恐怖主义或美国实施单边禁运的国家，如朝鲜、古巴、叙利亚。其中，A、D、E 组下进一步分类。A 组分为A：1 到 A：6，A：1 国家为除马耳他、俄罗斯和乌克兰以外的《瓦森纳协定》参与国，是与美国关系最密切的多边管制合作伙伴；A：2 国家为除

---

① 赵德铭：《中国现行出口管制制度与新法草案刍议》，《海关法评论》2018 年第 1 期，第 290—298 页。

② https：//www. law. cornell. edu/cfr/text/15/736.2，last visited November 13，2020.

③ https：//www. law. cornell. edu/cfr/text/15/appendix – Supplement ＿ No ＿ 1 ＿ to ＿ part ＿ 738，last visited November 13，2020.

俄罗斯以外的导弹技术控制制度（Missile Technology Control Regime）① 成员国；A：3 国家为澳大利亚集团（The Australia Group）② 成员国；A：4 国家为除中国和俄罗斯以外的核供应国集团（Nuclear Suppliers Group）③ 成员国。D 组分为 D：1 到 D：5，分别为美国认定的对国家安全、核、生化、导弹技术有威胁的国家和美国禁运国家，其中我国被纳入 D 组的四个小分组中。E 组分为 E：1 和 E：2，分别为支持恐怖主义国家和美国实施单边禁运国家。④ 综合上述分析，美国的国别管制具有以下两个特征：第一，政治关系导向严重，美国的国别管制与被管制国家和美国的外交关系具有密切联系；第二，在其常设的国别管制清单外设立了许可例外制度作为补充。

（三）技术出口管制的规则过于原则

我国《出口管制法》明确规定出口管制物项种类为货物、技术和服务，《出口管制法》第 2 条特别明确物项相关的技术资料等数据也在管制物项范围内，实现了对管控物项的充分覆盖。但未在立法中对"技术"加以定义，也缺乏对受管制"技术"识别考量因素的规定，这容易导致监管不到位情形的发生。基于关键的"技术"对国家发展和国家安全的重要性，对其进行及时、有效的识别是非常必要的。⑤ 我国《对外贸易法》《出口管制法》从大方向上确立了管制清单制度，《技术进出口管理条例》细化了清单中禁止和限制进出口技术的管理方法，却均未提及谁来识别及如何识别"应列入管制清单的技术"的问题。关键技术识别程序的缺失可能会造成一项新技术不能及时、有效地被识别，这将导致此项技术延时受到保护，无形中增加关键技术泄露的风险，或将导致技术识别错误、识别遗漏等问题。⑥

---

① https：//mtcr. info/，简称 MTCR，限制导弹及相关技术扩散的多边出口管制制度。

② https：//www. dfat. gov. au/publications/minisite/theaustraliagroupnet/site/en/index. html，简称 AG，是协调多边出口管制的国际论坛，该名称来源于澳大利亚创立此组织的倡议。

③ https：//www. nuclearsuppliersgroup. org/zh/，简称 NSG，为防止核扩散的多边出口管制机制。

④ https：//www. law. cornell. edu/cfr/text/15/appendix – Supplement_ No_ 1_ to_ part_ 740#fn3_ tbl1，last visited November 13，2020.

⑤ 赵海乐：《安全化视角下美国外资审查中的"关键技术"研究》，《经济法学评论》2019 年第 1 期，第 239—251 页。

⑥ 王天禅：《美国新兴技术出口管制及其影响分析》，《信息安全与通信保密》2020 年第 4 期，第 14—19 页。

（四）尚未建立强有力的执行机构

我国《出口管制法》通过加大违反出口监管要求的处罚力度以及明确海关监管职责等措施，试图强化出口管制执法，但仅仅如此是不够的。第一，与美国相比，我国缺乏专门的执法机构主导出口管制工作的执行，执法工作的开展也无法获得来自其他机构的技术支持，在职能部门的设置上并不完善。随着管制物项范围的扩大，出口管制工作更加专业和复杂，这无疑加重了执法部门的负担，而缺乏各部门间的配合与支持，执法工作的效率和质量都是无法保证的。第二，执法机构的权限不明确。美国《出口管制法案》不仅强化了执法处罚，还赋予美国商务部更广泛的执法权限，丰富其执法手段。[1] 我国《出口管制法》并没有明确指出出口管制执法机构具备的执法权限，这将阻碍其职责的行使。第三，未明确相应执法功能的部门的职责，相应的部门间联动配合工作机制缺乏基础。欧盟新出台的《欧盟两用物项出口管制条例》提出建立执法协调机制对加强执法的重要性。我国《出口管制法》的规定过于简单，仅仅是原则性的，尚未明确执法领域的工作细则。例如，就海关与国家出口管制管理部门之间的配合而言，缺乏更加具有操作性的工作机制来保证海关监管的有效、快速完成。由此可见，我国现行的出口管制执法架构不完善，尚未建立起全面的执法体系。要加大执法力度，保证执法处罚等措施的有力落实，需要以全面的执法体系作为保障。

（五）监管部门权限不清且缺乏协调性

《出口管制法》的多处条文都体现了出口管制监管统一性原则，并明确了各部门间应密切配合，加强信息共享。然而，这些规定都只是原则性的，仅具有指导意义，出口管制监管部门间权限不清等问题没有得到解决。造成这些问题的原因是立法中未对各监管部门权限进行界定，之前的单独立法造成法律规定的重复和混乱，并且缺乏相应的协调机制和手段。例如，商务部下各部门在权责上存在交叉，一项申请可能需要经过多重审批，这既是行政资源的浪费，也给企业遵法守法带来了障碍。因此，监管部门间权限不清不仅会给企业造成负担，还有可能出现部门间相互推诿现象，导致管制缺漏。不解决部门间协调性差的问题，《出口管制法》中规

---

① 刘斌、李秋静：《特朗普时期美国对华出口管制的最新趋势与应对策略》，《国际贸易》2019 年第 4 期，第 33—42 页。

定的工作协调机制、专家咨询机制等制度将流于形式，使监管部门难以应对更加复杂的出口管制工作。

（六）《出口管制法》域外适用的实施规则尚未细化

《出口管制法》第44条规定我国对违反出口管制规定的境外组织或个人有追究法律责任的权力，直接赋予了《出口管制法》域外适用效力；第45条将管制物项的"过境、转运、通运、再出口"纳入出口管制范围，为未来我国加强对管制物项的最终用户或最终用途的风险管理提供了空间，扩大了《出口管制法》管制的范围。但对于如何追究境外主体违反出口管制规定的法律责任，如何界定"与物项相关的技术资料数据"和"再出口"，尚缺乏进一步的细化规则，难以满足域外适用的需要。[①]

三、反制裁法律法规的配套实施规则不完善

实效性是法律存在的首要目标，法律的权威和生命需要实际产生的效果来保障。《不可靠实体清单规定》《反外国制裁法》的先后出台为保护国家安全筑起了一道坚实的法律屏障，反制裁法律法规的体系已初步形成，但仍存在原则性规定居多、缺乏详细的实施细则的问题。为了更好地实现反制裁法律法规的目标与价值，必须针对与立法的制度逻辑架构相适应的实施机制，制定配套的实施规则。

（一）反制裁法律法规执法机构设置及职责分工有待优化

《反外国制裁法》第4条至第11条对主管机关均使用"国务院有关部门"一词，其中主管机关的职能包括：制定反制清单，决定采取反制措施，采取反制措施，暂停、变更或者取消有关反制措施，作出相关命令予以发布，以及在反外国制裁工作协调机制中加强协同与信息共享。但究竟由哪一个"国务院有关部门"履行反制措施职能，尚不明确。《反外国制裁法》第10条规定，将设立反外国制裁工作协调机制负责相关统筹协调工作，这是将反制措施落实到位的关键一步。为此，国务院有关部门需要相互合作、信息共享、协调联动，按照各自职责和任务分工确定和实施有关反制措施。但这一规定，还是较为抽象，国务院哪些部委属于"相

---

① 刘瑛、李琴：《〈出口管制法〉中的域外适用法律规则及其完善》，《国际经济评论》2021年第4期，第57—62页。

关部门"之列、确定"相关部门"的标准是什么、"相关部门"相互之间如何做到协同配合与信息共享、"相关部门"在反制裁方面的职责与分工又是什么等问题均需要进一步明确和细化。[①] 因此，可以说，《反外国制裁法》只是在反制裁机制方面作出了原则性的规定，至于具体实施还有很大的完善空间。

（二）反制裁法律法规的制裁合规制度有待建立

守法是指组织和个人执行与配合实施反制措施的活动，反制裁法律法规的实施绩效依赖于企业和个人的执行与配合，但目前执法机构未对组织和个人如何配合实施反制措施提供清晰的行政指导，影响了反制裁法律法规的实施效果。例如，《反外国制裁法》第6条规定了三种反制措施，其中，"查封、扣押、冻结资产"属于金融制裁领域，需要金融机构的配合，"禁止或者限制我国境内的组织、个人与其进行有关交易、合作等活动"是对商业交往的全面限制手段，属于贸易制裁领域，为境内组织和个人设定了法律义务。以对境内组织的规制为例，反制措施的有效实施需要我国境内组织建立完备的合规制度。[②] 以《中国银保监会办公厅关于加强中资商业银行境外机构合规管理长效机制建设的指导意见》（银保监办发〔2019〕13号）为例，其第19条明确要求金融机构加快客户尽职调查、反洗钱异常交易监控、制裁名单筛查及监测、监管发现问题整改跟踪等各类合规管理信息系统的建设和应用。该条款运用于反制裁领域，即要求金融机构有义务与被列入反制清单的主体停止交易或交往。采取此项反制措施的前提是，金融机构必须建立合规管理部门，合规管理部门要持续关注我国反制措施的最新动态，积极主动识别反制裁合规风险，及时为高级管理层提供终止合作的建议。然而，企业合规制度的建立仰赖于企业自身驱动力以及行政机关外部强制力，目前在我国仍未形成广泛的强制企业合规制度，企业合规制度主要参考行政监管部门发布的合规指引建立，需要反制裁法律法规的执法部门引导企业建立反制裁领域的合规制度。

（三）反制裁法律法规的法律责任制度不完善

从现有反制裁法律法规的规定来看，违反反制裁法律法规的责任内容

[①] 蒋敏娟：《法治视野下的政府跨部门协同机制探析》，《中国行政管理》2015年第8期，第38页。

[②] 陈瑞华：《论企业合规在行政监管机制中的地位》，《上海政法学院学报》（法治论丛）2021年第6期，第13—15页。

并不明确，其实施效果也将难如人意。其一，《反外国制裁法》第 12 条规定的民事赔偿责任过于简单，对于原告资格、管辖权、举证责任、损害赔偿标准、诉讼时效等规定得并不明确，需要制定具体制度，加以补充和完善。《反外国制裁法》第 14 条规定对组织和个人"不执行、不配合反制措施"的行为应当依法追究法律责任，但具体责任制度并不完善，未规定处罚的具体责任类型属于民事、行政抑或刑事责任，缺乏具体可行的标准和可操作的内容。其二，《不可靠实体清单规定》遗漏了法律责任的相关条款，未对不履行该制度的法律责任作出规定。法律责任制度是反制裁法律法规条文设计与法律适用的桥梁，没有相应的法律责任的适用，反制裁法律法规难以产生足够的威慑力，难以敦促责任主体依照法律规定履行义务。

（四）反制裁措施实施的合法性审查制度缺失

《不可靠实体清单规定》《反外国制裁法》的性质和立法宗旨决定了其不少条款使用了较为模糊的词语，且授权性条款多于操作性条款。在这种情况下，未来我国依据上述立法采取经济制裁措施，应符合我国所承担的多边条约义务。例如，目前我国《反外国制裁法》对被制裁对象的程序保障与《国家对国际不法行为的责任条款草案》对反措施实施的程序性条件存在不一致之处。《国家对国际不法行为的责任条款草案》要求通知责任国拟将采取的反措施或者提供协商机会，采取反措施以事先通知和提出协商为前提条件。而根据《反外国制裁法》第 4 条的规定，国务院有关部门在制定反制清单时，被制裁对象未被赋予协商的权利，同时，《反外国制裁法》第 7 条规定，国务院有关部门根据《反外国制裁法》作出的反制决定具有最终性，这也就意味着，被制裁对象没有提起行政复议和行政诉讼的权利，这与《国家对国际不法行为的责任条款草案》规定的反措施的实施程序存在不协调之处。反制裁措施的合法性审查制度的缺失给予主管机关较为宽松的自由裁量权，可能使外国组织或个人对反制裁措施实施的任意性产生担忧，从而不利于我国的对外贸易和外商投资活动。《反外国制裁法》的实施需要建立配套的合法性审查制度，以使反制措施的实施符合国际法规则，尽可能协调国内法治与国际法治的关系。[①]

（五）《反外国制裁法》的域外适用仍存在障碍

《反外国制裁法》第 14 条规定，"任何组织和个人不执行、不配合实

---

① 霍政欣：《〈反外国制裁法〉的国际法意涵》，《比较法研究》2021 年第 4 期，第 155 页。

施反制措施的，依法追究法律责任"，为执法机关和司法机关行使域外管辖权提供了国内法依据。根据该条的规定，追究法律责任的情况包括以下三类。第一类，依据属地原则，对位于我国境内的中国法人、自然人以及外国法人、自然人不执行、不配合实施反制措施的，追究法律责任。第二类，依据属人原则，对我国境外的中国法人、自然人不执行、不配合实施反制措施的，追究法律责任。第三类，对我国境外的外国组织和个人不执行、不配合实施反制措施的，追究法律责任。第二种情况及第三种情况，即赋予本国法在他国管辖范围内对境外的人和行为管制效力，突破了我国传统上坚持的严格属地原则，但对于如何追究境外组织和个人的法律责任所涉及的"连接点"问题，目前《反外国制裁法》尚未明确，执法机关和司法机关在实施该条款时缺乏清晰的指引。①

本章小结

本章是对国家安全视野下我国贸易限制措施的立法现状及不足的分析。我国贸易限制措施的相关立法由《国家安全法》《对外贸易法》《技术进出口管理条例》《货物进出口管理条例》《出口管制法》《不可靠实体清单规定》《反外国制裁法》等法律法规构成。其中，《国家安全法》是保护主权、安全和发展利益的基本法，《对外贸易法》《技术进出口管理条例》《货物进出口管理条例》则是我国对外贸易领域维护国家安全的法律依据，《出口管制法》确立了我国出口管制领域的基本法，《不可靠实体清单规定》《反外国制裁法》为我国维护主权、安全、发展利益提供了有力的法律工具。上述立法为我国采取贸易限制措施维护国家安全提供了充分的国内法依据。但对现行立法进行检视，发现仍存在三个层面的不足：一是贸易限制措施相关立法的协调一致性有待加强；二是统筹协调的出口管制法律制度尚未建立；三是反制裁法律法规的配套实施规则不完善。贸易限制措施相关立法的协调一致性问题具体体现为与贸易限制措施

① 廖诗评：《中国法中的域外效力条款及其完善：基本理念与思路》，《中国法律评论》2022年第1期，第62—63页。

有关的法律规范内外部未形成协调配合的机制、立法目的及立法理念的体系性缺失、上下位法之间的衔接与法律适用不清晰、限制措施的决策和实施机构缺乏协调。出口管制法律制度存在的缺陷具体包括许可例外与豁免机制尚未建立、国别管制的操作性规定缺失、技术出口管制的规则过于原则、尚未建立强有力的执行机构、监管部门权限不清且缺乏协调性等。反制裁法律法规的配套实施规则问题则具体体现为反制裁法律法规执法机构设置及职责分工有待优化、反制裁法律法规的制裁合规制度有待建立、反制裁法律法规的法律责任制度不完备、反制裁措施实施的合法性审查制度缺失、《反外国制裁法》的域外适用仍存在障碍等。这些立法缺陷使我国运用贸易限制措施维护我国国家主权、安全、发展利益的政策作用无法得到充分发挥。

第五章　国家安全视野下我国
贸易限制措施的立法完善

如果说指导思想是"大脑"，规制原则是"经络"，那么制度内容就是"血肉"。国家安全视野下贸易限制措施法律规范体系具有融合性的特点，相关的各项主要制度并非孤立存在，而是彼此支持、相互配合、共同发挥作用的规范共同体。① 就国家层面而言，我国对运用贸易限制措施维护国家安全缺乏总体性认识和深入研究，缺乏相应的顶层设计，没有从战略层面确定指导思想和基本原则。② 从立法实践来看，存在法律体系不协调、统筹协调的出口管制法律制度尚未建立、反制裁法律法规的配套实施规则不完善等问题，减损了贸易限制措施法律规范体系在维护国家主权、安全与发展利益上产生的实际效果。未来我国应在总体国家安全观的指导下，以遵守国际法的规定及维护国家安全与对外开放的平衡为原则，加强贸易限制措施法律规范体系的协调性建设，对出口管制法律制度进一步完善，并加快制定反制裁法律法规的配套实施规则，形成层次分明、协调一致的贸易限制措施法律规范体系。③

---

① 劳东燕：《功能主义刑法解释的体系性控制》，《清华法学》2020 年第 2 期，第 33—38 页。
② 康均心：《全球反恐背景下国家安全法治体系构建》，《山东大学学报》（哲学社会科学版）2017 年第 2 期，第 7 页。
③ 梅传强：《我国反恐刑事立法的检讨与完善——兼评〈刑法修正案（九）〉相关涉恐条款》，《现代法学》2016 年第 1 期，第 41 页。

第一节　国家安全视野下我国贸易限制
措施立法完善的总体思路

一、以总体国家安全观为指导思想

贸易限制措施相关法律规范的完善应以总体国家安全观为指导思想，统筹与贸易限制措施相关的各类立法，实现统一的国家安全考量，走出一条中国特色的维护国家安全的对外贸易政策的路径。① 我国贸易限制措施的不同法律规范对"国家安全"的认定尚未达成协调一致，亟须从总体国家安全观的整体高度予以统一方向、整体应对。国家安全视野下贸易限制措施法律规范体系的构建是一项系统工程，总体国家安全观能够立足于全局视野，从宏观层面对贸易限制措施法律规范体系的完善进行高屋建瓴的谋篇布局，对导引贸易限制措施实施进路、顺畅贸易限制措施相关制度衔接具有积极作用。总体国家安全观对贸易限制措施相关法律规范的完善具有统领功能，贸易限制措施相关法律规范的完善则是实现总体国家安全观目标的规范保障。我国贸易限制措施中"国家安全"的范围应服务于我国的总体国家安全观，在新的国际形势下更为全面地维护我国的国家安全，但不可过于宽泛。在制定限制政策的具体实务操作中还应秉承维护世界和平、维护国家安全和重大公共利益的出发点，遵循"人类命运共同体"的原则，坚持谨慎、适当、非歧视和透明度等原则，力争取得维护国家安全和全球合作共赢两者之间的平衡。

二、基本原则

（一）严格遵守国际法规则

2020 年 11 月召开的中央全面依法治国工作会议将"统筹推进国

---

① 莫纪宏：《关于加快构建国家生物安全法治体系的若干思考》，《新疆师范大学学报》（哲学社会科学版）2020 年第 4 期，第 48 页。

内法治和涉外法治"确立为新时代全面依法治国必须做到的"十一个坚持"之一，在完善实施贸易限制措施法律规范体系时充分考虑国际法的规定，加强国内立法与国际立法的协调与衔接，加强国家安全保障的涉外法律法规体系建设是统筹推进国内法治和涉外法治的题中应有之义。WTO框架下的安全例外条款及联合国框架下的"反措施""危急情况""重大违约"为我国基于国家安全目的实施贸易限制措施提供了国际法依据，我国在采取贸易限制措施时，应符合国际法规定的适用条件。①

第一，我国贸易限制措施实施中"国家安全"范围的认定应符合国际法规则。国家安全视野下贸易限制措施的触发条件与各国对"国家安全"的界定密切相关。国家安全原本涉及保护领土、防止军事打击等方面的内容，随着各国的发展，广义的国家安全开始逐步涵盖政治安全、军事安全、经济安全乃至能源安全和环境与生态安全。从美国等国的实践来看，涉及贸易限制措施的国家安全的范围通常集中反映在军事、政治和经济安全领域，而在文化、社会等领域较少使用。当前的国际安全形势呈现传统安全挑战与非传统安全问题交织的特征，同时，国际上因对我国发展的"担忧"而采取的各类保护主义政策对我国而言极为不利。②我国《国家安全法》采取的是总体国家安全观，牵涉面较广，我国在实施贸易限制措施时需要考虑如何界定国家安全和其他重大利益的范围和程度。③何为国家安全，在国际上并无统一定义。国际法上对"国家安全"这一概念并无明确定义，同时由于直接体现"国家安全"的安全例外条款文本自身的模糊性以及"国家安全"这一问题的特殊性，安全例外条款的适用问题长期在GATT/WTO争端解决实践中未得到有效解释。安全例外条款中的"基本安全利益"限定了成员援引安全例外条款的安全事项范围，"战争或国际关系紧急情况"则是成员采取限制措施的时间要求。WTO协定本身未对"基本安全利益""国际关系的其他紧急情况"进行定义，在WTO争端解决实践中也未对这两个词语的含义进行明确阐释，由此导

① 张晓君：《尊重国际法权威，维护国际秩序》，《求是》2018年第20期。
② 丁丽柏、陈喆：《论WTO对安全例外条款扩张适用的规制》，《厦门大学学报》（哲学社会科学版）2020年第2期，第131—135页。
③ 王玫黎、李煜健：《总体国家安全观下中国海外权益保障国际法治构建的理论析探》，《广西社会科学》2019年第8期，第96—103页。

致成员对安全例外条款的泛化适用，引发贸易争端。"俄罗斯运输案"专家组报告正式对这两个词语的定义作出明确界定。专家组认为"基本安全利益"通常是指与国家典型职能有关的利益，即保护领土和人民不受外来威胁及维护法律和国内公共秩序的利益，这些特定的利益与保护国家不受内外部威胁直接相关。专家组指出由于每个成员面临的情况不同，对于"基本安全利益"的界定应属于成员自裁决权的范围，但成员解释"基本安全利益"的"主观"判断需受到客观因素的限制，即"善意"原则。对于"国际关系的其他紧急情况"的含义，专家组认为"国际关系的其他紧急情况"与"战争"并列，根据条约解释的同类原则，两者具有同质性，GATT 第 21 条（b）款（iii）项"国际关系的其他紧急情况"与"战争"及（i）（ii）项"裂变聚变物质""武器、弹药和作战物资"共同置于词语"基本安全利益"之下，这三项所涉及的安全利益的特征应具有重叠性，将其作为一个整体看待，即可得出"国际关系的其他紧急情况"所保护的"基本安全利益"与战争、国防与军事利益以及维护法律与公共秩序利益具有同等性质。因此，"紧急情况"是指不可预见的或需要立即采取行动的危险或冲突，而"国际关系的其他紧急情况"通常是指武装冲突、潜在的武装冲突、高度的紧张或危机及导致国家及其周边不稳定的情形，该情形损害了一国的国防与军事利益或维护法律与公共秩序的利益，并且指出"国际关系的其他紧急情况"不包含成员间纯粹的经济或贸易争端。我国作为负责任的大国，更要坚定地支持和维护全球化，和平妥善地处理分歧，关注我国利益的同时兼顾国际社会的整体利益，严格按照国际法的要求采取维护国家安全的贸易限制措施。①

第二，我国贸易限制措施的实施应严格遵循比例原则、人权保护原则及不干涉内政原则。首先，我国贸易限制措施的实施应遵循比例原则。WTO 框架下的安全例外条款及联合国框架下的"反措施""危急情况""重大违约"的适用条件中均包括了对于比例原则或者相称性原则的要求，该原则在既往的国际司法实践中具有重要地位。比例原则包括数量及质量的成比例，在实施贸易限制措施前，我国应评估他国不法行为的严重

---

① 李天生、臧祥真：《美国加征关税的国内法与国际法规则运用冲突研究》，《政法论丛》2020 年第 2 期，第 69—80 页。

性及我国受损利益的重要性，贸易限制措施实施的程度应当经过评估与论证，把握影响的"限度"，使限制措施和我国所遭受的损害相称。其次，贸易限制措施的实施必须履行保护人权的国际义务，将对普通民众的伤害降至最低，避免造成人道主义灾难。最后，我国贸易限制措施的实施应符合互相尊重主权、领土完整、互不干涉内政原则，尊重他国独立制定政治、经济、文化制度及自主决定外交政策的权利，在对我国立法进行域外适用时也应处理好保护本国利益与尊重他国主权的平衡，避免过度扩张管辖权，维护良好的国际秩序。

（二）统筹发展与安全

2015 年 12 月 16 日，习近平总书记在第二届世界互联网大会开幕式上指出：安全和发展是一体之两翼、驱动之双轮，安全是发展的保障，发展是安全的目的。党的十九大报告指出，统筹发展和安全，增强忧患意识，做到居安思危，是我们党治国理政的一个重大原则。① 发展为安全奠定了物质基础，安全是发展的先决条件，稳固的安全防线可以保障持续发展的态势。贸易限制措施不等同于完全的贸易保护。贸易限制与对外开放既矛盾又统一。健全贸易限制措施的法律规范体系，并不意味着对外开放、合作共赢的方向会改变。我国仍然是多边贸易体制的坚定捍卫者、扩大对外开放的笃定践行者。2020 年 10 月 26 日召开的十九届五中全会明确提出，"实行高水平对外开放，开拓合作共赢新局面"，"推动贸易和投资自由化便利化，推进贸易创新发展，推动共建'一带一路'高质量发展，积极参与全球经济治理体系改革"。我国为维护国家安全和经济权益而实施的贸易限制措施不能给正常的经贸往来设置障碍，应权衡安全利益与经济利益，既重视我国的国家安全，也不能忽视贸易发展的经济目标，寻找贸易自由与国家安全的最佳平衡点。但是，合作不是没有原则和底线的。我国绝不会做损人利己的事情，但某些国家试图遏制我国的发展、打压我国的企业，不仅损害了我国的核心利益，也背离了国际法的基本原则，扰乱了以公平贸易与公平竞争为基础的国际经济秩序，我们应当作出积极回应和有力还击。在进一步完善贸易限制措施立法过程中，我国应始终秉承坚持"开放贸易"的主旋律，又要适时且适度地引入贸易限制措施以维护国家

---

① 曹健华、钟晴伟：《深入理解习近平总书记"七一"重要讲话的三个维度》，《湖南社会科学》2021 年第 6 期，第 1—8 页。

安全。将"开放贸易"作为对国际市场的"攻势",以贸易限制措施作为对国家安全威胁的"守势",做好"攻守协同"。通过形成完善的贸易限制措施法律规范体系,能够更好地为我国应对和反制域外不公正经济对待行为提供强有力的法律支持,同时,对富有中国特色的贸易限制措施法律体系的探索,有助于为域外追求构建公平公正的国际经济秩序的国家提供可以效仿的"公共产品"。[①]

(三) 坚持涉外法治的"体系性"建设

2020 年 10 月 29 日,中国共产党第十九届中央委员会第五次全体会议通过的《中共中央关于制定国民经济和社会发展第十四个五年规划和二〇三五年远景目标的建议》明确提出,"加强涉外领域立法","加强涉外法治体系建设",为涉外法治建设引入了体系化建设的理念,将其作为一项系统性工程予以长期贯彻。尽管我国贸易限制措施相关法律制度已经初步形成,但缺乏系统性的建构,实效性有待检验。"体系"语用是赋予法律规范"群体"一定逻辑联系性的意向思维。源于古希腊语的"体系",其原义为构造、构造物和组合物。体系语用的对象范围不受限,可作为技术性表达,既代表要素的完整性,又具备逻辑的一致性。其支持的不是要素的简单叠加和对立统一,而是系统融贯。[②] 体系化是对构成要素的逻辑性建构,而构建涉外法治体系又与构建完备的涉外法律规范体系不同,法治需要良法和善治的有机结合,良法是善治之前提。其对制度的考量由单一的追求规范的严整性、立法的数量转至强调法治在社会治理中的多元价值和治理功能、建立要素之间的融贯的逻辑联系以实现立法的高质量和效率。[③] 实现国家治理的法治化,必须由构建静态的完备的法律规范体系中蜕变至法治体系的建设,提升立法质量。法律体系的建设须经过形成、完备和健全三个阶段尚能达成良法标准,而法律体系内部的科学和谐统一是提升立法质量以实现体系完备的必然要求。因此,涉外法律法规体系规范的整合衔接是衡量立法质量的标尺。康德式的调整理念认为,一个法律体系各部分的融贯性是决定法律体系质量良好的标准。融贯性的最低要求则是连贯,即这个体系中不能存在过多冲突的法律法规,同时所有的

---

① 梁咏:《论国际贸易体制中的安全例外再平衡》,《法学》2020 年第 2 期,第 142—155 页。
② 陈金钊:《体系语用的法思考》,《东方法学》2021 年第 1 期,第 91—93 页。
③ 张淑芳:《行政法规范衔接瑕疵及整合》,《法学杂志》2021 年第 3 期,第 40 页。

法律法规都以体系化的方式连接，其间存在积极关联并能相互证立，而理念融贯则是融贯性的最高层次。① 对国家安全保障的涉外法律法规体系规范的整合衔接不仅仅是消解各法律制度之间的冲突，更是要在各制度之间建构积极联系的桥梁和纽带。以总体国家安全观为统一的立法理念，使国家安全观的宗旨能够自国家安全保障的涉外法律法规体系的金字塔顶端不断向下递延，从而实现国家安全保障的涉外法律法规体系中不同层级法律规范的理念融贯性，使得各专门立法之间能够相互证立，形成逻辑自洽，以达到提升立法质量的目标。为进一步完善维护国家安全和利益的法律工具箱，贸易限制措施相关法律制度必须达成系统和完备两个标准。其中，完备的主要标志在于"部门齐全、结构严谨、内部和谐、体例科学"。② 而系统性是衡量一个法律体系内部各要素的相互配合度和支持度的评价标准，不仅要求在形式上合理组织，还必须使得内部结构和诸要素之间协调一致，形成合理的协力关系。③

第二节　国家安全视野下我国贸易限制措施立法完善的具体建议

一、加强贸易限制措施立法的协调性

（一）将总体国家安全观理念贯穿贸易限制措施立法

第一，适时将"维护国家安全和利益"纳入《对外贸易法》的立法目的，并对《货物进出口管理条例》《技术进出口管理条例》作出立法目的的相应调整。正当的贸易限制是维护国家安全、积极回应和反击损害国家利益行为的一种有效手段，是维护国家利益和主权尊严之必须，符合法

---

① 雷磊：《融贯性与法律体系的建构——兼论当代中国法律体系的融贯化》，《法学家》2012 年第 2 期，第 4—7 页。
② 李步云：《实行依法治国，建设社会主义法治国家》，《中国法学》1996 年第 2 期。
③ 杨解君、张治宇：《迈向"良法"时代的法治中国建设：法律体系的品质提升》，《南京社会科学》2015 年第 1 期，第 31 页。

律公平、正义的自然法理念。《对外贸易法》是我国贸易限制措施法律规范体系的核心的基础性立法，《不可靠实体清单规定》《货物进出口管理条例》《技术进出口管理条例》等相关法律规范中的贸易限制条款基本上是围绕《对外贸易法》建立的，《对外贸易法》作为上位法，其立法目的的不全面导致其难以很好地发挥统领或指导作用，上述法律规范难以形成合力，因此必须对立法目的作出调整，使其真正成为能够保卫国家产业安全、人民福祉的有力"武器"。《货物进出口管理条例》《技术进出口管理条例》为对外贸易进出口管理法规，也应作出相应修改，以保持立法目的的一贯性，提升涉外贸易法律规范之间的协调性，确保国家安全工作统一、高效开展。

第二，应以《出口管制法》实施为契机，及时修订出口管制法律体系中的其他规范，保持新规则与出口管制体系内既存诸制度之间的协调与配合。出口管制立法规范的体系性应该包括立法理念与立法目的的衔接。一方面，涉及军品、核、生物、化学等敏感物项的诸专项行政法规中应增加"贯彻总体国家安全观"的表述，使得《出口管制法》中的立法理念能够在下位法中贯彻下去，围绕总体国家安全观形成立法价值具有内在一致性的法律体系。另一方面，应补充《军品出口管理条例》《监控化学品管理条例》立法目的的缺漏，将"维护国家安全和利益"纳入立法目的，实现出口管制法律立法目的的和谐一致。

第三，应在《国家安全法》统领下，以总体国家安全观的立法理念为指导，实现保障国家安全的涉外法律规范的价值理念的一致性，构建系统完备的涉外法律体系。《不可靠实体清单规定》《外商投资安全审查办法》《阻断外国法律与措施不当域外适用办法》均将《国家安全法》作为上位法，《反外国制裁法》虽然未将《国家安全法》确立为上位法，但其也是国家安全法治不可或缺的组成部分，将总体国家安全观纳入上述立法的立法理念，可以加强《国家安全法》与上述规范之间的衔接，统领国家不同立法领域的国家安全安排，有助于在新的国际形势下更为全面地保护我国的国家安全，提高国家安全法治的体系性，为维护国家安全、应对外部挑战提供更加坚实的"法律盾牌"。

（二）建立我国贸易限制措施有关法律规范的内外部联动机制

第一，经济制裁与出口管制的针对对象及措施实施时间长短的差异使二者可以利用功能的互补性，根据国家安全的需要及国际法的不同约束，制定相互配合的对外贸易政策。具体的联动机制安排包括以下方面。一是建立国家出口管制主管部门与反制裁措施主管部门的联络机制，实现部门间在制定限制政策时的协同安排。根据不同的情形，灵活运用一种或多种手段，实现维护国家安全的目的。在必要时，可以采取多种手段并用的形式，形成出口管制和经济制裁的"组合拳"。二是反制裁措施主管部门根据其掌握的国家安全信息，发现应由《出口管制法》管制物项进行管理的，应及时反馈给国家出口管制主管部门，国家出口管制部门应根据其掌握的信息及反制裁措施主管部门提供的信息和建议，及时更新管制清单。三是应就"反制清单"、"不可靠实体清单"与"管制清单、临时管制清单和管控名单"的衔接作出必要安排。[①]

第二，就贸易领域和投资领域限制措施的具体联动规则而言，商务部可以依据《国家安全法》及其配套规则的指引，在出口管制领域和外商投资安全审查领域通过部门规章的形式建立对关乎"国家安全"范围的联动安排，实行统一认定。可从以下三个方面作出出口管制制度与外资安审制度的联动安排。一是在主体方面实现联动安排。如前所述，外资安审审查主体的联席会议的牵头部门为商务部，商务部产业安全与进出口管制局为国家出口管制管理部门之一，可将商务部产业安全与进出口管制局作为出口管制与外商投资安全审查制度的协调机构，协调相关部门实施联动工作。[②] 二是在审查范围方面实现联动安排。现行我国外资安审制度的审查范围为"特定行业"的外资并购行为，而"特定行业"的范围规定较为模糊，在实际操作中时常难以认定。在审查范围方面实现联动安排需要根据国家安全需求来明确"特定行业"的范围。国家出口管制管理部门在收集统计与国家安全密切相关的行业信息时，可将信息与外商投资安全审查部门共享，实现外商投资安全审查领域与出口管制领域与国家安全相关的"特定行业"范围的制度联动。[③] 三是在审查标准方面实现联动安排。可将出口管制中与国家安全相关的关键技术纳入外商投资安全审查的审查标准中，即可能造成国家安全相关的关键技术外泄的外资并购行为应

---

① 廖凡：《比较视角下的不可靠实体清单制度》，《比较法研究》2021年第1期，第173页。

② 张皎、李传龙、李彤：《美欧外资国家安全审查机制立法趋势：从与安全有关的投资措施到与投资有关的安全措施?》，《国际法研究》2020年第3期，第69—81页。

③ 赵海乐、郭峻维：《"准入前国民待遇"背景下我国外资安全审查功能定位探析》，《经贸法律评论》2020年第4期，第17—27页。

被纳入安全审查范围，以此实现关键技术领域出口管制与外商投资安全审查的闭环。

（三）厘清贸易限制措施法律规范中上下位法之间的关系

第一，应在《国家安全法》中增加限制措施的授权规定，为我国基于国家安全目的采取限制措施提供权威、坚实的法律依据。在《不可靠实体清单规定》《阻断外国法律与措施不当域外适用办法》《反外国制裁法》《出口管制法》先后出台后，我国国家安全保障的涉外法律制度框架已基本形成，当前面临更为重要的任务是构建高效的国家安全法治体系。高效的国家安全法治实施体系，需要正确处理《国家安全法》与其他部门法之间的关系。《国家安全法》是国家安全法治领域最为基础及核心的立法，在《国家安全法》中增加限制措施的授权规定，对导引限制措施实施进路、顺畅限制措施相关制度衔接具有积极作用。《国家安全法》的限制措施授权条款能够与其他限制措施不同法律规范形成呼应，统领国家不同立法领域的国家安全安排，使我国限制措施的法律制度之间保持逻辑和谐，提升国家安全法治之间的协调性、确定性和权威性。

第二，对《反外国制裁法》《不可靠实体清单规定》《阻断外国法律与措施不当域外适用办法》交叉重叠内容作出明晰的法律适用安排。首先，《反外国制裁法》《不可靠实体清单规定》的法条之间存在部分包容关系。例如，《反外国制裁法》《不可靠实体清单规定》法条的重叠可体现在当组织或个人参与制定、决定、实施歧视性限制措施时，既可能被列入反制清单，也可能被列入不可靠实体清单。对于这类重合，根据法律适用的一般规则，上位法优于下位法，特别法优于一般法，从法律位阶来看，当组织或个人参与制定、决定、实施歧视性限制措施时，应当优先适用《反外国制裁法》的规定。其次，《反外国制裁法》反"长臂管辖"的内容与《阻断外国法律与措施不当域外适用办法》存在重叠规定，虽然《反外国制裁法》为上位法，但《阻断外国法律与措施不当域外适用办法》为这一领域的特别法，因此按照特别法优于一般法的原则，关于阻断外国法律与措施不当域外适用问题，应优先适用《阻断外国法律与措施不当域外适用办法》的规定。厘清上述法律的适用问题，有助于更好地实现贸易限制措施相关法律规范的衔接，提升国家安全保障的涉外法律法规体系的统一性、稳定性。

第三，细化《反外国制裁法》的变更反制措施或申请豁免的规定，保持制度的灵活性与程序的正当性。《反外国制裁法》将制裁决定作为最终决定，不具有可诉性，保证了反制措施的力度与美国的制裁力度对等。但从提升制裁制度的合法性以及保持法律规范的协调性角度，有必要在国内法机制下给予被制裁方一定的程序性保障和救济渠道。虽然《反外国制裁法》中设置了变更反制措施的条款，但较为粗略，应细化在反制措施所依据的情形发生变化时，作为反制措施实施对象的组织或个人可以提出申请移出反制清单，是否移出的决定由我国相关部门进行审查认定，保持与《不可靠实体清单规定》第 13 条清单移出制度、《出口管制法》第 18 条管控名单移出机制的协调一致，在维护制裁决定权威性的基础上，为被制裁对象提供一定的程序性保障。

（四）建立贸易限制措施决策机构的协调机制

贸易限制措施是维护国家安全的重要手段，措施的实施涉及经济贸易的各个领域和多个政府部门，需要国家多部门的协作。目前，我国对外实行限制措施的组织机构存在各行其是、较为松散的情况，尚未形成统一的、合力的组织机构，使得相关措施的制定与实施缺乏体系性、协调性和执行力，导致维护国家安全的效果不佳。国家问题具有高度的敏感性和动态性，需要跨部门相互配合，共同制定协调一致的贸易限制政策。同时，在制定贸易限制政策时，必须运用丰富的事实发现渠道对国家安全所面临的威胁及拟实施政策的影响进行充分的信息收集，可以启动公众意见征集机制，以形成实施贸易限制政策的全面的事实基础。由此，非常有必要加快构建工作协调机制，统一协调和实施对外国政府、组织和个人的制裁措施。

具体而言，工作协调机制的建构可以从以下两个方面入手。第一，明确工作协调机制的性质。经济合作发展组织（OECD）把跨部门协同机制分为程序性协同方法和结构性协同方法，程序性协同方法侧重于协同的程序性安排，主要负责解决跨界问题的决策程序和信息化交流等，结构性协同方法则侧重于实现跨部门之间组织载体的协同性安排。目前我国中央政府的部级协调机制主要包括议事协调机构、部级联席会议及部门协议三种形式。[①] 议事协调机构的运作逻辑则是建立新的具体组织实体，即为了完成某项特殊性或临时性任务而组成的跨部门协调机构，上级部门直接介

---

① 朱春奎：《议事协调机构、部际联席会议和部门协议：中国政府部门横向协调机制研究》，《行政论坛》2015 年第 6 期，第 39—44 页。

入。部级联席会议不通过建立组织实体的方式进行协同，而是通过建立横向工作制度，设置相应的议事规则、工作制度和程序进行协调安排。部级联席会议主要有国务院领导和主管部门牵头两种方式，由主管部门牵头的联席会议有国家安全审查联席会议、金融监管协调部级联席会议等。制裁工作协调机制的任务在于实现国家安全相关信息的共享、决策的协调与一致、加大限制措施的执行力度等，工作协调机制的设置采取常设的联席会议制度更加符合其目标，有利于部门之间及时沟通和交换信息、协调不同意见，推动限制措施决策的进程，强化维护国家安全的能力。

第二，明确工作协调机制的组成部门及其地位和责任。一是应当明确工作协调机制由谁主导及如何主导。建议将外交部、商务部规定为"牵头单位"。同时，建议进一步明确外交部和商务部的分工。二是明确其他与限制措施决策相关领域的管理部门的职责，部门的组成应契合限制措施决策对信息来源和专业性的需求。如应将中央国家安全委员会、中央军事委员会、国防部、科学技术部等相关部门纳入工作协调机制。同时，规定工作协调机制中"牵头单位"及其他组成部门的职责，制定相关的组织方式以及运作程序。

二、建立高效协调的出口管制法律制度

（一）对许可例外与豁免机制作出细化规定

为实现全面监管与重点监管相结合，我国在之后的立法中应当对许可例外制度作出规定。美国《出口管理条例》形成的全面许可例外制度对我国具有重要借鉴意义。借鉴其规定，我国许可例外制度的设置也应当包含适用许可例外的情形以及例外情形适用限制两方面的内容。

首先，设立许可例外制度。第一，结合国别管制清单制度建立许可例外制度，如前所述，我国可进行国别分组，对于甲组国家规定更多的许可例外适用情形，从甲到戊组许可例外的可适用数量递减。根据外交关系、履行国际义务等因素进行国别分组，对应组别设置不同的出口管制强度，如甲、乙、丙、丁、戊组，出口管制强度由甲组到戊组逐渐加强。例如，向某些国家和地区进行技术出口可能会造成危害国家安全、导致恐怖主义、大规模杀伤性武器扩散的结果，则应将这些国家和地区纳入戊组；对某些严格管制向我国出口技术的国家和地区，我国应将其纳入管制强度较

高的分组，如丁组，根据组别不同确定可以出口的物项及相关技术。第二，基于履行国际义务的考量，应排除某些物项适用许可例外，如为防止大规模杀伤性武器扩散，排除相关技术的许可例外。第三，基于物项的特点针对性地设置许可例外，如军用物项及相关技术的许可例外和两用物项及相关技术的许可例外在数量和严格程度上都应有不同，关键技术和一般技术的许可例外也应不同。第四，根据物项出口的用途设置不同的许可例外，如针对同一物项，基于官方应用的用途向政府、国际组织或国际空间站出口的许可例外和基于民用用途出口的许可例外应区别设置，这主要是为了便于国际交流合作以及履行国际义务。具体而言，我国可考虑制定《出口管制法》下位法来建立许可例外制度，使其成为统一的出口管制体系的一部分，方案如下。其一，将许可例外情形进行分类并编号。发布《许可例外清单》规定基于用途、物项等原因的许可例外，在每一部分下设立具体的许可例外类型，如用 Y 代表基于用途的许可例外，用 Y1 代表用途为官方应用的许可例外，Y2 代表用途为民用的许可例外，然后再进一步细分，用 Y11 代表用途为履行国际义务的许可例外，用 Y111 代表履行国际核保障义务的许可例外，并规定每种编号的许可例外应提交的证明材料。其二，结合国别分组，在特定的许可例外编号前加上甲、乙、丙、丁、戊等，如甲 Y213，代表此许可例外仅适用于特定分组的国家。其三，在《出口管制法》建立的统一的出口管制清单中标注物项及技术可使用的许可例外编号，便于出口商查阅和使用。其四，由《出口管制法》规定的出口管制及相关部门定期对许可例外清单进行调整。①

其次，设立豁免机制。一方面，可考虑设立国外可获得性评估机制。国外可获得性评估机制能灵活设定特定物项的许可豁免，有效避免行政资源的浪费，从而实现重点管制。美国商务部设立了国外可获得性办公室，用于评估物项在国外的获取轻易程度，依据的标准主要为确实可在国外获得、数量足够、质量相仿以及非美国原产，通过评估的物项可在评估结果改变之前获得许可豁免。我国可由对外贸易司设立并执行国外可获得性评估机制，以确实可在国外获得、数量足够、质量相仿以及非我国原产为评估标准，对特定物项和技术灵活实施许可豁免。另一方面，可规定某些受管制物项及技术在特定情形下免于许可。例如，可规定不同国境内的同一

---

① 孙海泳：《进攻性技术民族主义与美国对华科技战》，《国际展望》2020 年第 5 期，第 158—159 页。

企业的跨境云上数据传输在满足特定条件时免于许可。由于贸易全球化和技术研发形式多样化，技术的跨境合作研发已成为常态，日常的企业间跨境技术交流不可避免，过于严格的出口管制可能会使企业为规避管制将技术研发活动从我国转移，从而影响我国的科技发展，故在某些特定场景适用许可豁免是有必要的。[1]

（二）构建国别管制清单制度

我国可参照《出口管制法》第 18 条建立最终用户和用途管控清单的规定，建立国别管制清单。国别管制清单是"国别评估"的结果，是对不同国家和地区进行区别管制的前提，也是国别管制制度的核心。以技术安全管制为例，构建国别管制清单后，我国可对不同国家和地区出口的技术采取不同的管制强度，以期获取最大化的国家经济利益和安全利益。对整体技术水平落后国家采取高强度的技术出口管制政策，维持技术优势或交换更多资源；对整体技术水平接近的国家采取灵活的技术出口管制政策，以一项关键技术换取目标国另一项对等的关键技术，实现对等交换，互利共赢；对整体技术水平高于我国的国家采取协商性的技术出口管制政策，防止本国关键技术外泄的同时尽量换取目标国的关键技术。同时，我国可对对我国采取歧视性出口管制政策的国家施以对等反制，将其分类至出口管制程度较强的国家类别。美国近年来频频修改《出口管理条例》，对我国实施出口管制措施，缺失国别管制清单意味着不能系统地实施对等反制，我国应尽快建立国别管制清单，根据不同国家对我国出口管制的强度施行对等管制政策，防止国家利益进一步受到侵犯。

（三）完善技术识别和管理机制

识别关键技术是对其进行管制的前提，明确关键技术的含义则是对其进行识别的前提。我国现行立法并未对关键技术进行界定，结合美国财政部投资安全办公室于 2018 年 11 月发布的联邦法规中对于关键技术的定义，[2] 高新技术的概念[3]以及《中国禁止出口限制出口技术目录》中部分禁止出口技术类别可知，关键技术是指各行业中具有突破性、时效性，尚未普及且难以在国际上获得，与国家安全密切相关，能够显著促进一国政

① 孙海泳：《论美国对华"科技战"中的联盟策略：以美欧对华科技施压为例》，《国际观察》2020年第 5 期，第 134—156 页。

② https：//www.law.cornell.edu/cfr/text/31/801.204，last visited November 13，2020.

③ 张群卉：《高新技术产品出口管制研究》，博士学位论文，武汉大学，2012，第 18—21 页。

治、经济、文化、国防等各领域发展的技术，如交通运输设备制造业的卫星及其运载无线电遥控遥测编码和加密技术，磁悬浮列车相关核心技术，信息传输行业的 5G 技术等。①

目前我国的技术管制相关规定仍停留在框架性规范层面，即确立技术清单管理的战略方向，并未规范化技术识别、清单制定和调整的机构及程序，对于此方面的立法空缺，可借鉴美国相关实践。美国《出口管制改革法》要求成立一个由总统领导的跨部门的机构来识别"新兴和基础技术"。同时，《出口管制改革法》建立了与外商投资安全审查制度的联动机制，规定"新兴和基础技术"的确定需要考虑外国投资委员会审查中确定的关键技术和其他信息。

我国可以考虑从以下几个方面确立技术管制清单的制定及调整程序。第一，建立跨部门协作的技术识别程序。商务部内设对外贸易司和产业安全与进出口管制局，应由其主导协调跨部门合作，会同国务院其他相关部门如科学技术部、工业和信息化部、国家安全部等对新技术进行识别，以求审慎、全面地确定其是否为关键技术。第二，定期审查和动态调整技术管制清单。一方面，跨部门协作的技术识别程序在确立一项关键技术后应及时对现有技术管制清单进行动态调整；另一方面，程序应定期审查现有技术管制清单并作出适当调整，以期获取最大国家利益。第三，建立动态的技术咨询机制。例如，欧盟建立了技术咨询专家库，由欧盟委员会联合研究中心负责组织，欧盟两用专家库和成员国提供的专家继续向主管当局提供技术支持。此外，也可借鉴 WTO 争端解决机构中的专家组程序，建立各个学科领域中权威学者的名单，当技术难以定性时，便可征求相关领域专家意见。②

（四）建立专门的出口管制执法机关

在出口管制执法方面，我国存在部门设置不完善、执法权限不清晰、部门联动机制不健全等问题，需尽快建立全面的执法体系，完善执法机构设置。首先要设置具备相应功能的执法机构，形成一部门主导、多部门联动配合的态势。在商务部下可设置专门履行执法职能的机构，该机构对执

---

① 王海军：《关键核心技术创新的理论探究及中国情景下的突破路径》，《当代经济管理》2021 年第 6 期，第 43—50 页。

② 王孝松、刘元春：《出口管制与贸易逆差——以美国高新技术产品对华出口管制为例》，《国际经贸探索》2017 年第 1 期，第 91—104 页。

法工作起主导作用。作为主导机构，应当在全国范围内设立其直属机构，全范围统筹出口管制执法工作。为配合执法活动的开展，还需设立咨询机构提供技术支持，保证执法活动的科学性与合法性。其次，要明确相关执法部门的权限。为保证执法的有效进行，需赋予执法机构一定的权限，包括扣押、送达、逮捕等一系列权限。最后，建立全面的部门联动机制。《出口管制法》加强了海关与国家出口管制管理部门的沟通联系，海关可向国家出口管制管理部门提出组织鉴别，这将保证在通关环节全面监管的实现。但是，还需为部门间的交流配合细化规定，在立法中明确提供鉴别的支持机构，并进一步就沟通的及时性提出更高要求，确保实现实时沟通。另外，在商务部下执法主导机构以及咨询机构等部门建立的基础上，这些部门间的联动配合机制也应以立法形式明确。①

（五）明晰监管部门的权责分配

出口管制行政管理涉及的部门众多，出口管制涵盖物项涉及两用物项、军品、生物、化学、核等多个领域，清晰有效的管理体制是实现有效出口管制的保障。统一授权的出口管制机制或跨部门协调机制有助于实现出口管制监管协调的目的。在实践中，德国、英国、日本均采用单一出口管制主管部门的方式实施监管。德国将联邦经济与出口管制办公室作为出口管制的主管部门，负责所有战略性物资的许可审批，采用统一的许可审批标准和程序。英国的出口管制部门为英国商业、创新和技术部，其统一对军品及两用品的出口管制进行监管，其下设的出口管制局负责对所有物项的出口管制进行许可审批。日本则由经产省负责所有管制的出口许可申请的审批。美国、韩国则采用出口管制跨部门协调的方式实施出口管制。美国出口管制立法对各部门在出口管制中承担的职能进行了明确的分工，各部门之间通力合作、相互联系。如在两用物项的出口管制上，通常由美国商务部工业与安全局主导，司法部、美国财政部外国资产控制办公室、国家安全部共同参与，实现合作共通、信息共享。韩国则专门建立了"战略物项出口管制理事会"作为出口管制的跨部门协调机构，保障各部门审批程序和审批标准的一致。

目前，我国出口管制的决策机关为国家出口管制管理部门，具体由国务院、中央军事委员会承担相应职能，商务部下的对外贸易司、服务贸易

---

① 李广建、张庆芝：《国外技术出口管制及其特点》，《国际贸易》2021 年第 10 期，第 37—46 页。

司、产业安全与进出口管制局分管货物、技术以及两用物项和技术，但各部门间的管控信息相互重叠，降低了审批效率，存在分工不够明确、协调机制不足的问题，影响出口管制工作的实施。建议在《出口管制法》第29条的指导下，建立出口管制协调机制的具体实施办法。通过建立跨部门的协调机构，以确保出口管制各部门的沟通与配合。出口管制协调机制应当明确出口管制的主导部门以及其他组成部门的构成，并就各自部门负责环节的工作内容进行分工。在出口管制各部门间设置日常衔接机制，交换国家安全信息，从而实现权责明晰、相互配合，提升出口管制的执法效率。

（六）细化《出口管制法》域外适用的实施规则

建议出台配套规则，对《出口管制法》的域外适用问题进行明确。首先，在尊重他国主权的基础上，我国应适当突破属地原则，依据属人管辖权和保护性管辖权，对于严重危害我国国家安全利益的域外出口行为适用《出口管制法》。其次，适当扩展管制物项范围，将关键性、战略性物资，"与物项相关的技术资料数据"的连接点扩展至运用中国技术生产的物项，有限度地对外国生产物项主张域外适用。同时，有限地突破属地原则，明晰"再出口"的界定。最后，我国应当进一步加强与其他国家的司法协助合作，通过签订国际条约或加入出口管制国际合作机制等方式，取得境外主权国家的司法协助或者执法许可，通过相关的协调合作机制将我国《出口管制法》域外适用执法合法化。同时，可以考虑在境外设置出口管制域外适用的办事处，加强对最终用户和最终用途的追踪和核查，更好地落实《出口管制法》域外适用规则的效力。[①]

三、加快制定反制裁法律法规的配套实施规则

反制裁法律法规能否发挥其维护国家主权、安全、发展利益的功能，关键在于其实施机制的设置能否促进该制度得到切实有效的实行。反制裁法律法规的有效实施离不开科学、完善的配套实施制度。针对反制裁法律法规实施中可能会遇到的挑战或掣肘，应制定相应的配套实施

---

① 刘瑛、李琴：《〈出口管制法〉中的域外适用法律规则及其完善》，《国际经济评论》2021年第4期，第74页。

规则，为执法机关、司法机关以及私人主体执行与遵守该法提供清晰的可操作指引。

（一）完善反制裁法律法规执法机构设置

首先，应对《反外国制裁法》主管机关"国务院有关部门"的职责权限进行划分。根据国务院的组织机构设置，承担反制措施组织实施工作的"国务院有关部门"可能包含外交部、商务部以及国家发展和改革委员会。从目前的实践情况看，我国的制裁决定均由外交部发言人予以宣布，国家发展和改革委员会的国际司将反制决定"转发"到其官网"世经动态"专栏上。目前，外交部、商务部以及国家发展和改革委员会职责划分的缺失可能导致责任部门不明确的问题。建议进一步明确"国务院有关部门"的机构组成与分工，逐步理顺各个执法机关之间的关系，使各部门在决定及实施反制措施的过程中能够实现清晰的分工与协作。

其次，在明确各部门权限的基础上，建议设立反制裁委员会，负责组织、协调、指导反制裁工作。在《反外国制裁法》施行初期，不可避免会出现权限交叉或职能真空现象，不利于执法，在当前的执法体系中，需要一个独立的机构居中协调，这样的安排是十分必要的。[①] 该协调不仅仅涉及反制裁行政执法工作，其应当包含更丰富的内容：既可以是对案件管辖权的协调，也可以是对理解和适用法律具体规定的协调；既可以是对执法机构内部的执法协调，也可以是不同执法部门在反制裁执法力度上的协调。[②]

（二）出台反制裁法律法规的合规指引

反制裁执法机构可以通过自身对《反外国制裁法》的深刻理解和执法经验的积累，制定企业合规的一般制度框架，供企业选择，以引导企业建立自己的反制裁合规制度，即通过合规指引来换取足够的合规承诺。执法机构可通过制定行业合规指南、协助相关组织举办合规教育培训、协助企业和金融机构了解法律动态等方式来帮助企业和金融机构建立有效的合规制度。

---

① 朱春奎：《议事协调机构、部际联席会议和部门协议：中国政府部门横向协调机制研究》，《行政论坛》2015 年第 6 期，第 41 页。
② 宋华琳：《建构政府部门协调的行政法理》，《中国法律评论》2015 年第 2 期，第 46 页。

此外，为弥补我国目前存在的企业合规制度沦为一纸空文的缺陷，可以通过颁布"合规证书"建立合规激励制度。"合规证书"可以证明持证企业具备正式的反制裁合规条件且企业管理层倡导反制裁合规文化。我国反制裁执法机构可以通过建立评分体系来考察企业合规制度，对符合一定条件的企业授予"合规证书"，评价因素可大致包括合规制度的结构性要素、运营性要素、持续性维持要素是否形成均衡体系，企业自上而下是否形成自主合规的文化等，执法机构均可依照各种相关因素给予相关企业与金融机构一定的合规承诺。

（三）明晰反制裁法律法规的法律责任条款

首先，尽快出台相关司法解释，对民事责任的案件管辖、举证责任分配、损害赔偿标准、诉讼时效等问题作出更为明确的规定，为人民法院充分履行审判职能提供指导，使《反外国制裁法》的威慑作用能够得到有效发挥。一是原告资格问题，《反外国制裁法》规定由于组织和个人违反该法而受到侵害的人，均可以要求行为主体承担民事责任。该规定未对原告主体资格作出细化规定，在理论上，直接或间接受到侵害的人都有权利提起诉讼，建议司法解释对间接受到侵害的人是否具有原告资格进行明确。二是关于《反外国制裁法》民事纠纷案件的管辖。涉及《反外国制裁法》的民事诉讼有极高的专业性、复杂性以及较大的社会影响力，宜由审判力量相对充足的法院实施集中管辖，这样有助于积累审判经验、提高法官审判水平、统一裁量标准。三是举证责任问题。涉及《反外国制裁法》的案件专业性极强，原告要证明自己遭受损失的数额及行为与后果的因果关系等存在一定困难，建议司法解释对举证责任分配、专家证据等问题作出进一步规定，适当降低原告的证明难度。四是损害赔偿标准。司法解释应进一步明确民事赔偿责任标准，建议引入惩罚性的损害赔偿制度，以期对违法行为实施者形成威慑，更有效地督促组织和个人执行、配合法制措施。[①] 五是诉讼时效问题。司法解释应明确因其他组织和个人不遵守《反外国制裁法》而导致的损害赔偿请求权的诉讼时效期间，从原告知道或者应当知道权益受到侵害之日起计算。

其次，除民事责任外，应对违反《反外国制裁法》承担的其他法律

[①] 丁国峰：《我国反垄断法律责任体系的完善和适用》，《安徽大学学报》（哲学社会科学版）2012年第2期，第145—147页。

责任的形式进行明确。在《反外国制裁法》中引入行政责任是构筑一个完整的法律责任体系的重要举措。企业是配合实施《反外国制裁法》的核心主体，对于不执行、不配合实施反制措施的企业施以警告、责令停止违法行为、行政罚款、停业整顿等处罚，对于督促企业积极配合实施《反外国制裁法》能够产生直接的效果。

最后，应及时在《不可靠实体清单规定》中增加法律责任条款，创设科学合理的涵盖民事责任、行政责任的制度体系。针对"不可靠实体清单"主体的限制措施需要国内其他有关单位和个人的配合实施，对于不配合实施"不可靠实体清单"决定的主体，可以要求其承担一定的民事责任或行政责任，通过强化法律责任督促有关组织、个人严格地配合《不可靠实体清单规定》的实施。

（四）建立反制裁措施实施的合法性审查制度

国内法治和涉外法治是国内治理的两个方面，统筹推进国内法治和涉外法治是全面推进依法治国的必然要求，亦是实现国家治理体系和治理能力现代化的重要支点。有必要在《不可靠实体清单规定》《反外国制裁法》的实施过程中建立反制裁措施的合法性审查制度，在商务部、外交部拟实施反制裁措施之前，对其是否违反国际法进行评估，保障按照国际法规则实施自主制裁。

根据国际习惯法规则，需对现行《反外国制裁法》中的程序规范作出一定调整。一方面，从提升制裁制度的合法性以及保持法律规范的协调性角度，有必要在国内法机制下给予被制裁方一定的程序性保障和救济渠道。另一方面，考虑将反制裁执法协商和解制度贯穿反制裁执法全过程，这一和解制度与《反垄断法》中规定的经营者承诺制度相类似，即通过相对人与执法机构的协商达成和解，相对人承诺不再采取我国《反外国制裁法》所规定的反制情形，随后执法机构可以对相对人的承诺情形进行判断并作出决定。这一制度能够有效提高反制裁执法效率，减轻冗长的反制裁执法程序给执法机构、相对人带来的负担。在我国法律机制下给予相对人一定的程序性保障和救济渠道，有助于增强我国反制措施与国际法的相符性。

（五）制定《反外国制裁法》域外适用的配套规则

《反外国制裁法》域外适用应解决的基础问题为建立境外行为与我国之间的合理联系。建议出台相关配套规则，对如何追究境外组织或个人的法律责任问题进行明确。在配套规则中引入"效果原则",以我国境外的组织和个人不执行、不配合实施反制措施对本国国家安全和利益产生的影响作为连接点,将《反外国制裁法》适用于外国人在境外所从事的行为。具体而言,当域外组织和个人不执行、不配合实施反制措施,严重危害我国国家主权、安全、发展利益,或严重损害我国公民、组织的合法权益时,执法机关与司法机关应充分运用保护性管辖权的原理,积极运用《反外国制裁法》的域外效力,依法保障我国的国家利益。此外,执法机关、司法机关的行为需充分考虑国际礼让原则、对等原则,不能与现行国际法规则相悖。①

本章小结

本章是对国家安全视野下我国贸易限制措施立法完善的建议。习近平总书记在中央全面依法治国工作会议上强调,"要强化法治思维,运用法治方式,有效应对挑战、防范风险,综合利用立法、执法、司法等手段开展斗争,坚决维护国家主权、尊严和核心利益"。按照习近平总书记提出的要求,构建系统完备的贸易限制措施法律规范体系,是维护国家主权、尊严和核心利益的一个重要方面和组成部分。虽然我国现有立法已经为基于国家安全采取贸易限制措施提供了初步的制度基础,但在贸易限制措施相关立法的协调性、出口管制立法的完备性、贸易限制措施立法的配套实施规则方面仍存在一定的立法缺失,距离形成科学完备的贸易限制措施立法还有系统短板和瓶颈环节。未来我国应以总体国家安全观为指引,以统筹推进国内法治和涉外法治、加强国内法与国际法的融合为依托,以制度完善为基点,对现行立法进行修正,提高贸易限制措施相关立法的协调一致性,加强出口管制立法的完备性,加快反制裁法律法规配套规则的制定,以提高我国贸易限制措施的法治化程度,增强我国运用法律手段维护国家主权、安全、发展利益的能力。

---

① 孙南翔:《美国法律域外适用的历史源流与现代发展——兼论中国法域外适用法律体系建设》,《比较法研究》2021 年第 3 期,第 182—184 页。

结　论

　　2020 年 11 月召开的中央全面依法治国工作会议将"统筹推进国内法治和涉外法治"确立为新时代全面依法治国必须做到的"十一个坚持"之一，并明确提出"综合利用立法、执法、司法等手段开展斗争，坚决维护国家主权、尊严和核心利益。加快形成系统完备的涉外法律法规体系，提升涉外执法司法效能"。2020 年 11 月 27 日，全国人大常委会将"健全国家安全法治体系，落实总体国家安全观，实施国家安全战略"，"加强涉外法治体系建设，加大国际法研究力度，围绕反制裁、反干涉、反制'长臂管辖'等，充实应对挑战、防范风险的法律工具箱，推动形成系统完备的涉外法律法规体系"纳入 2021 年度立法工作要点。2021 年 3 月通过的"十四五"规划和 2035 年远景目标纲要，将"统筹发展和安全"作为重要内容，强调在未来的建设和发展中，要坚定不移地维护国家主权、安全、发展及核心利益。迈入新发展阶段，中国更好地统筹对外开放与国家安全，加强国家安全保障的涉外法律法规体系建设，是统筹推进国内法治与涉外法治的题中之义。

　　贸易限制措施是一国针对特定货物、技术或服务的国际贸易采取的限制措施，是一种常见的对外贸易政策工具，经济制裁、出口管制中都包含对贸易具有限制效果的措施。正当的贸易限制措施是维护国家安全、积极回应和反击损害国家利益行为的一种有效手段，尽管我国已成为贸易大国，坚定维护以多边主义为基础的国际贸易秩序，但鉴于我国面临的国家安全形势，加快制定贸易限制措施相关立法是维护国家主权、安全、发展利益的迫切需要。贸易限制措施相关立法的完善，亦应遵循立法的"三维度性"——世界性、民族性、时代性。立法的"世界性"是指贸易限制措施法律规范的制定及限制措施的采取应符合我国所承担的多边条约义务，尽可能协调国内法治与国际法治的关系，并参考国际先进制度的立法经验，推进涉外领域国内法治与涉外法治的互动发展。立法的"民族性"则应以中国所面临的国家安全问题为基点，对国际立法及域外立法"去伪存真"，从而建构适合中国国情的贸易限制措施法律制度。立法的"时代性"即贸易限制措施法律规范的制定要契合"统筹发展和安全"的时代要求，最大限度地实现国家安全和经济发展的平衡。贸易限制措施相关立法的完善有助于为我国采用反制措施提供强有力的国内法依据，宣示我国对外关系的基本原则与立场，维护以联合国为核心的国际体系和以国际法为基础的国际秩序，推进国家治理体系和治理能力现代化。

贸易公平、自由与贸易限制措施是国际贸易的一体两面，但贸易自由化并不是绝对的，各国有基于国家安全利益对贸易进行规制的权利。在国家安全与自由贸易发生冲突时，国家有权采取其认为必要的措施保护本国的国家安全。在当代国际法机制下，得到国际条约机制明确授权的贸易限制措施体现了国家主权原则及国家安全理论，具有明确的合法性。WTO规则中的安全例外条款、《国家对国际不法行为的责任条款草案》中的"反措施"和"危急情况"、《维也纳条约法公约》中的"重大违约"以及《国际卫生条例》中的卫生限制措施等国际立法为国家采取贸易限制措施提供了国际法上的合法性边界。

美国、欧盟的贸易限制措施实施均具有完善的法律体系、政策目标和组织框架。美国贸易限制措施的相关立法包括《1962年贸易扩展法》《出口管理法》《出口管理条例》《出口管制改革法》《国际紧急状态经济权力法》《国家紧急状态法》等，其立法不仅包含大量的授权性条款，还涵盖了配套的实施规则，增强了其法律实施效果。在实践中，美国特别注重不同法律机制的配合，形成联动与协同机制，共同服务于其国家安全和外交目标。欧盟也构建了完整的出口管制立法与经济制裁立法制度，为其实施贸易限制措施提供了充分的法律依据。欧盟贸易限制措施相关立法特别注重与国际法治的协调，采取精准制裁理念，并根据目标的实现及时调整相关政策。美国、欧盟贸易限制措施的相关立法与实践为我国完善贸易限制措施法律制度提供了国际经验。

我国在2020年至2021年先后出台了《不可靠实体清单规定》《出口管制法》《外商投资安全审查办法》《阻断外国法律与措施不当域外适用办法》《反外国制裁法》等，其中，《不可靠实体清单规定》《出口管制法》《反外国制裁法》详细规定了我国采取贸易限制措施维护国家主权、安全和发展利益的权利。结合已制定的《国家安全法》《对外贸易法》《技术进出口管理条例》《货物进出口管理条例》等法律法规，我国国家安全保障的涉外法律法规已经具有一定规模，为保护国家安全筑起了一道坚实的法律屏障。尽管如此，各法律法规之间存在制度衔接的瑕疵，出口管制的监管和执行规则仍不够丰富，反制裁法律法规的配套实施规则不完善，使得司法和执法仍是我国贸易限制措施相关立法的薄弱环节，系统化、层次化、立体化的国家安全涉外法律保护合力尚未形成。为了更好地形成系统完备的涉外法律法规体系，提升涉外执法司法效能，我国需借鉴国际有益经验，统筹安全和发展，从加强多部门立法的衔接配合、细化出口管制的监管和执行规则、增强反制裁法律法规的可操作性等方面进行改革调整，为我国维护国家安全提供更加强有力的法律依据，切实实现维护国家主权、安全和发展利益，维护以联合国为核心的国际体系和以国际法为基础的国际秩序的目标。

参考文献

一、中文参考文献

（一）专著类

[1] 陈曦文：《英国 16 世纪经济变革与政策研究》，首都师范大学出版社，1995。

[2] 汤在新：《近代西方经济学史》，上海人民出版社，1990。

[3] ［美］多米尼克·萨尔多瓦：《国际经济学》，杨冰译，清华大学出版社，2015。

[4] ［美］罗伯特·吉尔平：《国际关系政治经济学》，杨宇光等译，经济科学出版社，1989。

[5] ［美］列奥·施特劳斯、约瑟夫·克罗波西主编《政治哲学史》（上），李天然等译，河北人民出版社，1993。

[6] 徐大同：《西方政治思想史》，天津人民出版社，1985。

[7] ［美］马汉：《海权论》，萧伟中、梅然译，中国言实出版社，1997。

[8] ［美］肯尼思·华尔兹：《国际政治理论》，信强译，上海世纪出版集团，2003。

[9] ［美］J. E. 斯贝茹：《国际经济关系学》，储祥银等译，对外贸易教育出版社，1989。

[10] 贺其治：《国家责任法及案例浅析》，法律出版社，2003。

[11] 韩立余：《WTO 案例及评析》（上卷），中国人民大学出版社，2001。

[12] 朱晓青：《欧洲人权法律保护机制研究》，法律出版社，2003。

[13] 李永胜：《论受害国以外的国家采取反措施问题》，法律出版社，2000。

[14] ［英］詹宁斯、瓦茨修订《奥本海国际法》（第一卷第二分册），王铁

崔等译，中国大百科全书出版社，1998。

〔15〕丁伟、朱榄叶：《当代国际法学理论与实践研究文集：国际经济法卷》，中国法制出版社，2002。

〔16〕〔美〕M. 阿库斯特：《现代国际法概论》，汪瑄、朱奇武、余叔通、周仁译，中国社会科学出版社，1981。

〔17〕彭爽：《出口管制：理论与政策》，经济科学出版社，2018。

〔18〕陈卫东：《WTO 例外条款解读》，对外经济贸易大学出版社，2002。

〔19〕陈若鸿：《特朗普政府 232 措施中的〈国家安全〉话语——选择、意图及合法性》，林中梁、陈咏梅主编《WTO 法与中国论坛年刊（2019）》，知识产权出版社，2019。

〔20〕李寿平：《现代国家责任法律制度》，武汉大学出版社，2003。

〔21〕李小霞：《国际投资法中的根本安全利益例外条款研究》，法律出版社，2012。

〔22〕江国青：《反措施与国际司法：变化中的国际法实施机制》，《中国国际法年刊（2008）》，世界知识出版社，2009。

（二）论文类

〔1〕孙南翔：《国家安全例外在互联网贸易中的适用及展开》，《河北法学》2017 年第 6 期。

〔2〕黄志雄：《WTO 安全例外条款面临的挑战与我国的对策——以网络安全问题为主要背景》，《国际经济法学刊》2014 年第 4 期。

〔3〕任强：《国际投资法中的“国家安全”问题探究——以“Ralls 诉美国外国投资委员会案”为视角》，《北方法学》2016 年第 3 期。

〔4〕管健：《中美贸易争端的焦点法律问题评析》，《武大国际法评论》2018 年第 3 期。

〔5〕彭德雷、周围欢、杨国华：《国际贸易中的〈国家安全〉审视——基于美国〈232 调查〉的考察》，《国际经贸探索》2018 年第 5 期。

〔6〕孔庆江：《国家经济安全与 WTO 例外规则的应用》，《社会科学辑刊》2018 年第 5 期。

〔7〕王小理：《生物安全时代：新生物科技变革与国家安全治理》，《国际安全研究》2020 年第 4 期。

〔8〕简基松、王宏鑫：《美国对俄罗斯经济制裁之国际法分析及对中国的启示》，《法学评论》2014 年第 5 期。

［9］张乃根：《试析〈国家责任条款〉的"国际不法行为"》，《法学家》2007 年第 3 期。

［10］丁添：《另一种视角——经济学观点下的国家责任：兼评〈国家对国际不法行为的责任条款草案〉有关规定》，《贵州警官职业学院学报》2005 年第 1 期。

［11］辛柏春：《自卫权法律问题探析》，《学术交流》2014 年第 9 期。

［12］丁成耀：《对国际法上"自卫权的探讨"——兼评美国发动伊拉克战争的"自卫"理由》，《法制与社会发展》2003 年第 4 期。

［13］明瑶华：《论国家自卫权的行使对象》，《苏州大学学报》（哲学社会科学版）2009 年第 1 期。

［14］赵振华：《论国际法上的国家自卫权》，《理论界》2006 年第 6 期。

［15］龚向前：《论国际法上的自卫》，《武汉大学学报》（哲学社会科学版）2004 年第 3 期。

［16］黄瑶：《论预防性自卫的合法性问题》，《法学杂志》2003 年第 3 期。

［17］宋新平：《预先性自卫研究述论》，《西安政治学院学报》2008 年第 6 期。

［18］李伯军：《论网络攻击与国际法上国家自卫权的行使》，《西安政治学院学报》2012 年第 2 期。

［19］王天乐：《论国家违反对国际社会整体所承担的法律义务之特殊法律后果》，硕士学位论文，清华大学，2006。

［20］李爽：《论国际责任法上反措施的条件与限制》，硕士学位论文，中国政法大学，2011。

［21］卢建川：《反措施制度法律适用问题研究》，硕士学位论文，上海交通大学，2012。

［22］王楠：《危急情况之习惯国际法与投资条约中的不排除措施条款——兼论 CMS 案和 LG&E 案》，《比较法研究》2010 年第 1 期。

［23］马越：《国际投资仲裁中东道国抗辩的困境分析——以"危急情况"抗辩为分析对象》，《经济研究导刊》2011 年第 6 期。

［24］彭岳：《中美贸易战中的安全例外问题》，《武汉大学学报》（哲学社会科学版）2019 年第 1 期。

［25］李欣玥：《WTO 安全例外条款的限制性适用》，《国际经济法学刊》2019 年第 2 期。

［26］ 杨国华：《中美贸易战中的国际法》，《武大国际法评论》2018 年第
3 期。

［27］ 李小霞：《WTO 根本安全例外条款的理论与实践》，《湖南社会科学》
2010 年第 5 期。

［28］ 姜建明、陈立虎：《WTO 例外条款及其法理基础》，《苏州大学学报》
（哲学社会科学版）2007 年第 2 期。

［29］ 韩秀丽：《双边投资协定中的自裁决条款研究——由"森普拉能源公司
撤销案"引发的思考》，《法商研究》2011 年第 2 期。

［30］ 王淑敏：《国际投资中的次级制裁问题研究——以乌克兰危机引发的对
俄制裁为切入点》，《法商研究》2015 年第 1 期。

［31］ 梁咏：《WTO 体制内中国"稀土保卫战"的合规性研究——以安全例
外为视角》，《上海海关学院学报》2012 年第 2 期。

［32］ 刘玮佳：《初探 WTO 争端解决机构对于国家安全例外之审查基准——
以俄罗斯过境转运案小组报告为核心》，《经贸法讯》（台北）2019 年
总第 254 期。

［33］ 徐程锦：《WTO 安全例外法律解释、影响与规则改革评析——对"乌
克兰诉俄罗斯与转运有关的措施"（DS512）案专家组报告的解读》，
《信息安全与通信保密》2019 年第 7 期。

［34］ 李伟：《WTO"俄罗斯—乌克兰禁运措施案"：安全例外条款问题之分
析》，《海关与经贸研究》2019 年第 5 期。

［35］ 马得懿、周明园：《论"国际关注的突发公共卫生事件"下的过度公共
卫生措施》，《海关与经贸研究》2020 年第 5 期。

［36］ 韩永红、梁佩豪：《突发公共卫生事件中过度限制性措施的国际法规
制》，《国际经贸探索》2020 年第 7 期。

［37］ 汪玮敏：《出口管制法律问题研究》，博士学位论文，安徽大学，2012。

［38］ 靳风：《美国出口管制体系概览》，《当代美国评论》2018 年第 2 期。

［39］ 葛晓峰：《美国两用物项出口管制法律制度分析》，《国际经济合作》
2018 年第 1 期。

［40］ 葛晓峰：《美国〈出口管理条例〉许可例外制度研究》，《国际经济合
作》2018 年第 3 期。

［41］ 王天禅：《美国新兴技术出口管制及其影响分析》，《信息安全与通信保
密》2020 年第 4 期。

［42］刘瑛、孙冰：《与外资安审联动的美国技术出口管制制度及中国应对》，《国际贸易》2020年第6期。

［43］李昕：《中美经贸争端背景下美国对华科技政策法律法规探析》，《美国问题研究》2019年第2期。

［44］吕文栋、林琳、赵杨、钟凯：《美国对华高技术出口管制与中国应对策略研究》，《科学决策》2020年第8期。

［45］赵德铭：《中国现行出口管制制度与新法草案刍议》，《海关法评论》2018年第1期。

［46］田宇、孟伟：《出口管制法草案二审：强化管制物项最终用户和最终用途管理》，《中国人大》2020年第13期。

［47］简基松：《联合国制裁之定性问题研究》，《法律科学》2005年第6期。

［48］刘建伟：《国际制裁缘何难以奏效？》，《世界经济与政治》2011年第10期。

［49］吴燕妮、刘筱萌：《联合国制裁措施国内执行的法律框架及实践困境》，《华南理工大学学报》（社会科学版）2014年第4期。

［50］杨永红：《次级制裁及其反制——由美国次级制裁的立法与实践展开》，《法商研究》2019年第3期。

［51］肖刚、黄国华：《冷战后美国经济外交中的单边经济制裁》，《国际经贸探索》2006年第3期。

［52］杜涛：《欧盟对待域外经济制裁的政策转变及其背景分析》，《德国研究》2012年第3期。

［53］赵洲：《单边经济制裁与"一带一路"战略下的贸易、投资保护》，《社会科学家》2016年第1期。

［54］黄风：《美国金融制裁制度及其对我国的警示》，《法学》2012年第4期。

［55］况腊生、郭周明：《当前国际经济制裁的法律分析》，《国际经济合作》2019年第3期。

［56］朱玥：《反制美国次级制裁的欧盟经验及启示：单边抑或多边》，《中国流通经济》2020年第6期。

［57］龚红柳：《论中美贸易战中实施"反制"的WTO合规性——以中国应对美国"301措施"为例》，《经贸法律评论》2019年第1期。

［58］杨国华：《中国贸易反制的国际法依据》，《经贸法律评论》2019年第

1 期。

［59］廖诗评：《中美贸易摩擦背景下中国贸易反制措施的国际法依据》，《经贸法律评论》2019 年第 1 期。

［60］李居迁：《贸易报复的特殊与一般——中美贸易战中的反制措施》，《经贸法律评论》2019 年第 1 期。

［61］杨雨馨：《中美贸易战中中方反制行为的合法性分析》，《天津法学》2019 年第 2 期。

［62］袁达松、苏航：《我国应对经济制裁的反制法律机制》，《天津法学》2020 年第 1 期。

［63］蒋大兴：《贸易管制/贸易报复与跨国界的公司治理——中兴通讯案如何扭曲了公司治理的演绎路径？》，《东岳论丛》2020 年第 2 期。

［64］胡加祥：《国际贸易争端的解决与国家安全利益的保护》，《上海交通大学学报》（哲学社会科学版）2008 年第 4 期。

［65］李新宽：《试析英国重商主义国家干预经济的主要内容》，《史学集刊》2008 年第 4 期。

［66］张淑芹：《自由贸易还是保护贸易——基于马克思和西方国际贸易理论的比较研究》，《中共青岛市委党校　青岛行政学院学报》2019 年第 4 期。

［67］张宗斌：《自由贸易理论与实践的背离及启示》，《当代亚太》1997 年第 2 期。

［68］陈淑梅：《中美经贸摩擦安全化视域分析》，《亚太经济》2020 年第 5 期。

［69］黎永莲：《西方贸易政策与传统自由贸易理论分离的国家利益分析》，《求索》2006 年第 4 期。

［70］刘青建：《国家主权理论探析》，《中国人民大学学报》2004 年第 6 期。

［71］陈荣辉：《西方贸易保护主义理论的演变》，《福建日报》2000 年 2 月 12 日。

［72］李群：《管理贸易理论文献综述》，《经济学动态》2004 年第 11 期。

［73］赵海乐：《全球化逆动中的"新自力救济"："国家干预经济"的合法性探析》，《武大国际法评论》2018 年第 5 期。

［74］余锋：《国际社会中的私力救济刍论》，《太平洋学报》2006 年第 12 期。

［75］ 王旭：《重大传染病危机应对的行政组织法调控》，《法学》2020 年第
3 期。

［76］ 韩立余：《善意原则在 WTO 争端解决中的适用》，《法学家》2005 年第
6 期。

［77］ 黄德明：《中国和平发展中外交职能调整的前沿法律问题》，《法学评
论》2006 年第 2 期。

［78］ 陈敏佳、刘滢泉：《中国针对美国 232 调查进行反制的合法性分析》，
《河北科技大学学报》（社会科学版）2019 年第 1 期。

［79］ 曾建知：《习惯国际法上的危急情况与国际投资条约一般例外条款之比
较研究》，《国际经济法学刊》2018 年第 1 期。

［80］ 韩长安、包卫星：《论紧急状态下的权利克减》，《重庆邮电学院学报》
2005 年第 2 期。

［81］ 龚刃韧：《不可克减的权利与习惯法规则》，《环球法律评论》2010 年
第 1 期。

［82］ 李妍：《论我国国际人权法中的不可克减的权利》，《牡丹江大学学报》
2014 年第 10 期。

［83］ 王祯军：《克减条款与我国紧急状态法制之完善》，《当代法学》2011
年第 1 期。

［84］ 赵建文：《国际法上的国家责任——国家对国际不法行为的责任》，博
士学位论文，中国政法大学，2004。

［85］ 朱丹：《论国际义务与国家责任的援引》，《安徽大学法律评论》2008
年第 2 期。

［86］ 雷雨清、刘超、郑伟：《美国对华 301 调查及中国反制措施的法律分
析》，《经贸法律评论》2019 年第 1 期。

［87］ 余民才：《国家责任法的性质》，《法学家》2005 年第 4 期。

［88］ 边永民：《新型冠状病毒全球传播背景下限制国际贸易措施的合规性研
究》，《国际贸易问题》2020 年第 7 期。

［89］ 王洪春：《人权视野下的个人健康权与选择权》，《医学与哲学》（人文
社会医学版）2008 年第 3 期。

［90］ 杜承铭、谢敏贤：《论健康权的宪法权利属性及实现》，《河北法学》
2007 年第 1 期。

［91］ 王晨光、饶浩：《国际法中健康权的产生、内涵及实施机制》，《比较法

《研究》2019 年第 3 期。

[92] 陈云良：《健康权的规范构造》，《中国法学》2019 年第 5 期。

[93] 梅传强、李洁：《我国反恐刑法立法的"预防性"面向检视》，《法学》2018 年第 1 期。

[94] 蒋红珍：《疫情防控中的征用补偿适用范围的思考》，《财经法学》2020 年第 3 期。

[95] 张海滨：《重大公共卫生突发事件背景下的全球卫生治理体制改革初探》，《国际政治研究》2020 年第 3 期。

[96] 何田田：《〈国际卫生条例〉下的"国际关注的突发公共卫生事件"：规范分析、实施困境与治理路径》，《国际法研究》2020 年第 4 期。

[97] 胡加祥：《美国贸易保护主义国内法源流评析——兼评 232 条款和 301 条款》，《经贸法律评论》2019 年第 1 期。

[98] 周艳云：《中美贸易摩擦中美国"232 措施"法律性质之辨析——以 DS544 案切入》，《国际经济法学刊》2020 年第 2 期。

[99] 张亮、杨子希：《美国贸易制裁的主要法律手段及应对研究》，《法治论坛》2018 年第 4 期。

[100] 周磊、杨威、余玲珑、兰姗：《美国对华技术出口管制的实体清单分析及其启示》，《情报杂志》2020 年第 7 期。

[101] 许晨：《美国出口管制法之下的中国条款研究》，博士学位论文，苏州大学，2019。

[102] 刘斌、李秋静：《特朗普时期美国对华出口管制的最新趋势与应对策略》，《国际贸易》2019 年第 4 期。

[103] 黄风：《美国金融制裁制度及其对我国的警示》，《法学》2012 年第 4 期。

[104] 徐以升、马鑫：《美国金融制裁的法律、执行、手段与特征》，《国际经济评论》2015 年第 1 期。

[105] 毕云红：《透视冷战后美国单边经济制裁政策》，《世界经济与政治》2000 年第 12 期。

[106] 薛天赐：《论美国经济制裁中的总统权力边界》，《政法论丛》2020 年第 2 期。

[107] 王佳：《美国经济制裁立法、执行与救济》，《上海对外经贸大学学报》2020 年第 5 期。

[108] 孟祥青、程炜：《新时代中国全球安全治理的理念与实践》，《国际问题研究》2021 年第 6 期。

[109] 黄名海：《出口管制制度国际比较及中国立法完善研究》，硕士学位论文，对外经济贸易大学，2018。

[110] 丁昊：《欧盟高新技术出口管制问题研究》，硕士学位论文，南京财经大学，2019。

[111] 甘开鹏、陆宁：《欧盟对外经济制裁政策评析》，《经济问题探索》2009 年第 10 期。

[112] 孟刚、李思佳：《欧盟经济制裁及其对中国的启示》，《财经法学》2020 年第 4 期。

[113] 王磊、刘建伟：《欧盟对外制裁决策：制度设计与影响因素》，《国际观察》2016 年第 1 期。

[114] 马林静、梁明：《中国对外贸易体制 70 年变革与未来改革思路探索》，《国际经济合作》2020 年第 1 期。

[115] 顾海兵、张帅：《"十三五"时期我国经济安全水平分析》，《社会科学文摘》2016 年第 7 期。

[116] 贾宇：《以总体国家安全观为指引、以法治为保障的中国〈国家安全法〉》，《法制与社会发展》2017 年第 3 期。

[117] 韩冰：《出口管制法落地，贸易大国应有之举》，《环球时报》2020 年10 月 22 日，第 15 版。

[118] 池志培：《美国对华科技遏制战略的实施与制约》，《太平洋学报》2020 年第 6 期。

[119] 李峥：《美国推动中美科技"脱钩"的深层动因及长期趋势》，《现代国际关系》2020 年第 1 期。

[120] 郭晓兵：《防扩散还将是中美合作亮点吗？——中美防扩散合作模式、动因及前景探析》，《国际安全研究》2017 年第 5 期。

[121] 姜辉：《我国出口管制体系的演进历程及完善对策》，《理论月刊》2019 年第 8 期。

[122] 宋微：《出口管制法展现中国维护公平的决心》，《中华工商时报》2020 年 10 月 26 日，第 3 版。

[123] 姜辉：《美国出口管制与中国高技术产业全球资源配置风险》，《中国流通经济》2020 年第 7 期。

［124］ 徐飞彪：《不可靠实体清单：制裁制度有必要》，《半月谈》2020 年 10 月 14 日。

［125］ 康均心、虞文梁：《后〈国家安全法〉时代的国家安全法律体系建设》，《郑州大学学报》（哲学社会科学版）2019 年第 3 期。

［126］ 胡晓红：《中国对外贸易国家安全制度重构》，《南大法学》2021 年第 2 期。

［127］ 廖凡：《比较视角下的不可靠实体清单制度》，《比较法研究》2021 年第 1 期。

［128］ 薛源、程雁群：《"单边"制裁的法治破局》，《人民论坛》2021 年第 22 期。

［129］ 霍政欣：《〈反外国制裁法〉的国际法意涵》，《比较法研究》2021 年第 4 期。

［130］ 赵海乐：《安全化视角下美国外资审查中的"关键技术"研究》，《经济法学评论》2019 年第 1 期。

［131］ 池志培、张晓洁：《美国出口管制改革与实施》，《和平与发展》2020 年第 3 期。

［132］ 袁泉、刘静：《网络自卫权行使的理论依据与建构》，《江西社会科学》2021 年第 6 期。

［133］ 张华：《论网络空间自卫权的行使对象问题》，《法学论坛》2021 年第 1 期。

［134］ 陈爱娥：《法体系的意义与功能——借镜德国法学理论而为说明》，《法治研究》2019 年第 5 期。

［135］ 马忠法：《〈反外国制裁法〉出台背景、内容构成及时代价值》，《贵州省党校学报》2021 年第 4 期。

［136］ 王先林：《我国反垄断法实施的基本机制——兼论以垄断行业作为我国反垄断法实施的突破口》，《法学评论》2012 年第 5 期。

［137］ 王玮：《国际法上禁止使用武力原则的例外研究》，《河南师范大学学报》（哲学社会科学版）2020 年第 3 期。

［138］ 刘瑛、张璐：《论 GATT 安全例外对美国 232 钢铝措施的适用》，《国际经贸探索》2019 年第 12 期。

［139］ 刘美：《论 WTO 安全例外对单边贸易制裁的有限治理——基于"俄罗斯过境限制案"的分析》，《国际经贸探索》2020 年第 1 期。

[140] 周忠学、周艳云：《GATT1994 安全例外条款适用的内在限制——以中美 DS544 案为例》，《常州大学学报》（社会科学版）2021 年第 4 期。

[141] 杨钊、黄世席：《国际贸易协定下安全例外条款"必要性"措施的判定——基于"卡塔尔诉沙特知识产权保护措施案"专家组报告分析》，《国际法学刊》2021 年第 3 期。

[142] 张乃根：《国际经贸条约的安全例外条款及其解释问题》，《法治研究》2021 年第 1 期。

[143] 赵海乐：《一般国际法在"安全例外"条款适用中的作用探析》，《国际经济法学刊》2021 年第 2 期。

[144] 刘瑛、李琴：《〈出口管制法〉中的域外适用法律规则及其完善》，《国际经济评论》2021 年第 4 期。

[145] 韩爽：《美国出口管制从关键技术到新兴和基础技术的演变分析》，《情报杂志》2020 年第 12 期。

[146] 池志培、张晓洁：《美国出口管制改革与实施》，《和平与发展》2020 年第 2 期。

[147] 张虎：《美国单边经济制裁的法理检视及应对》，《政法论丛》2020 年第 2 期。

[148] 王淑敏、李倩雨：《中国阻断美国次级制裁的最新立法及其完善》，《国际商务研究》2021 年第 4 期。

[149] 杜涛、周美华：《应对美国单边经济制裁的域外经验与中国方案——从〈阻断办法〉到〈反外国制裁法〉》，《武大国际法评论》2021 年第 4 期。

[150] 白雪、邹国勇：《美国"长臂管辖"的欧盟应对：措施、成效与启示》，《武大国际法评论》2021 年第 5 期。

[151] 范晓波：《美国金融制裁的基石与应对》，《经贸法律评论》2021 年第 6 期。

[152] 顾华详：《论美国对华贸易摩擦的法治反制》，《西北民族大学学报》（哲学社会科学版）2020 年第 4 期。

[153] 秦亚青、宋德星、张燕生、张晓通、朱锋、鲁传颖：《专家笔谈：大变局中的中国与世界》，《国际展望》2020 年第 1 期。

[154] 张辉：《论中国对外经济制裁法律制度的构建——不可靠实体清单引发的思考》，《比较法研究》2019 年第 5 期。

［155］劳东燕：《功能主义刑法解释的体系性控制》，《清华法学》2020 年第 2 期。

［156］康均心：《全球反恐背景下国家安全法治体系构建》，《山东大学学报》（哲学社会科学版）2017 年第 2 期。

［157］梅传强：《我国反恐刑事立法的检讨与完善——兼评〈刑法修正案（九）〉相关涉恐条款》，《现代法学》2016 年第 1 期。

［158］莫纪宏：《关于加快构建国家生物安全法治体系的若干思考》，《新疆师范大学学报》（哲学社会科学版）2020 年第 4 期。

［159］张晓君：《尊重国际法权威，维护国际秩序》，《求是》2018 年第 20 期。

［160］丁丽柏、陈喆：《论 WTO 对安全例外条款扩张适用的规制》，《厦门大学学报》（哲学社会科学版）2020 年第 2 期。

［161］王玫黎、李煜婕：《总体国家安全观下中国海外权益保障国际法治构建的理论析探》，《广西社会科学》2019 年第 8 期。

［162］李天生、臧祥真：《美国加征关税的国内法与国际法规则运用冲突研究》，《政法论丛》2020 年第 2 期。

［163］梁咏：《论国际贸易体制中的安全例外再平衡》，《法学》2020 年第 2 期。

［164］张皎、李传龙、李彤：《美欧外资国家安全审查机制立法趋势：从与安全有关的投资措施到与投资有关的安全措施?》，《国际法研究》2020 年第 3 期。

［165］赵海乐、郭峻维：《"准入前国民待遇"背景下我国外资安全审查功能定位探析》，《经贸法律评论》2020 年第 4 期。

［166］张群卉：《高新技术产品出口管制研究》，博士学位论文，武汉大学，2012。

［167］王海军：《关键核心技术创新的理论探究及中国情景下的突破路径》，《当代经济管理》2021 年第 6 期。

［168］王孝松、刘元春：《出口管制与贸易逆差——以美国高新技术产品对华出口管制为例》，《国际经贸探索》2017 年第 1 期。

［169］孙海泳：《进攻性技术民族主义与美国对华科技战》，《国际展望》2020 年第 5 期。

［170］孙海泳：《论美国对华"科技战"中的联盟策略：以美欧对华科技施

压为例》,《国际观察》2020 年第 5 期。

[171] 王锦:《特朗普政府制裁手段特点分析》,《现代国际关系》2020 年第
2 期。

二、外文参考文献

（一）专著类

[1] Hugo Grotius, *The Law of War and Peace*, *in Peace Projects of 17th Century* (New York: Prolegomena, 1972).

[2] John H. Jackson, *Legal Problems of International Economic Relations: Cases, Materials, and Text* (Minnesota: Thomson/West Publishers, 2008).

[3] Joy Gordon, *Invisible War: The United States and the Iraq Sanctions* (Cambridge: Harvard University Press, 2010).

[4] Isabelle Van Damme, *Treaty Interpretation by the WTO Appellate Body* (Oxford: Oxford University Press, 2009).

[5] Evelyn Speyer Colbert, *Retaliation in International Law* (New York: King's Crown Press, Columbia University, 1948).

[6] Anna-Lena Svensson-McCarthy, *The International Law of Human Rights and States of Exception: With Special Reference to the Travaux Préparatoires and Case-Law of the International Monitoring Organs* (Leiden-Boston: Martinus Nijhoff Pulishers, 1998).

[7] Mark E. Villiger, *Commentary on the 1969 Vienna Convention on the Law of Treaties* (Leiden-Boston: Martinus Nijhoff Publishers, 2009).

[8] P. van den Bossche, W. Zdouc, *The Law and Policy of the World Trade Organization: Text, Cases and Materials* (Cambridge: Cambridge University Press, 2013).

[9] Francesco Giumelli, *Coercing, Constraining and Signaling: Explaining and Understanding International Sanctions after the End of the Cold War* (European Consortium for Political Research Press, 2012).

（二）论文类

[1] Seyed M. H. Razavi, Fateme Zeynodini, "Economic Sanctions and Protection of Fundamental Human Rights: A Review of the ICJ's Ruling on Alleged

Violations of the Iran-U. S. Treaty of Amity", *Washington International Law Journal* 29 (2020).

[2] Lori Fisler Damrosch, "The Legitimacy of Economic Sanctions as Countermeasures for Wrongful Acts", *Ecology Law Quarterly* 46 (2019).

[3] Patricia Galvao Teles, "The ILC's Past Practice on Progressive Development and Codification of International Law— An Empirical Analysis Focusing on the Law of the Sea, Law of Treaties and State Responsibility", *FIU Law Review* 13 (2019).

[4] Simon Lester, Huan Zhu, "A Proposal for 'Rebalancing' to Deal with 'National Security' Trade Restrictions", *Fordham International Law Journal* 5 (2019).

[5] Samantha Franks, "Exploring Climate Security to Article XXI of the GATT", *Washington University Global Studies Law Review* 20 (2021).

[6] Kevin J. Fandl, "National Security Tariffs: A Threat to Effective Trade Policy", *University of Pennsylvania Journal of Business Law* 23 (2021).

[7] J. Benton Heath, "The New National Security Challenge to the Economic Order", *Yale Law Journal* 129 (2020).

[8] William J. Gardner Jr. , "Divergent Strategies: A Legal History of the WTO's National Security Exception in the Context of a Globalized Economy, 1983 – 2019", University *of Miami International and Comparative Law Review* 28 (2020).

[9] J. Benton Heath, "Trade and Security among the Ruins", *Duke Journal of Comparative and International Law* 30 (2020).

[10] Elizabeth Trujillo, "An Introduction to Trade and National Security: New Concepts of National Security in a Time of Economic Uncertainty", *Duke Journal of Comparative and International Law* 30 (2020).

[11] Charles H. Ellzey, "Promoting Globalization in Space Policy: A Look at United States Export Controls", *Journal of Space Law* 44 (2020).

[12] Machiko Kanetake, "The EU's Export Control of Cyber Surveillance Technology: Human Rights Approaches", *Business and Human Rights Journal* 4 (2019).

[13] Chad P. Bown, "Export Controls: America's Other National Security

Threat", *Duke Journal of Comparative and International Law* 30 (2020).

[14] Daniel W. Drezner, "The United States of Sanctions: The Use and Abuse of Economic Coercion", *Foreign Affairs* 100 (2021).

[15] Jesse Van Genugten, "Conscripting the Global Banking Sector: Assessing the Importance and Impact of Private Policing in the Enforcement of U. S. Economic Sanctions", *Berkeley Business Law Journal* 18 (2021).

[16] Patrick Corcoran, "Trade and Wars: Checking the President's Overbroad Trade Sanction Authority", *New York University Journal of Legislation and Public Policy* 23 (2021).

[17] Abdullah Al-Khseilat, Ayman Yousif Al-refou, Salem Mekhled Salem, "Unilateral Economic Sanctions", *Journal of Law, Policy and Globalization* 94 (2020).

[18] Joel P. Trachtman, "Trade in Financial Services under GATS, NAFTA and the EC: A Regulatory Jurisdiction Analysis", *Columbia Journal of Transnational Law* 34 (1995).

[19] Deborah Senz, Hilary Charlesworth, "Building Blocks: Australia's Response to Foreign Extraterritorial Legislation", *Melbourne Journal of International Law* 2 (2001).

[20] Tsai-fang Chen, "To Judge the Self-Judging Security Exception under the GATT 1994—A Systematic Approach", *Asian Journal of WTO and International Health Law and Policy* 12 (2017).

[21] Jaemin Lee, "Commercializing National Security? National Security Exceptions' Outer Parameter under GATT Article XXI", *Asian Journal of WTO & International Health Law and Policy* 13 (2018).

[22] Tania Voon, "The Security Exception in WTO Law: Entering a New Era", *AJIL UNBOUND* 113 (2019).

[23] Geraldo Vidigal, "WTO Adjudication and the Security Exception: Something Old, Something New, Something Borrowed, Something Blue?", *Legal Issues of Economic Integration* 46 (2019).

[24] Felicia Maxim, "Content of the Responsibility of the States for Internationally Wrongful Acts—General Principles", *Jurnalul de Studii Juridice* 7 (2012).

[25] Simon Olleson, "Internationally Wrongful Acts in the Domestic Courts: The

Contribution of Domestic Courts to the Development of Customary International Law Relating to the Engagement of International Responsibility", *Leiden Journal of International Law* 26 (2013).

[26] Patrick Dumberry, "The Consequences of Turkey Being the Continuing State of the Ottoman Empire in Terms of International Responsibility for Internationally Wrongful Acts", *International Criminal Law Review* 14 (2014).

[27] Victor Stoica, "Cessation of the International Wrongful Act before the International Court of Justice", *Romanian Journal of International Law* 17 (2017).

[28] Seyyed Amir Abbas Ehterami, "A Study of the Responsibility Domains of States toward Human Rights Based on Rulings of the International Court of Justice and United Nations Draft Articles on Responsibility of States for Internationally Wrongful Acts", *Journal of Law and Social Deviance* 13 (2017).

[29] Maja Janmyr, "Attributing Wrongful Conduct of Implementing Partners to UNHCR: International Responsibility and Human Rights Violations in Refugee Camps", *Journal of International Humanitarian Legal Studies* 5 (2014).

[30] August Reinisch, "Aid or Assistance and Direction on Control between States and International Organizations in the Commission of Internationally Wrongful Act", *International Organizations Law Review* 7 (2010).

[31] Jose Manuel Cortes Martin, "The Responsibility of Members Due to Wrongful Acts of International Organizations", *Chinese Journal of International Law* 12 (2013).

[32] Alexander Orakhelashvili, "Responsibility and Immunities", *International Organizations Law Review* 11 (2014).

[33] Catherine Brolmann, "Member States and International Legal Responsibility", *International Organizations Law Review* 12 (2015).

[34] Raj Bhala, "National Security and International Trade Law: What the GATT Says and What the United States Does", *University of Pennsylvania Journal of International Law* 19 (1998).

[35] Peter Lindsay, "The Ambiguity of GATT Article XXI: Subtle Success or

Rampant Failure?", *Duke Law Journal* 52 (2003).

[36] Andrew Emmerson, "Concpetualizing Security Exception: Legal Doctrine of Political Excuse", *Journal of International Economic Law* 11 (2010).

[37] Roger P. Alford, "The Self-Judging WTO Security Exception", *Utah Law Review* 3 (2011).

[38] Stephan Schill, Robyn Briese, "'If the State Considers': Self-Judging Clauses in International Dispute Settlement", *Max Planck Yearbook of Untied Nationals Law* 13 (2009).

[39] Ji Yeong Yoo, Dukgeun Ahn, "Security Exceptions in the WTO System: Bridge or Bottle-Neck for Trade and Security?", *Journal of International Economic Law* 19 (2016).

[40] Nathaniel Ahrens, "National Security and China's Information Security Standards", *Center for Strategic and International Studies* (2012).

[41] Dapo Akande, Sope Williams, "International Adjudication on National Security Issues: What Role for the WTO", *Virginal Journal of International Law* 43 (2003).

[42] Sopocles Kitharidis, "The Unknown Territories of the National Security Exception: The Importance and Interpretation of Art XXI of the GATT", *Australian International Law Journal* 21 (2014).

[43] Felicity Deane, "The WTO, the National Security Exception and Climate Change", *Carbon & Climate Law Review* 2 (2012).

[44] Eric Pickett, Michael Lux, "Embargo as a Trade Defense against an Embargo/ The WTO Compatibility of the Russian Ban on Imports from the EU", *Global Trade and Customs Journal* 10 (2015).

[45] Eric J. Lobsinger, "Diminishing Borders in Trade and Terrorism: An Examination of Regional Applicability of GATT Article XXI National Security Trade Sanction", *ISLA Journal of International and Comparative Law* 13 (2006).

[46] Ryan Goodman, "Norms and National Security: The WTO As a Catalyst for Inquiry", *Chicago Journal of International Law* 2 (2001).

[47] Shin-yi Peng, "Cybersecurity Threats and the WTO National Security Exceptions", *Journal of International Economic Law* 18 (2015).

[48] Brandon Rice, "Russia and the WTO: Is It Time to Pierce the Article XXI (b) (iii) Security Exception?", *Social Science Electronic Publishing* 24 (2015).

[49] Arrambide Cynthia, Bruce Zagaris, "Export Controls and Economic Sanctions", *International Enforcement Law Reporter* 36 (2020).

[50] Joan Wiggenhorn, Kimberly Gleason and Manoharlal Sukhwani, "An Exploratory Examination of Export Control Act Violations", *International Business Research* 7 (2014).

[51] Elise Keppler, "Preventing Human Rights Abuses by Regulating Arms Brokering: The U. S. Brokering Amendment to the Arms Export Control Act", *Berkeley J. Int'l Law* 19 (2001).

[52] Michael D. Beck, Scott A. Jones, "The Once and Future Multilateral Export Control Regimes: Innovate or Die", *Strategic Trade Review* 5 (2019).

[53] Amina Afzal, "India's Export Control Regime: From Possible Proliferator to Responsible Nuclear State?", *Journal of Strategic Affairs* (2017).

[54] Frances Wilson, "UK Export Controls and National Treasures", *Santander Art and Culture Law Review (SAACLR)* (2019).

[55] Susanne Therese Hansen, "Taking Ambiguity Seriously: Explaining the Indeterminacy of the European Union Conventional Arms Export Control Regime", *European Journal of International Relations* 22 (2016).

[56] Ivan Kravchenk, Tamara Chernadchuk, Kateryna Izbash, Yevhen Podorozhnii, Sergii Melnyk, "On Special Feature of Implementation of State Export Control over International Transfer of Goods", *Journal of Legal, Ethical and Regulatory Issues* 22 (2019).

[57] M. L. Forlati Picchio, "The Legal Core of International Economic Sanctions", *Economic Sanctions in International Law* 99 (2004).

[58] Josef L. Kunz, "Sanctions in International Law", *American Journal of International Law* 54 (1960).

[59] Shihata, "Destination Embargo of Arab Oil: Its Legality under International Law", *American Journal of International Law* 68 (1974).

[60] Mehrdad Payandeh, "With Great Power Comes Great Responsibility? The Concept of the Responsibility to Protect within the Process of International

Lawmaking", *Yale Journal of International Law* 35 (2010).

[61] Philip Alston, Gerard Quinn, "The Nature and Scope of States Parties' Obligations under the International Covenant on Economic, Social and Cultural Rights", *Human Rights Quarterly* 9 (1987).

[62] Britt C. Reid, Walter J. Psoter, Gebrian Bette, Wang Minqi, "The Effect of an International Embargo on Malnutrition and Childhood Mortality in Rural Haiti", *International Journal of Health Services* 37 (2007).

[63] Robert E. Baldwin, "The Policy Economy of Trade Policy", *Journal of Economic Perspectives* 3 (1989).

[64] Henrik Andersen, "Protection of Non-Trade Values in WTO Appellate Body Jurisprudence: Exceptions, Economic Arguments and Eluding Questions", *Journal of International Economic Law* 18 (2015).

[65] John Norton Moore, "Enhancing Compliance with International Law: A Neglected Remedy", *Virginia Journal of International Law Association* 39 (1999).

[66] David Palmeter, Petros C. Mavroidis, "The WTO Legal System: Sources of Law", *American Journal of International Law* 92 (1998).

[67] Hannes L. Schloemann, Stefan Ohlhoff, "'Constitutionalization' and Dispute Settlement in the WTO: National Security as an Issue of Competence", *American Journal of International Law* 93 (1999).

[68] Andrew D. Mitchell, "Good Faith in WTO Dispute Settlement", *Melbourne Journal of International Law* 7 (2006).

[69] Jeremy M. Sharp, Christopher M. Blanchard and Clayton Thomas, "U. S. Arms Sales to the Middle East: Trump Administration Uses Emergency Exception in the Arms Export Control Act", *CRS Insight*, May 31, 2019.

[70] Michael G. Watts, "Export Control Awareness: The Initial Discussion & Necessary Considerations of Engaging in Export Control Practices at Eastern Washington University", *EWU Masters Thesis Collection*, 2019.

(三) 其他

[1] *Gabčíkovo—Nagymaros Project*, Report of ICJ, 1997.

[2] *United States—Import Prohibition of Certain Shrimp and Shrimp Products*, Report of the Appellate Body, WT/DS58/AB/R, November 6, 1998.

[3] *European Communities—Export Subsidies on Sugar*, *Report of the* Panel, WT/DS265/ R, October 15, 2004.

[4] *Peru—Additional Duty on Imports of Certain Agricultural Products*, Report of the Panel, WT/DS457/R, November 27, 2014.

[5] *United States—Continued Dumping and Subsidy Offset Act of 2000*, Report of the Panel, WT/DS217/R, January 27, 2003.

[6] *Nuclear Tests (New Zealand v. France)*, Reports of ICJ, December 20, 1974.

[7] *United States—Section 337 of the Tariff Act of 1930*, Report of the Panel, L/ 6439-36S/345, January 16, 1989.

[8] *Draft Articles on Responsibility of States for Internationally Wrongful Acts*, *with Commentaries 2001*, Official Records of the General Assembly A/56/ 10, 2001.

[9] *CMS Gas Transmission Company v. The Argentine Republic*, ICSID, Case No. ARB/01/8, Award, May 12, 2005.

[10] *LG&E Energy Corp. LG&E Capital Corp. LG&E International Inc. v. Argentine Republic*, ICSID, Case No. ARB/02/1, October 3, 2006.

[11] *Continental Casualty Company v. Argentine Republic*, ICSID, Case No. ARB/ 03/9, Award, September 5, 2008.

[12] *Sempra Energy International v. Argentine Republic*, ICSID, Case No. ARB/ 02/16, Award, September 28, 2007.

[13] *Communication from Nicaragua*, *United States—Trade Measures against Nicaragua*, GATT Document L/6661, March 23, 1990.

[14] *Analytical Index: Guide to GATT Law and Practice*, GATT Document L/ 5426 (1982), 6th edition, 1995.

[15] *European Communities— Measures Prohibiting the Importation and Marketing of Seal Products*, Report of the Panel, WT/DS400/R, June 18, 2014.

[16] *Brazil—Measures Affecting Imports of Retreated Tyrese*, Report of the Appellate Body, WT/DS332/AB/R, December 17, 2007.

[17] *Sweden—Import Restrictions on Certain Footwear*, GATT Document L/4250, November 17, 1975.

[18] *Minutes of Meeting Held in Palais des Nations*, *Geneva*, *on 31 October 1975*, GATT Document C/M/109, November 10, 1975.

[19] *Report of the International Law Commission, 53rd session, 2001*, Official Records of the General Assembly A/56/10, 2001.

[20] *Thailand—Restrictions on Importation of and Internal Taxes on Cigarettes*, Report of the Panel, DS10/R – 37S/200, November 7, 1990.

[21] *European Communities—Measures Affecting Asbestos and Asbestos-Containing Products*, Report of the Panel, WT/DS135/ R, March 12, 2001.

[22] *United States—Measures Affecting the Cross-Border Supply of Gambling and Betting Services*, Report of the Appellate Body, WT/DS285/AB/R, April 7, 2005.

[23] *Saudi Arabia—Measures Concerning the Protection of Intellectual Property Rights*, Report of the Panel, WT/DS567/R, June 16, 2020.

索　引

后　记

　　2021年3月通过的"十四五"规划和2035年远景目标纲要，将"统筹发展和安全"作为重要内容。2020年11月16日，习近平总书记在中央全面依法治国工作会议上强调指出："要坚持统筹推进国内法治和涉外法治。要加快涉外法治工作战略布局，协调推进国内治理和国际治理，更好维护国家主权、安全、发展利益。要强化法治思维，运用法治方式，有效应对挑战、防范风险，综合利用立法、执法、司法等手段展开斗争，坚决维护国家主权、尊严和核心利益。"2021年3月8日，十三届全国人大常委会工作报告提出，"加快推进涉外领域立法，围绕反制裁、反干涉、反制长臂管辖等，充实应对挑战、防范风险的法律'工具箱'"。如何加强涉外法治建设，善用法治方式维护国家主权、尊严和核心利益，正日益成为我党法治建设的重点任务和学术研究的重大理论命题。应将安全发展贯穿于国家发展的全领域全过程，努力实现贸易自由化与国家安全的动态平衡，既要持续推进更高水平对外开放，也要提升国家安全工作能力与水平，加快国家安全领域的涉外法治建设。在总体国家安全观指引下，近年来，我国先后出台了《不可靠实体清单规定》《出口管制法》《阻断外国法律与措施不当域外适用办法》《反外国制裁法》等法律法规，为我国应对外部风险挑战，维护国家主权、安全、发展利益提供了重要的法治保障。维护国家安全是限制或禁止货物贸易、服务贸易、技术贸易的事由，《不可靠实体清单规定》《出口管制法》《反外国制裁法》等法律法规中均包含与国家安全有关的贸易限制措施条款。国家安全视野下贸易限制措施实施的国际法依据是什么？美国及欧盟在对外贸易法律制度中如何平衡贸易自由化与国家安全的关系？我国应如何进一步地加强涉外法治体系建设，更好地发挥其在维护国家主权、安全、发展利益中的作用，实现发展和安全的平衡？这些都构成了本书研究的主题。本书稿在我的博士后出站报告的基础上修改完成，获得了全国博士后管理委员会的资助，感谢全国博士后管理委员会、第十批《中国社会科学博士后文库》编委会及编辑部、各位外审专家、社会科学文献出版社及易卉编辑的大力支持与辛勤付出。

非常感谢我的硕士生和博士生导师张晓君教授，导师爱生如子、无私奉献，投入了大量心血关注师门每一位学生的学习、生活与成长，不管是学术研究还是生活哲学，导师都给予了我非常多的指导与帮助。导师经常教导我们，不仅要勤于动脑，也要勤于动笔，思与写是一种相互促进的关系，在选题上，学术研究要服务于国家建设及社会发展，要挑选对客观实践具有重要意义的选题。同时，导师鼓励我们多关注国际、国内热点事件，善于发现问题，思考解决问题的方案，将学术研究服务于社会需要，将问题意识贯穿于论文撰写的全过程。导师常说，奋斗的人生是幸福的人生，青年时代，选择吃苦也就选择了收获。师母告诉我们，老师年轻时也常常为了撰写论文奋斗到深夜，现在为了完成一篇资政报告，工作到凌晨两三点钟才休息。老师的勤奋与言传身教激励着我不断奋斗，作为学术"萌新"，我应在努力奋斗中更好地实现人生价值。

非常感谢我的博士后合作导师丁丽柏教授，丁老师对我的成长与事业进步给予了无微不至的关怀。丁老师特别注重对青年教师的传、帮、带，她认为，对于青年教师而言，必须寓育人于教书之中，不能只注重科研，讲好课是第一位的。当我第一轮讲授国际公法课程时，丁老师询问了我的备课情况，并嘱托我欲达到好的课堂效果，必须要充分备课。上课时，丁老师会悄悄走进我的课堂听我授课，课后对我的不足之处提出改进建议。丁老师对教学效果和质量的执着追求，像一面镜子，时时提醒我应努力把讲台站稳，不断自我鉴别与改进课堂教学内容。

二十余年的学习生涯，爸爸妈妈一直是我砥砺前行的保障与依托，今年回家过年时，突然感觉爸爸妈妈头上的白发又增加了，不知不觉他们已近花甲之年。爸爸身上有一种执拗和坚韧的精神，深深地影响着我。爸爸的求学之路是艰辛的，为了实现考上大学的梦想，爸爸经历了三次高考，尽管第一年、第二年爸爸分别考上了中专和大专，但他未改变自己的志向，一次又一次地向自己发起挑战，终于在第三年考上了大学，成为上世纪80年代的大学生。从小到大，妈妈是我最亲近的好友，她总是耐心地倾听我的感受，平等地与我交流，我总是喜欢将学校里的那些趣事与成长的困惑与她分享。妈妈的善良、乐观与豁达，一直像一束温暖的光，照耀着我。

最后，感谢一直陪伴着我、守护着我的另一半，与你在一起的日子里充满了幸福与欢乐，愿我们能够平安、健康地相伴到老。

限于客观条件和能力水平，书稿难免存在不足之处，请学界同人对书稿的缺陷斧正与批评。

陈　喆

2022 年 2 月

第十批《中国社会科学博士后文库》专家推荐表 1

　　《中国社会科学博士后文库》由中国社会科学院与全国博士后管理委员会共同设立,旨在集中推出选题立意高、成果质量高、真正反映当前我国哲学社会科学领域博士后研究最高学术水准的创新成果,充分发挥哲学社会科学优秀博士科研成果和优秀博士后人才的引领示范作用,让《文库》著作真正成为时代的符号、学术的示范。

推荐专家姓名	张晓君	电　　话	
专业技术职务	教授、博士生导师	研究专长	国际经济法学
工作单位	西南政法大学	行政职务	西南政法大学国际法学院院长
推荐成果名称	国家安全视野下贸易限制措施法律制度研究		
成果作者姓名	陈喆		

　　(对书稿的学术创新、理论价值、现实意义、政治理论倾向及是否具有出版价值等方面做出全面评价,并指出其不足之处)

　　该书稿以国家安全视野下贸易限制措施的法律制度作为研究对象,分析了贸易限制措施维护国家安全的作用,并探讨了贸易限制措施的国际法依据、美欧贸易限制措施的法律制度,并在此基础上提出我国应提高贸易管制政策的法治化程度,提升我国运用国际法规则维护我国的主权、安全、发展利益的能力等建议。该选题具有理论与实践意义,有助于我国更好地运用法律手段开展斗争,维护国家的主权、尊严和核心利益。该书稿对于国内外文献的收集较为全面、准确,归纳和评价得当,作者综合运用了比较研究法、实证研究法、文献研究法,对该主题展开了论述,书稿内容能够反映出作者较好地掌握了国际法学科的理论基础和专业知识。该书稿引证资料丰富、准确,引证、注释体例符合规范,语言表述准确、流畅,书稿的层次结构及各部分之间的逻辑关系较为清晰。但书稿仍存在着不足之处,主要体现在对我国相关立法存在的问题及完善建议的思考还不够深入,论证较为单薄,建议作者在后续完善中进一步充实。

　　该书稿具有出版价值,予以推荐。

　　　　　　　　　　　　　　　　　　　　签字:

　　　　　　　　　　　　　　　　　　　　2021 年 3 月 8 日

第十批《中国社会科学博士后文库》专家推荐表 2

　　《中国社会科学博士后文库》由中国社会科学院与全国博士后管理委员会共同设立,旨在集中推出选题立意高、成果质量高、真正反映当前我国哲学社会科学领域博士后研究最高学术水准的创新成果,充分发挥哲学社会科学优秀博士后科研成果和优秀博士后人才的引领示范作用,让《文库》著作真正成为时代的符号、学术的示范。

推荐专家姓名	丁丽柏	电　话	
专业技术职务	教授、博士生导师	研究专长	国际法学
工作单位	西南政法大学	行政职务	重庆市沙坪坝区政协副主席
推荐成果名称	国家安全视野下贸易限制措施法律制度研究		
成果作者姓名	陈喆		

　　(对书稿的学术创新、理论价值、现实意义、政治理论倾向及是否具有出版价值等方面做出全面评价,并指出其不足之处)

　　该书稿以国家安全视野下贸易限制措施的法律制度作为研究对象,对我国与贸易限制措施有关的立法现状、不足及完善建议进行了较为系统的分析,有助于我国加强涉外法治建设,更好地维护我国主权、安全、发展利益,契合我国国家安全形势,具有理论与实践价值。该书稿较为全面、准确地收集了国内外的相关文献,并进行了归纳总结,形成了对国内外研究现状较为清晰的认识。作者所提出的加强贸易限制措施相关立法的协调性建设、制定经济制裁的专门性立法等观点,具有一定的创新性。该书稿引证、注释体例标注符合学术规范,语言表达流畅,书稿的逻辑架构较为清晰,能够反映出作者具备较好的科研能力。但书稿仍存在着不足之处,对美欧贸易限制措施的立法与实践分析不够深入,未能充分地提炼出其制度中可为我国立法所借鉴的内容,建议充实此部分内容。

　　该书稿具有出版价值,予以推荐。

签字: 丁丽柏

2021 年 3 月 9 日

　　说明:该推荐表须由具有正高级专业技术职务的同行专家填写,并由推荐人亲自签字,一旦推荐,须承担个人信誉责任。如推荐书稿入选《文库》,推荐专家姓名及推荐意见将印入著作。